信贷业务与风险管理

魏 敏 主 编

党 盟 副主编

清华大学出版社
北 京

内容简介

本书以我国商业银行信贷业务运行为主线,力求对信贷业务和信贷风险管理中涉及的基本概念、基本理论进行详细的阐述,并结合银行信贷业务的实际运作情况,着重介绍个人消费贷款业务、公司信贷业务、外汇贷款业务的基本理论与实践操作知识,以及商业银行客户信用分析、贷款风险管理和不良贷款管理的知识。此外,本书结合有关案例、实训任务和思考练习,使学生全面了解商业银行信贷业务与风险管理的理论知识,并掌握信贷业务操作技能。

本书既可作为高等院校"信贷业务与风险管理"课程的教材,也可作为商业银行信贷岗位从业人员的参考用书。

本书封面贴有清华大学出版社防伪标签,无标签者不得销售。

版权所有,侵权必究。举报: 010-62782989,beiqinquan@tup.tsinghua.edu.cn。

图书在版编目(CIP)数据

信贷业务与风险管理 / 魏敏主编. —北京: 清华大学出版社,2021.1
ISBN 978-7-302-56953-4

Ⅰ. ①信… Ⅱ. ①魏… Ⅲ. ①商业银行—信贷业务—风险管理—中国—高等学校—教材 Ⅳ. ①F832.332

中国版本图书馆 CIP 数据核字(2020)第 228225 号

责任编辑:王　定
封面设计:周晓亮
版式设计:孔祥峰
责任校对:马遥遥
责任印制:宋　林

出版发行:清华大学出版社
    网　　址: http://www.tup.com.cn, http://www.wqbook.com
    地　　址: 北京清华大学学研大厦 A 座　　邮　　编: 100084
    社 总 机: 010-62770175　　邮　　购: 010-62786544
    投稿与读者服务: 010-62776969,c-service@tup.tsinghua.edu.cn
    质 量 反 馈: 010-62772015,zhiliang@tup.tsinghua.edu.cn
印 装 者: 三河市吉祥印务有限公司
经　　销: 全国新华书店
开　　本: 185mm×260mm　　印　张: 14.5　　字　数: 362 千字
版　　次: 2021 年 1 月第 1 版　　印　次: 2021 年 1 月第 1 次印刷
定　　价: 58.00 元

产品编号: 084645-01

前言

商业银行信贷业务在促进现代经济可持续发展方面一直发挥着重要的作用，同时也是商业银行利润的主要来源。因此，强化商业银行信贷业务管理、控制信贷业务风险一直是各大商业银行工作的重中之重。提高我国商业银行信贷业务的管理水平，加强信贷业务运作与管理从业者的应用技能培训，更好地为我国金融经济和金融教学实践服务，正是本书出版的初衷和意义。

"信贷业务与风险管理"是研究商业银行的信贷业务运行机制及风险管理的一门应用经济学科，是经济类专业的核心课程，也是金融学专业的主干课程。

本书从我国商业银行信贷业务实际出发，根据高等院校人才培养目标的要求，坚持理论与实践相结合，在遵循教学基本规律的基础上，力求做到结构合理、条理清晰、语言通俗易懂，突出实用性。

本书在体系的编排上，以商业银行信贷业务运行为主线，结合高等院校的教学特点，做到总分结合、详略得当。在内容的处理上，遵循"案例导入—基础知识—业务操作—思考练习"的写作思路，对各项信贷业务进行全面、生动的阐述，结合有关案例、实训任务和思考练习，使学生全面了解商业银行信贷业务与风险管理的理论知识，并掌握信贷业务操作技能。全书共八章。第一章重点介绍信贷与授信、主要的信贷品种、信贷资金运动、信贷业务的基本要素及信贷业务的基本操作流程。第二章主要介绍商业银行的贷款原则、制度和政策。第三章主要介绍个人消费贷款的概念、种类、特点，分别介绍了个人住房贷款、个人汽车贷款、个人信用卡贷款、个人助学贷款的含义、特点、操作流程、主要风险及其防范措施。第四章详细介绍了流动资金贷款、固定资产贷款、银团贷款、房地产开发贷款及商业银行较常办理的其他公司信贷业务。第五章主要介绍进出口信贷、福费廷业务、保理业务、打包放款及商业银行较常办理的其他外汇信贷业务。第六章主要介绍法人客户的非财务因素分析、财务因素分析以及个人客户的信用分析。第七章主要介绍贷款信用风险、操作风险、贷款风险分类及贷款风险的防范与控制。第八章主要介绍不良贷款的清收、重组、以资抵债及呆账贷款的核销。

本书由魏敏担任主编，党盟担任副主编，具体分工为：魏敏编写第一～第五章；党盟编写第六～第八章。全书由魏敏进行总纂和定稿。在编写过程中，我们参阅了大量关于银行信贷管理、风险管理、信贷实训方面的专著、教材，各种相关的金融、银行法律法规以及其他参考书，借鉴和吸收了一些内容，同时也请教了银行信贷、风控部门的行业专家，在此谨向有关作者和行业专家表示诚挚的谢意！此外，本书的出版还得到了领导、同仁及出版社的大力支持，在此也一并表示衷心的感谢！

本书免费提供如下教学资源，读者可扫描二维码获取。

课件　　　　　　教案　　　　　　教学大纲　　　　习题参考答案

由于金融制度、商业银行经营机制及业务的不断改革与创新，加之编者的水平有限，疏漏和错误在所难免，恳请同行、专家及读者批评指正。

编　者

2020 年 10 月

目　录

第一章　信贷业务基础知识 1

  第一节　信贷业务概述 2

    一、信贷与授信 3

    二、商业银行主要信贷业务品种 3

  第二节　信贷资金及信贷资金运动 6

    一、信贷资金及其特点 6

    二、信贷资金运动 6

  第三节　信贷业务的基本要素 8

    一、信贷业务双方当事人 8

    二、信贷业务金额的确定 8

    三、信贷业务期限 9

    四、信贷业务的贷款方式 9

    五、信贷业务贷款的偿还方式 9

    六、还款日期的确定 11

    七、信贷业务的价格、利率与费用 11

  第四节　信贷业务的基本操作流程 13

    一、申请受理 14

    二、调查评价 14

    三、审议审批 14

    四、贷款发放 14

    五、贷后管理 15

    六、不良信贷资产管理 15

  本章小结 16

  思考练习 17

第二章　信贷业务的基本制度 19

  第一节　贷款原则 20

    一、安全性原则 20

    二、流动性原则 21

三、效益性原则 21
　　四、依法合规原则 22
　　五、平等诚信原则 22
　　六、公平竞争原则 22
第二节　贷款制度 23
　　一、审贷委员会 23
　　二、贷款分级审批制 23
　　三、贷款"三查"制与审贷分离制 23
　　四、信贷工作岗位责任制 24
　　五、离职审计制 25
第三节　信贷政策与贷款政策 25
　　一、信贷政策与贷款政策的定义 25
　　二、信贷政策与贷款政策的主要内容 26
　　三、贷款政策的制定 30
本章小结 32
思考练习 32

第三章　个人消费贷款业务 35

第一节　个人消费贷款业务概述 36
　　一、个人消费贷款的概念 36
　　二、个人消费贷款的特点 37
　　三、个人消费贷款的种类 38
第二节　个人住房贷款 40
　　一、个人住房贷款的概念和特点 40
　　二、个人住房贷款的种类 41
　　三、个人住房贷款的还款方式 42
　　四、个人住房按揭贷款操作流程 43
　　五、个人住房贷款风险及其防范措施 47
第三节　个人汽车贷款 48
　　一、个人汽车贷款的含义及特点 48
　　二、个人汽车贷款的原则和运行模式 49
　　三、个人汽车贷款操作流程 50
　　四、个人汽车贷款风险及其防范措施 53
第四节　个人信用卡贷款 54
　　一、个人信用卡贷款的概念 54

二、个人信用卡贷款的种类..54
　　三、个人信用卡贷款的相关要素..56
　　四、个人信用卡贷款操作流程..59
　　五、个人信用卡贷款风险及其防范措施..61
　第五节　个人助学贷款..64
　　一、个人助学贷款的含义和种类..64
　　二、个人助学贷款的要素..65
　　三、国家助学贷款操作流程..67
　　四、国家助学贷款风险及其防范措施..69
　本章小结..70
　思考练习..71

第四章　公司信贷业务 ... 75
　第一节　流动资金贷款..76
　　一、流动资金贷款的定义与种类..76
　　二、流动资金贷款的条件..77
　　三、流动资金贷款操作流程..77
　第二节　固定资产贷款..83
　　一、固定资产贷款的定义与种类..83
　　二、固定资产贷款的条件..84
　　三、固定资产贷款操作流程..84
　第三节　银团贷款..87
　　一、银团贷款的定义与特点..87
　　二、银团贷款的组织结构..88
　　三、银团贷款操作流程..89
　　四、银团贷款的利率与费用..90
　第四节　房地产开发贷款..92
　　一、房地产开发贷款概述..92
　　二、房地产开发贷款操作流程..94
　第五节　其他信贷品种..96
　　一、内保外贷..96
　　二、出口退税账户质押贷款..98
　　三、法人账户透支..100
　本章小结..102
　思考练习..102

第五章 外汇贷款业务 107

第一节 进出口信贷 108
一、进出口信贷的定义 108
二、进出口信贷的主要形式 108

第二节 福费廷业务 110
一、福费廷业务概述 110
二、福费廷业务的费用 111
三、福费廷业务的申请条件 112
四、办理福费廷业务的申请资料 112
五、福费廷业务的操作流程 112

第三节 保理业务 114
一、国内保理业务 114
二、国际保理业务 116

第四节 打包放款 120
一、打包放款概述 120
二、打包放款业务操作 121
三、打包放款审批要点 122

第五节 其他信贷品种 122
一、提货担保 123
二、汇款融资 124

本章小结 125
思考练习 126

第六章 客户信用分析 129

第一节 法人客户的非财务因素分析 130
一、行业因素分析 130
二、贷款目的与用途分析 133
三、担保分析 135
四、经营因素分析 137
五、管理风险因素分析 138
六、还款意愿分析 139

第二节 法人客户的财务因素分析 140
一、财务报表分析 140
二、财务比率分析 144
三、现金流量分析 149

第三节　个人客户的信用分析	151
一、判断式信用分析	151
二、经验式信用分析	153
三、判断式信用分析与经验式信用分析的比较	154
本章小结	155
思考练习	155

第七章　贷款风险管理	159
第一节　贷款风险管理概述	160
一、贷款风险的概念和特征	160
二、贷款风险的类型和表现形式	162
三、贷款风险管理的程序	164
第二节　贷款信用风险	164
一、贷款信用风险的概念	164
二、影响商业银行贷款信用风险的因素	165
三、贷款信用风险的组成	166
四、贷款信用风险控制方法	167
第三节　贷款操作风险	169
一、贷款操作风险的概念及特点	169
二、贷款操作风险必须重视的问题	170
三、贷款操作风险的类型	171
四、贷款操作风险的形成原因	174
五、防范贷款操作风险的措施	175
第四节　贷款风险分类	176
一、贷款风险分类的含义	176
二、贷款风险分类的意义	177
三、贷款风险分类的程序	178
四、不同类别贷款的风险分类	181
第五节　贷款风险的防范与控制	182
一、建立贷款风险管理部门，明确贷款风险管理责任	183
二、完善信贷风险分析评价机制	183
三、完善信贷风险决策机制	183
四、建立贷款风险的控制机制	184
五、建立贷款风险预警机制	185
六、建立贷款风险补偿机制	185

本章小结 ··· 186
　　思考练习 ··· 187

第八章　不良贷款管理 ·· 191
第一节　不良贷款概述 ·· 192
　　一、不良贷款的定义及分类 ·· 192
　　二、不良贷款的成因 ·· 193
　　三、不良贷款的监控和考核 ·· 195
　　四、不良贷款的处置方式 ··· 196
第二节　不良贷款的清收 ··· 197
　　一、不良贷款清收的原则 ··· 197
　　二、不良贷款的清收准备 ··· 198
　　三、常规清收 ··· 198
　　四、依法清收 ··· 199
第三节　不良贷款的重组 ··· 201
　　一、贷款重组的概念 ·· 201
　　二、贷款重组的原因 ·· 202
　　三、贷款重组的主要情形及必备条件 ·· 202
　　四、贷款重组的申请资料 ··· 203
　　五、贷款重组的重组方案 ··· 203
　　六、常用的贷款重组的方法及流程 ·· 204
　　七、贷款重组应注意的问题 ·· 206
第四节　以资抵债 ·· 207
　　一、以资抵债的条件及抵债资产的范围 ·· 207
　　二、抵债资产的接收 ·· 208
　　三、抵债资产的管理 ·· 209
　　四、抵债资产管理的检查和考核 ·· 210
第五节　呆账贷款的核销 ··· 211
　　一、呆账的认定 ·· 211
　　二、呆账核销的申报与审批 ·· 213
　　三、呆账核销的管理 ·· 216
　　四、呆账核销制度的发展方向 ··· 217
　　本章小结 ··· 218
　　思考练习 ··· 219

参考文献 ·· 221

第一章
信贷业务基础知识

作为我国金融活动主体的银行业对促进经济发展一直发挥着重要的作用，而信贷业务是商业银行最重要的资产业务之一，商业银行通过调整信贷业务结构不断深化创新，更好地满足人民日益增长的美好生活需要。那么，什么是商业银行的信贷业务？信贷业务的品种有哪些？信贷额度是如何确定的？本章主要介绍商业银行信贷业务的基础知识。

【学习目标】
- 了解信贷与授信的概念；
- 掌握授信与贷款的区别；
- 掌握信贷业务的品种；
- 了解信贷资金的概念；
- 掌握信贷资金的特点；
- 了解信贷资金的运动过程；
- 掌握信贷业务的基本要素；
- 掌握信贷业务的基本操作流程。

【重点与难点】
- 信贷业务的品种；
- 信贷资金的概念、特点及运动规律；
- 不同信贷业务贷款偿还方式的本息计算方法。

案例导入

创新授信管理 支撑战略落地

邮储银行自成立以来，不忘初心，牢记使命，服务人民，探索出一条差异化的大型零售银行发展道路。在零售银行战略落地和转型发展的过程中，零售信贷业务持续、快速发展，信用风险管控面临严峻的挑战，迫切需要授信管理工作的支撑、配合和保障。邮储银行授信管理部认真贯彻中央决策部署和监管要求，落实新发展理念和高质量发展要求，创新授信管理与信审机制，强化监测预警与全流程管理，加大金融科技与智能风控应用力度，培育信贷文化与专业队伍，守住信用风险底线，助力一流大型零售商业银行建设。

(1) 优化授信政策体系，强化零售战略引领。授信管理部连续4年组织"四级联动"的区域授信政策调研活动，坚持"稳中求进"的政策基调，健全"三位一体"的授信政策体系，制定年度授信政策指引、小微企业行业政策、大中型客户行业政策和20多个区域性授信政策，数量居银行业前列，助力零售银行战略落地。截至2018年年底，邮储银行零售信贷余额2.1万亿元，同比增长24.33%，占全部贷款的比重达53%，零售信贷不良率为1.07%。

(2) 践行新发展理念，大力支持绿色发展。加强顶层设计，制定并实施绿色信贷发展规划，邮储银行总行和各一级分行均成立绿色银行建设领导小组，健全绿色治理机制。加大绿色信贷资源配置力度，开展信贷环境风险专项排查，推动绿色信贷快速发展。

(3) 健全信审信管机制，支撑业务高质量发展。取消小额贷款派驻制审批，将小额贷款审批权上收，全部集中到二级分行，减少外部人为干预，提升信审的独立性、专业性；实施零售信贷业务集中审批，规范零售信贷审查审批要点与信审行为，统一标准和风险偏好，强化信用风险防控，推动零售信贷业务质量提升。健全非信贷业务审查审批新机制，优化公司信贷业务流程与信审模式；完善审批授权管理制度，多措并举提升信审质效。健全授信管理制度体系，补足授信管理短板；加强统一授信管理，防范授信集中度风险；建立健全作业监督机制，强化授信全流程管理，推动授信业务高质量发展。截至2018年年底，邮储银行涉农贷款余额1.16万亿元，同比增长10.18%；普惠小微企业贷款余额5449.92亿元，授信客户达145.77万户；公司贷款余额1.55万亿元，资产质量良好。

(4) 创新风险管控手段，守住信用风险底线。坚持"一大一小"发展策略，有效落实银行发展战略；优化客户准入标准与资产组合管理，从准入源头防控信用风险；建立零售信贷"四个一"监测机制，完善大额授信业务风险预警机制，着力防控重点领域风险；完善抵质押品定期评估机制，按季组织抵质押品估值；积极应用金融科技，提升系统支撑能力；注重信贷文化建设，提升职业操守与专业能力；完善信管评价体系，发挥"以评促管"的作用，推动授信管理科学化、精细化、主动化与前瞻性。截至2018年年底，邮储银行贷款余额4.28万亿元，不良贷款率0.86%，不良率远低于银行业平均水平。

(资料来源：http://www.chinapostnews.com.cn/html1/report/19081/1262-1.htm)

第一节 信贷业务概述

信贷业务是商业银行各项业务的核心和主体，是商业银行利润的主要来源。信贷业务在各国商业银行的资产中，始终是最重要、最稳定的盈利资产，而且对商业银行拓展存款业务、中间业务、表外业务等其他业务也有十分重要的作用。科学地认识信贷本质，加强信贷管理，对管好、用好信贷资金，充分发挥信贷的经济杠杆作用，提高信贷资金运用效益，具有十分重要的意义。

一、信贷与授信

(一) 信贷的定义

信贷是体现一定经济关系的不同所有者之间的借贷行为，是以偿还为条件的价值运动的特殊形式，是债权人贷出货币，债务人按期偿还并支付一定利息的信用活动。信贷有广义和狭义之分。广义的信贷是指以银行为中介，以存贷为主体的信用活动的总称，包括存款、贷款和结算等业务。狭义的信贷通常是指银行的授信业务。

(二) 授信的定义

授信即银行向客户直接提供货币资金支持，或对客户在有关经济活动中的信用向第三方做出保证的行为。授信业务包括贷款、贴现等表内业务，以及票据承兑、开出信用证、保函、担保、贷款承诺等表外业务。

(三) 授信与贷款的区别

授信不等同于贷款。贷款是银行向借款人发放的贷款，借款人必须在一定期限内归还，并支付利息。贷款是授信业务的一种。客户对银行的需求不仅包括贷款，还有票据承兑、贴现、担保、贷款承诺、信用证等，因此，授信是从风险控制的角度对银行信贷业务的概括，授信业务包括银行的贷款及票据承兑等表内、表外业务。

二、商业银行主要信贷业务品种

(一) 按归还期限划分

(1) 短期贷款。短期贷款是指贷款期限在1年以内(含1年)的贷款。

(2) 中期贷款。中期贷款是指贷款期限在1年以上(不含1年)5年以下(含5年)的贷款。

(3) 长期贷款。长期贷款是指贷款期限在5年以上(不含5年)的贷款。

(二) 按贷款性质划分

(1) 自营贷款。自营贷款是指贷款人以合法方式筹集的资金自主发放的贷款，其风险由贷款人承担，并由贷款人收回本金和利息。

(2) 委托贷款。委托贷款是指由政府部门、企事业单位及个人等委托人提供资金，由贷款人(即受托人，一般为商业银行)根据委托人确定的贷款对象、用途、金额、期限、利率等代为发放、监督使用并协助收回的贷款。贷款人(受托人)只收取手续费，不承担贷款风险。

委托贷款的特点如下。

① 借款人由委托人指定。

② 受托人按委托人的要求发放贷款，并负责监督和收回贷款。

③ 金融机构不承担贷款风险。

(3) 特定贷款。特定贷款是指经国务院批准并对贷款可能造成的损失采取相应补救措施后责成国有独资商业银行发放的贷款。

(三) 按利率的计算方法划分

(1) 固定利率贷款。固定利率贷款是指银行为借款人提供的，在一定期间内贷款利率保持固定不变的人民币贷款业务。

(2) 非固定利率贷款。非固定利率贷款又称浮动利率贷款，是指以现行的利率加一个差额作为贷款利率的贷款业务。现行的利率可以是某一个固定利率，如国库券利率、国家规定的利率、伦敦同业拆借利率(LIBOR)等。

(四) 按贷款有无担保抵押划分

按贷款有无担保抵押划分，可以分为信用贷款、担保贷款和票据贴现。

(1) 信用贷款。信用贷款是指以借款人的信誉发放的无担保贷款，例如信用贷款的一种特殊形式——授信制度，是指商业银行给予开设账户的企业一定限度的透支权限，实际上就是一种信用贷款。

(2) 担保贷款。担保贷款是指保证贷款、抵押贷款、质押贷款。

保证贷款，是指按《中华人民共和国担保法》规定的保证方式以第三人承诺在借款人不能偿还贷款时，按约定承担一般保证责任或者连带责任而发放的贷款。

抵押贷款，是指按《中华人民共和国担保法》规定的抵押方式以借款人或第三人的财产作为抵押物发放的贷款。

质押贷款，是指按《中华人民共和国担保法》规定的质押方式以借款人或第三人的动产或权利作为质物发放的贷款。

(3) 票据贴现。票据贴现是指贷款人以购买借款人未到期商业票据的方式发放的贷款。

(五) 消费者贷款

(1) 个人住房贷款。个人住房贷款是指银行或银行接受委托向在中国大陆地区城镇购买、建造、大修各类型房屋的自然人发放的贷款。

(2) 住房按揭贷款。住房按揭贷款是个人住房贷款的特殊方式，是按揭人将依合同取得的房产的处分权转让给按揭受益人作为还款保证的一种法律行为。

住房按揭贷款的特点如下。

① 涉及三方法律关系，即开发商、业主、银行。

② 涉及三个合同，即开发商与业主的买卖合同、开发商与银行的按揭合作协议、业主与银行的借款合同。

③ 是对将来取得的权益所设定的担保方式。

(3) 汽车消费信贷。汽车消费信贷又称汽车按揭贷款，是指商业银行对在其特约经销商处购买汽车的借款人发放的人民币担保贷款。特约经销商是指与商业银行签订了汽车消费贷款合同的汽车经销商或汽车生产商。

(六) 按《贷款风险分类指导原则(试行)》划分

按中国人民银行发布的《贷款风险分类指导原则(试行)》，可将贷款分为五类(以前是三类，即"一逾两呆"——逾期贷款、呆滞贷款、呆账贷款)，即正常类贷款、关注类贷款、次级类贷款、可疑类贷款、损失类贷款(后三类通称为不良贷款)。

(1) 正常类贷款。正常类贷款是指借款人能够履行合同，有充分把握按时足额偿还本息，其特征为：借款人一直能正常还本付息；借款人不存在影响贷款本息及时全额偿还的消极因素。

(2) 关注类贷款。关注类贷款是指借款人尽管目前有能力偿还本息，但存在一些可能对偿还产生不利影响的因素，其不利因素主要表现为以下几点。

① 企业改制对银行债务可能产生不利影响。
② 借款人的主要股东或母公司等发生了重大不利变化。
③ 借款人未按规定用途使用贷款。
④ 贷款保证人财务状况出现疑问等。

(3) 次级类贷款。次级类贷款是指借款人的还款能力出现了明显问题，依靠其正常收入已无法保证足额偿还本息，有以下几种情形。

① 借款人不能偿还其他债权人的债务(在国际借款合同条款中称为"交叉违约")。
② 借款人采用隐瞒事实等不正当手段套取贷款。
③ 借款人已不得不寻求拍卖抵押品。
④ 履行保证等还款来源不足以全额抵偿贷款。
⑤ 逾期 6 个月以上，依靠新的融资来偿还旧的贷款。

(4) 可疑类贷款。可疑类贷款是指即使执行抵押或担保，也无法足额偿还本息，肯定会造成一定损失的贷款，其主要表现情形如下。

① 借款人处于停产或半停产状态。
② 银行已诉诸法律来收回贷款。
③ 企业重组后，还贷仍然逾期或仍然不能归还本息。

(5) 损失类贷款。损失类贷款是指在采取所有可能的措施和一切必要的法律程序之后，本息仍然无法收回的极少部分贷款，其主要表现情形如下。

① 借款人和担保人经依法宣告破产，进行清偿后未能还清贷款本息的。
② 经国家主管部门批准核销的逾期贷款。
③ 借款人生产经营活动已经停止，无复工可能，经确认无法还清贷款的。

第二节 信贷资金及信贷资金运动

在我国，信贷资金是全民所有制企业流动资金的主要来源，也是集体所有制企业资金的重要来源。信贷资金的运用是否适当，对国民经济的发展有重要的意义，所以必须严格控制信贷资金的投量和投向。信贷资金的投量控制得当，有利于币值的稳定和市场商品供求在总体上的平衡。因为信贷资金的投量直接影响对国民经济的货币供给量，因此，必须在保证货币流通量适应生产和商品流通需要的前提下，确定贷款的规模。信贷资金的投向控制得当，有利于改善国民经济结构和提高宏观经济效益，有利于支持和促进各部门、行业、企业的发展。

一、信贷资金及其特点

(一) 信贷资金

信贷资金是指在再生产过程中存在和发展的以偿还为条件的供借贷使用的货币资金。信贷资金的筹集和运用采取有偿的方式，信贷资金的来源和用途介绍如下。

(1) 信贷资金的来源。信贷资金的来源主要由四部分组成：银行资本金、各项存款、借款、发行金融债券。各项存款是信贷资金的主要来源。

(2) 信贷资金的用途。信贷资金主要用于发放各种贷款，还用于证券投资、同业存放和同业拆出、在中央银行账户存款以及其他用途。

由于银行资本金、各项存款、借款、发行金融债券、证券投资、现金资产业务在"银行业务经营管理"等课程中有详细介绍，因此，本书侧重于探讨信贷资金运用中以贷款为重点的授信业务。

(二) 信贷资金的特点

(1) 信贷资金是一种所有权和使用权相分离的资金。
(2) 信贷资金是一种具有价格(利率)的资金。
(3) 信贷资金是一种有期限约定的资金。
(4) 信贷资金是一种具有特殊运动形式的资金。

二、信贷资金运动

(一) 信贷资金的运动过程

信贷资金的运动过程是从银行吸收资金开始，经过银行内部的资金配置、客户使用资金、银行收回贷款本息、银行归还负债后完成。

信贷资金的运动过程，可简单表述为图1-1。

$$G \to G'(G + \triangle g)$$

图1-1　信贷资金的运动过程

图1-1中，G代表贷出的资金；G'代表收回的资金；$\triangle$则代表利息。

信贷资金收支运动的全过程具体可表述为图1-2。

$$G \to G \to W \begin{cases} A \\ Pm \end{cases} \cdots P \cdots W' \to G' \to G'(G+\triangle g)$$

贷　　　　　　　　　　　　收

图1-2　信贷资金收支运动的全过程

图1-2中，$G \to G$表示信贷资金的贷出，即第一次支出；$G \to W$表示资金第二次支出，用以购买生产资料和劳动力；$W \to G'$表示销售产成品和收回资金，即第一次回流；$G' \to (G+\triangle g)$表示收回贷出的本金和一定的利息，即第二次回流。

信贷资金收支运动表现为双重支出、双重回流，说明信贷资金运动与物质生产和流通过程的结合。

(二) 信贷资金需求与供给的数量取决于社会再生产状况

在一定时期内，信贷资金需求与供给的数量，从根本上取决于社会再生产状况。

(1) 从信贷资金的供给方面来看，信贷资金来源于社会各方面暂时闲置的货币资金，但归根结底都是由企业销售收入分解而形成的。因此，没有生产的增长，没有企业产品销售收入的扩大，就没有信贷资金供给量的增长。信贷资金供给受生产规模和社会资金周转速度这两个再生产因素制约。在社会资金周转速度既定的条件下，生产规模越大，信贷资金可供量越大。在生产规模既定的条件下，社会资金周转速度越快，则游离出来的货币资金可供量越多，信贷资金来源也越多。而社会资金周转速度的快慢又取决于包括生产时间和流通时间在内的再生产周期的长短，这又要受再生产中诸多因素的制约。

(2) 从信贷资金的需求方面来看，在社会资金周转速度既定的条件下，生产规模扩大，在原材料、在制品和产成品储备上的资金占用一般要相应增加，同时流通领域占用的成品资金和结算资金也要增加。这些都表明，资金占用规模扩大，对信贷资金的需求量就增加。

总之，信贷资金的供给和需求都要受再生产状况制约，即生产发展了，信贷资金需求一般会相应扩大，信贷资金供给也更为充裕。

(三) 信贷资金能否正常周转取决于再生产过程中资金能否顺利周转

信贷资金能否灵活周转，关键在于贷出的资金能否及时收回。但是，由于资金贷出和收回之间存在一个再生产过程，因此，信贷资金能否灵活周转又取决于再生产过程中资金能否顺利周转。

社会再生产资金实现顺利周转需要满足以下两个条件。

(1) 从个别企业的角度来看，供产销衔接使资金能顺利完成各种形态的转化。企业资金循环一次，要依次经历货币资金、生产资金和商品资金三种形态，所需时间为生产时间和流通时间之和。资金的周转取决于合理组织生产，如提高生产效率、合理安排和衔接工序等，以及平衡好供产销，疏通流通渠道，确保原材料有来路，产成品有销路。

(2) 从全社会的角度来看，两大部类比例、产业部门间比例协调。两大部类比例、产业部门间比例的协调，从实物形态的角度上，意味着各生产部门所生产产品的使用价值在质和量上恰为社会所需要，彼此的产品可以顺利转换；从价值形态的角度上，意味着各部门产品都可以实现其价值，在价值上得到补偿；从实物形态和价值形态相互联系的角度上，意味着货币流向与实物构成能够吻合。只有在这种条件下，企业生产所需的原材料才能有所保证，才能顺利转化为生产资金；同时，企业产成品确有销路，产成品资金才能顺利复原为货币资金；进而，企业原先借入的货币资金就可以及时归还。但是，当两大部类比例和产业部门间比例失调，企业本身的供产销失去衔接的外部条件，或是本身所需原材料得不到保证，或是产成品销售不出去时，资金就不能从商品形态转化为货币形态，贷款便无法偿还，信贷资金也难以继续周转。

第三节 信贷业务的基本要素

信贷业务的基本要素构成了信贷业务的主体，在银行为客户办理贷款的过程中缺一不可，因此，信贷员必须掌握信贷业务的基本要素。

一、信贷业务双方当事人

(一) 贷款人

贷款人必须满足以下两个条件。

(1) 贷款人经营贷款业务必须经中国人民银行批准，持有中国人民银行颁发的《金融机构法人许可证》或《金融机构营业许可证》。

(2) 贷款人必须经工商行政部门核准登记，履行一般法人登记的手续。《金融机构法人许可证》是对贷款人颁发的，贷款人的分支机构不是独立的法人，对贷款人的分支机构不颁发《金融机构法人许可证》，只颁发《金融机构营业许可证》。

(二) 借款人

借款人必须具有国家赋予的独立进行民事活动的资格。《中国人民银行贷款通则》对借款人的资格规定：借款人应当是经工商行政管理机关核准登记的企(事)业法人、其他经济组织、个体工商户或具有中华人民共和国国籍的完全民事行为能力的自然人。

二、信贷业务金额的确定

合理贷款金额的确定应做到以下几点。

(1) 考虑借款人合理的资金需要(确定借款人合理的贷款额度)。借款人提供银行认可的质押、抵押、第三方保证或具有一定信用资格后，银行核定借款人相应的质押额度、抵押额度、保证额度或信用额度。质押额度不超过借款人提供的质押权利凭证票面价值的 90%；抵押额度不超过抵押物评估价值的 70%；保证额度和信用额度根据借款人的信用等级确定。

(2) 对于贷款人的信贷能力，具体考虑三个因素：贷款人的贷款规模、贷款人的资金头寸和资产负债比例管理规定。

(3) 考虑贷款的政策与原则的规定。

(4) 考虑国家宏观社会经济政策的需要。

(5) 考虑贷款人自身的信用与质量。

(6) 考虑贷款的对象与用处。

(7) 考虑贷款的期限等因素。

三、信贷业务期限

金融机构贷款的期限主要是依据企业的经营特点、生产建设周期和综合还贷能力等，同时考虑到银行的资金供给可能性及资产流动性等因素，由借贷双方共同商议后确定。

商业银行信贷资产经营者主要基于客户需求、建设和经营周期、项目产生现金流预测等几个主要因素，还会考虑到宏观经济环境、行业周期的影响，来设定贷款期限。在对项目现金流预测的过程中，会主要依据以往一个时期同类或类似项目，对项目建成后的收入、成本、现金流进行预测，然后将可支配现金流打一个折扣作为贷款偿还金额，进而计算贷款偿还期。

贷款期限在借款合同中标明。自营贷款期限最长一般不得超过 10 年(对个人购买自用普通住房发放的贷款最长期限可到 30 年)，超过 10 年应当报中国人民银行备案。票据贴现的贴现期最长不得超过 6 个月，贴现期限为从贴现之日起到票据到期日止。贷款到期不能按期归还的，借款人应当在贷款到期日之前，向贷款人申请贷款展期。短期贷款展期期限累计不得超过原贷款期限；中期贷款展期期限累计不得超过原贷款期限的一半；长期贷款展期期限累计不得超过 3 年。借款人未申请展期或申请展期未得到批准，其贷款从到期日算起，转入逾期贷款账户。

四、信贷业务的贷款方式

贷款方式是指贷款的发放形式，它体现银行贷款发放的经济保证程度，反映贷款的风险程度。

贷款方式的选择主要依据借款人的信用和贷款的风险程度，对不同信用等级的企业、不同风险程度的贷款，应选择不同的贷款方式，以防范贷款风险。

我国商业银行采用的贷款方式有信用贷款、保证贷款、票据贴现，除此之外，还有卖方信贷和买方信贷。

五、信贷业务贷款的偿还方式

我国商业银行信贷业务贷款的偿还方式主要有以下几种。

(一) 等额本息还款法

等额本息还款法，即借款人每月按相等的金额偿还贷款本息，其中每月贷款利息按月初剩余贷款本金计算并逐月结清。

等额本息还款法的计算公式如下：

$$每月等额还本付息额 = P \times \frac{R \times (1+R)^N}{(1+R)^N - 1}$$

式中，P 表示贷款本金；R 表示月利率；N 表示还款期数。

(二) 等额本金还款法

等额本金还款法又称利随本清、等本不等息还款法。贷款人将本金分摊到每个月内，同时付清上一交易日至本次还款日之间的利息。这种还款方式相对等额本息还款法而言，总的利息支出较低，但是前期支付的本金和利息较多，还款负担逐月递减。

等额本金还款法的计算公式如下：

$$每季还款额 = 贷款本金 / 贷款期季数 + (本金 - 已归还本金累计额) \times 季利率$$

究竟采用哪种还款方式，专家建议根据个人的实际情况来定。等额本息还款法每月的还款金额是一样的，对于参加工作不久的年轻人来说，选择等额本息还款法比较好，可以减少前期的还款压力。对于已经有经济实力的中年人来说，采用等额本金还款法比较理想，在收入高峰期多还款，就能减少今后的还款压力，并通过提前还款等手段来减少利息支出。另外，等额本息还款法操作起来比较简单，每月金额固定，不用再算来算去。总而言之，等额本息还款法适合现期收入少，负担人口少，预期收入将稳定增加的借款人，如部分年轻人；而等额本金还款法则适合有一定积蓄，但家庭负担将日益加重的借款人，如中老年人。

(三) 一次性利随本清还款法

一次性利随本清还款法也称利随本清还款法，是以单利计息，到期还本时一次支付所有应付利息，它是一次性付息的一种形式。

一次性利随本清还款法的计算公式如下：

$$本息和 = 本金 + 本金 \times 利率 \times 期限$$

例如，现在有一笔资金 100 000 元，如果到银行进行定期储蓄存款，期限为 3 年，年利率为 2.75%，那么，根据银行存款利息的计算规则，到期时所得的本息和为 100 000 + 100 000 × 2.75% × 3 = 108 250(元)。

(四) 组合还款法

组合还款法包括以下几种形式。

(1) 递增还款法。在某一段还款期内各月还款额相等，后一段还款期内的每月还款额比前一段还款期的每月还款额增加一定金额，增加的金额由客户自定义，这种逐渐提高还款额的还款方式即为递增还款法。

(2) 递减还款法。在某一段还款期内各月还款额相等，后一段还款期内的每月还款额比前一段还款期的每月还款额减少一定金额，减少的金额由客户自定义，这种逐渐减少还款金额的还款方式即为递减还款法。

(3) 随意还款法。采用随意还款法，还款人可以将整个还款期设定为多个期限，每个还款期限的还款额度可根据自己的情况决定。比如先少还后多还，先多还后少还，甚至可以在一段时间内停止归还贷款本金。这种还款方式的最大特点是将个人的收入曲线与还款金额曲线结合起来，避免收入与支出发生冲突。

(五) 随借随还还款法

随借随还即开通按揭开放账户的客户，通过实现存款账户和贷款账户的关联，在还款期内可以通过柜台、网银、自助查询机等渠道随时提前还款，还可设定存款账户留存金额后每月定期自动归还贷款，在客户需要资金时，可随时把提前还款的部分支取出来。

六、还款日期的确定

(1) 按月结息。按月结息、到期还本的，从次月起的合同约定日(原则上可任意一天)归还利息，本金和最后一期利息按合同约定的到期日期归还。

(2) 按季结息。按季结息、到期还本的，每季末月的20日归还利息，本金和最后一期利息按合同约定的到期日期归还。

(3) 每月还本付息。每月还本付息的，从次月起的合同约定日(原则上可任意一天)归还本息，最后一期本息按合同约定的到期日期归还。

(4) 利随本清。利随本清的，按合同约定的到期日期归还本金和利息。

(5) 特殊情况，例如：

① 贷款到期遇节假日时不顺延，客户可以到期办理还款手续或提前几日还款。所以为了方便还款，客户在借款时，一般不要将到期日约定在节假日。

② 变更还款账户需提出申请，经银行同意后，签订还款账户变更协议，并约定启用日期。

③ 客户可向银行申请变更还款期限，变更时需提出申请，经银行同意后，签订相应变更协议，并重新计算剩余期限的每期还款额。

④ 客户可通过电话银行、网上银行、对账单、电话银行、传真等方式查询还款记录。

七、信贷业务的价格、利率与费用

(一) 贷款价格的构成

贷款价格由以下几部分构成。

(1) 贷款利率。

(2) 承诺费、贷款承诺、信贷限额。

(3) 按实际贷款余额计算加上按已承诺而未使用的限额计算的补偿余额。

(4) 隐含价格、附加条款、非货币性内容。

(二) 贷款定价应考虑的因素

贷款定价应考虑以下因素：资金成本、贷款风险程度、贷款费用、借款人的信用、借款人与银行的关系、银行贷款的目标收益率，以及贷款供求状况等。

(三) 贷款定价方法

(1) 目标收益率定价法。目标收益率是指银行资本从每笔贷款中应获得的最低收益率。

$$税前产权资本收益率(即目标收益率) = (贷款收益 - 贷款费用)/应摊产权资本$$

$$贷款收益 = 贷款利息收益 + 贷款管理手续费$$

$$贷款费用 = 借款人使用的非股本资金的成本 + 办理贷款的服务费和收贷费用$$

$$应摊产权成本 = 资本/总资产 \times 贷款额$$

(2) 基准利率定价法。基准利率是被用作定价基础的标准利率。被用作标准利率的利率包括市场利率、法定利率和行业公定利率，通常具体贷款中执行的浮动利率采用基准利率加点或确定浮动比例的方式，我国中央银行公布的贷款基准利率是法定利率。

(3) 优惠加数定价法和优惠乘数定价法。基准利率可能是当时银行对最值得信赖的客户短期流动资金贷款的最低利率。采用优惠加数定价法的贷款利率计算公式如下：

$$贷款利率 = 基础利率 + 加价$$

加价即针对特定客户的贷款的风险溢价(违约风险溢价和期限风险溢价)。

基准利率是浮动利率时，优惠乘数定价法的波动幅度更大。

(4) 成本加成定价法。成本加成定价法又称宏观差额定价法，其贷款利率为借入资金的成本加上一定的利差。采用成本加成定价法的贷款利率计算公式如下：

$$贷款利率 = 贷款成本率 + 利率加成$$

(5) 保留补偿余额定价法。在确定目标利润的基础上，贷款人在银行保留的补偿余额作为贷款价格的一部分。

$$贷款收入 = 贷款费用 + 目标利润$$

(四) 贷款利率

贷款利率即借款人使用贷款时支付的价格。贷款利率的种类如下。

(1) 本币贷款利率和外币贷款利率。通常根据贷款标价方式的不同，可将利率分为本币贷款利率和外币贷款利率。

(2) 浮动利率和固定利率。按照借贷关系持续期内利率水平是否变动来划分，可将利率分为浮动利率与固定利率。

浮动利率是指借贷期限内利率随物价、市场利率或其他因素变化相应调整的利率。浮动利率的特点是可以灵敏地反映金融市场上资金的供求状况，借贷双方所承担的利率变动风险较小。

固定利率是指在贷款合同签订时即设定好固定的利率，在贷款合同期内，不论市场利率如何变动，借款人都按照固定的利率支付利息，不需要随行就市。

(3) 法定利率、行业公定利率和市场利率。法定利率是指由政府金融管理部门或中央银行确定的利率，它是国家实现宏观调控的一种政策工具。行业公定利率是指由非政府部门的民间金融组织，如银行业协会等确定的利率，该利率对会员银行具有约束力。市场利率是指随市场供求关系的变化而自由变动的利率。

(五) 信贷业务费用

信贷业务费用是指借款者负担的费用，主要有管理费、代理费、杂费、承担费及其他与借款有关的费用。

(1) 管理费。管理费是借款人支付给贷款银行为其筹措贷款资金的酬金，费率为贷款总额的 0.5%～1.0%。

管理费的支付有三种方式：一是贷款协议一经签订即进行支付；二是第一次提用贷款时支付；三是根据每次提用贷款的金额按比例进行支付。对借款人而言，第三种支付方式最为有利；对贷款银行而言，第一种支付方式最为有利。究竟采用何种方式，需要双方谈判协商决定。

(2) 代理费。借款人支付给牵头银行用以支付银行间相互联系所需的电报、电传、办公等费用。一般在贷款期内，每年支付一个固定数额，目前国际上最高的代理费是每年 5 万～6 万美元。

(3) 杂费。杂费是指牵头银行与借款人之间联系、谈判，直至贷款协议签署之前所发生的其他费用，如差旅费、律师费等，一般由牵头银行开出账单，由借款人一次性支付。

(4) 承担费。承担费是指贷款协议签订后，对未提用的贷款余额所支付的费用，借款人与银行签订贷款协议后，贷款银行即承担为借款人准备资金的义务，但借款人没有按期用款，使贷款银行筹措的资金闲置，因而应向贷款银行支付带有补偿性质的费用。承担费一般按 0.25%～0.5%的年率计算。

第四节　信贷业务的基本操作流程

一般来说，可以把信贷业务的操作流程分为三个部分，即贷前、贷中和贷后。信贷业务的基本操作流程如下。

一、申请受理

借款人需要贷款，应当向主办银行或者其他银行的经办机构直接申请。

借款人应当填写主要包含借款金额、借款用途、偿还能力及还款方式等内容的借款申请书，并提供以下资料。

(1) 借款人及保证人的基本情况。

(2) 财政部门或会计(审计)事务所核准的上年度财务报告，以及申请借款前一期的财务报告。

(3) 原有不合理占用的贷款的纠正情况。

(4) 抵押物、质物清单和有处分权人的同意抵押、质押的证明及保证人拟同意保证的有关证明文件。

(5) 项目建议书和可行性报告。

(6) 贷款人认为需要提供的其他有关资料。

二、调查评价

(1) 对借款人的信用等级评估。应当根据借款人的领导者素质、经济实力、资金结构、履约情况、经营效益和发展前景等因素，评定借款人的信用等级，评级可由贷款人独立进行，内部掌握，也可由有权部门批准的评估机构进行。

(2) 贷款调查。贷款人受理借款人申请后，应当对借款人的信用等级以及借款的合法性、安全性、营利性等情况进行调查，核实抵押物、质物、保证人情况，测定贷款的风险度。

三、审议审批

贷款人应当建立审贷分离、分级审批的贷款管理制度。审查人员应当对调查人员提供的资料进行核实、评定，复测贷款风险度，提出意见，按规定权限报批。

四、贷款发放

(一) 签订借款合同

所有贷款应当由贷款人与借款人签订借款合同。借款合同应当约定借款种类，借款用途、金额、利率，借款期限，还款方式，借、贷双方的权利和义务，违约责任，以及双方认为需要约定的其他事项。

保证贷款应当由保证人与贷款人签订保证合同，或保证人在借款合同上载明与贷款人协商一致的保证条款，加盖保证人的法人公章，并由保证人的法定代表人或其授权代理人签署姓名。抵押贷款、质押贷款应当由抵押人、出质人与贷款人签订抵押合同、质押合同，需要办理登记的，应依法办理登记。

(二) 贷款发放

贷款人要按借款合同规定按期发放贷款。贷款人不按合同约定按期发放贷款的，应偿付违约金。借款人不按合同约定用款的，应偿付违约金。

五、贷后管理

(一) 贷后检查

贷款发放后，贷款人应当对借款人执行借款合同情况及借款人的经营情况进行追踪调查和检查。

(二) 贷款归还

借款人应当按照借款合同规定按时足额归还贷款本息。

贷款人在短期贷款到期1个星期之前、中长期贷款到期1个月之前，应当向借款人发送还本付息通知单；借款人应当及时筹备资金，按期还本付息。

贷款人对逾期的贷款要及时发出催收通知单，做好逾期贷款本息的催收工作。

贷款人对不能按借款合同约定期限归还的贷款，应当按规定加罚利息；对不能归还或者不能落实还本付息事宜的，应当督促归还或者依法起诉。

借款人提前归还贷款，应当与贷款人协商。

六、不良信贷资产管理

贷款人应当建立和完善贷款的质量监管制度，对不良贷款进行分类、登记、考核和催收。

不良贷款是指呆账贷款、呆滞贷款和逾期贷款。呆账贷款是指按财政部有关规定列为呆账的贷款；呆滞贷款是指按财政部有关规定，逾期(含展期后到期)超过规定年限以上仍未归还的贷款，或虽未逾期或逾期不满规定年限但生产经营已终止、项目已停建的贷款(不含呆账贷款)；逾期贷款是指借款合同约定到期(含展期后到期)未归还的贷款(不含呆账贷款和呆滞贷款)。

(1) 不良贷款的登记。不良贷款由会计、信贷部门提供数据，由稽核部门负责审核并按规定权限认定，贷款人应当按季填报不良贷款情况表。在报上级行的同时，应当报中国人民银行当地分支机构。

(2) 不良贷款的考核。贷款人的呆账贷款、呆滞贷款和逾期贷款不得超过中国人民银行规定的比例。贷款人应当对所属分支机构下达和考核呆账贷款、呆滞贷款和逾期贷款的有关指标。

(3) 不良贷款的催收和呆账贷款的冲销。信贷部门负责不良贷款的催收，稽核部门负责对催收情况进行检查。贷款人应当按照国家有关规定提取呆账准备金，并按照呆账冲销的条件和程序冲销呆账贷款。未经国务院批准，贷款人不得豁免贷款。除国务院批准外，任何单位和个人不得强令贷款人豁免贷款。

本章小结

信贷业务基础知识的主要内容

框架			主要内容
信贷业务基础知识	第一节 信贷业务概述	信贷与授信	信贷的定义、授信的定义、授信与贷款的区别
		商业银行主要信贷品种	按归还期限划分、按贷款性质划分、按利率的计算方法划分、按贷款有无担保抵押划分、消费者贷款、按《贷款风险分类指导原则(试行)》划分
	第二节 信贷资金及信贷资金运动	信贷资金及其特点	信贷资金、信贷资金的特点
		信贷资金运动	信贷资金的运动过程、信贷资金需求和供给的数量取决于社会再生产状况、信贷资金能否正常周转取决于再生产过程中资金能否顺利周转
	第三节 信贷业务的基本要素	信贷业务双方当事人	贷款人、借款人
		信贷业务金额的确定	考虑借款人合理的资金需求、贷款人的信贷能力、贷款政策与原则的规定、政策的需要、贷款人的信用与质量、贷款的对象与用处、贷款的期限等因素
		信贷业务期限、贷款方式和贷款偿还方式	信贷业务期限、贷款方式、贷款偿还方式和还款日期的确定
		信贷业务的价格、利率与费用	贷款价格的构成、贷款定价应考虑的因素、贷款定价方法、贷款利率及信贷业务费用
	第四节 信贷业务的基本操作流程	申请受理	借款人需要贷款,应当向主办银行或者其他银行的经办机构直接申请
		调查评价	对借款人的信用等级评估、贷款调查
		审查报批	贷款人应当建立审贷分离、分级审批的贷款管理制度
		贷款发放	签订借款合同、贷款发放
		贷后管理	贷后检查、贷款归还
		不良信贷资产管理	对不良贷款进行分类、登记、考核和催收,对呆账贷款进行冲销

思考练习

一、名词解释

1. 信贷　　　2. 授信　　　3. 贷款　　　4. 信贷资金

二、单项选择题

1. 以下各项中,不属于按期限划分的银行信贷业务品种的是(　　)。
   A. 短期信贷业务　　　　　　　B. 表内信贷业务
   C. 中期信贷业务　　　　　　　D. 长期信贷业务

2. 银行向个人发放的无须提供任何担保的贷款指的是(　　)。
   A. 个人信用贷款　　　　　　　B. 个人质押贷款
   C. 个人抵押贷款　　　　　　　D. 个人保证贷款

3. (　　)是指在贷款期内每月以相等的额度平均偿还贷款本息。
   A. 期末清偿法　　　　　　　　B. 等额本息还款法
   C. 等额本金还款法　　　　　　D. 等比累进还款法

4. (　　)是指由政府金融管理部门或中央银行确定的利率,它是国家实现宏观调控的一种政策工具。
   A. 浮动利率　　　　　　　　　B. 行业公定利率
   C. 市场利率　　　　　　　　　D. 法定利率

5. 信贷资金的来源主要由四部分组成:银行资本金、各项存款、借款、发行金融债券,其中(　　)是信贷资金的主要来源。
   A. 银行资本金　　　　　　　　B. 各项存款
   C. 借款　　　　　　　　　　　D. 发行金融债券

三、多项选择题

1. 广义的信贷是指以银行为中介,以存贷为主体的信用活动的总称,包括(　　)等业务。
   A. 存款　　　　　　　　　　　B. 贷款
   C. 结算　　　　　　　　　　　D. 金融服务

2. 个人贷款可采用多种担保方式,主要有(　　)。
   A. 抵押担保　　　　　　　　　B. 质押担保
   C. 保证担保　　　　　　　　　D. 以上都不对

3. 信贷业务费用主要有(　　)。
   A. 管理费　　　　　　　　　　B. 代理费

C. 杂费 D. 差旅费

4. 按照借贷关系持续期内利率水平是否变动来划分，利率可分为(　　)。
   A. 固定利率 B. 法定利率
   C. 市场利率 D. 浮动利率

5. 下列各项中，属于不良贷款的有(　　)。
   A. 关注类贷款 B. 次级类贷款
   C. 可疑类贷款 D. 损失类贷款

四、判断题

1. 个人贷款的对象既包括自然人，也包括法人。（　　）
2. 贷款利率是借款人使用贷款时支付的价格，或者说是货币所有者因暂时让渡货币资金使用权而从借款人那里获得的一定的报酬。（　　）
3. 由于等额本息还款法每月还本额固定，所以其贷款余额以定额逐渐减少，每月付款及每月贷款余额也定额减少。（　　）
4. 浮动利率的特点是可以灵敏地反映金融市场上资金的供求状况，借贷双方所承担的利率变动风险较小。（　　）
5. 授信就是指贷款。（　　）

五、简答题

1. 什么是信贷？
2. 授信与信贷有哪些区别？
3. 信贷资金有哪些特点？
4. 信贷业务金额是如何确定的？
5. 简述信贷业务的基本流程。

第二章
信贷业务的基本制度

贷款是商业银行资产业务的主要项目，贷款在商业银行资产中占较大比例，不仅是商业银行创造经营收入的主要资产业务，而且是国家通过商业银行调控信贷资金，从而影响和促进国民经济发展的经济杠杆。因此，不论是商业银行，还是银行监管当局，都制定了开展贷款业务必须遵循的行为准则、操作规程、规章制度和贷款政策。本章主要介绍信贷业务的基本制度，包括贷款原则、贷款制度、信贷政策与贷款政策。

【学习目标】
- 了解商业银行贷款原则；
- 了解贷款制度的内容；
- 了解信贷政策与贷款政策的定义；
- 掌握信贷政策与贷款政策的主要内容。

【重点与难点】
- 理解贷款原则的内涵；
- 理解制定贷款政策应考虑的因素。

案例导入

农业银行出台《2019年普惠金融信贷政策指引》

北京商报记者 2019 年 5 月 6 日获悉，农业银行出台《2019 年普惠金融信贷政策指引》（以下简称《指引》），明确了 2019 年农业银行普惠金融发展目标、普惠领域投放重点和配套政策措施，优化普惠金融信贷结构，推进全行普惠金融信贷政策、制度、机制、产品创新，支持普惠金融高质量发展。《指引》指出，农业银行将认真贯彻中央经济工作会议精神，全面落实普惠金融各项监管要求，聚焦服务实体经济，加大普惠重点领域信贷投放；推进普惠金融数字化转型；聚焦"放管服"改革，激发全行产品创新活力；聚焦提升普惠金融服务质效，推进专业化、批量化、模板化运作；加强精细化管理，完善差异化信贷政策；加强风险合规管理，确保普惠信贷业务可持续发展。农业银行方面表示，将加快普惠金融服务模式转变，围绕普惠金融数字化转型，加快线上普惠金融产品服务创新，提高普惠金融服务的自动化水平，打造以"普惠化、移动化、智慧化、场景化、自动化"为主要特征的数字化产品体系，不断提升客户体验和可获得性；加快普惠金融专营机构建设，围绕产业集群、商圈、供应链开展批量服务，推行"最多补充一次+限时办结"机制，不断提高服务效率；严格执行"七不准""四公开"要求，严禁违规收费，降低小微企业融资成本。普惠金融信贷业务方面，农业银行将重点围绕"四大领域"：支持先进制造业、战略性新兴产业以及重大基础设施建设中的优质小微企业；支持消费服务业、商务服务业、生产服务业、人力资本服务、康养服务以及文化创意产业中的优质小微企业；支持节能环保、清洁生产、清洁能源、环境治理、污染防治等绿色产业中的优质小微企业；支持为重点扶贫项目提供配套产品和服务、涉农特色产业链上下游的优质小微企业。

(资料来源：http://www.bbtnews.com.cn/2019/0506/299242.shtml)

第一节 贷款原则

商业银行贷款原则是指商业银行对借款人发放贷款的基本准则，是银行和借款人必须共同遵守的行为准则，也是约束商业银行贷款活动的行为规范，是商业银行分配和调控信贷资金、制约和规范贷款活动的根本性规则。

我国商业银行法规定，商业银行业务经营必须遵循安全性原则、流动性原则和效益性原则，即通常所说的"三性原则"。此外，商业银行开展贷款业务还要遵循依法合规原则、平等诚信原则和公平竞争原则。

一、安全性原则

贷款安全性原则是指贷款的发放与收回必须保证贷款本息不受损失。安全性的含义有两重：一是指作为授信方的贷款银行，要保证贷款的发放与收回，不至于因为贷款损失导致存款提取受到影响；二是指作为受信方的借款人，要保证贷款在使用过程中不至于产生贷款本息的损失。

由于商业银行贷款活动中存在信用风险，信用风险是指借贷双方产生借贷行为后，借款人不能按时归还贷款方的本息而使贷款方遭受损失的可能性。由于借款人(客户)信用状况不佳，到期不能及时归还贷款将会影响商业银行的资金周转和商业银行的收益，因此，商业银行每发放一笔贷款，都必须承担借款人可能违约的风险，即不能按期偿还本金和利息的风险。商业银行在办理贷款业务时，要特别关注贷款的安全，坚持安全性原则。

贯彻执行贷款安全性原则的意义在于，首先，有助于减少商业银行贷款和商业银行资本的损失，增强预期收益的可靠性；其次，有利于在社会公众中树立起良好的形象；最后，有利于商业银行的生存与发展，是商业银行生存与发展的根本基础。

贯彻贷款安全性原则时，商业银行应把握以下三项要求。

(1) 合理确定贷款的安全系数，准确测算信贷资产特别是贷款资产的风险。

(2) 及时检查借款企业的清偿能力并收回有问题的贷款。

(3) 区别不同贷款风险，确定贷款的利率水平。

二、流动性原则

商业银行实施流动性管理是为了保证日常的偿付能力。一般而言，商业银行可以同时利用资产和负债来满足流动性的需要。但是，由于客户的存款提取时间和数量往往难以预料，商业银行总是通过加强对资产与负债的流动性管理来弥补贷款的流动性缺口。

(一) 贷款流动性原则的要求

贷款流动性原则是指商业银行贷款资产在无损失的状态下转换为现金的能力。短期的流动资产是能迅速变现的资产，但是贷款是流动性最低的资产，因此，贷款流动性原则的要求如下：

(1) 商业银行在业务开展过程中，在全部的资产负债中应经常性地保持对负债及时支付的能力，根据实际情况建立第二准备金制度。

(2) 商业银行在整个资产营运的过程中，能够保持足够的变现能力。

(二) 贷款流动性出现问题的主要原因

商业银行的贷款流动性出现问题的主要原因如下：

(1) 商业银行的资产和负债期限搭配不当。

(2) 银行贷款过于集中在高风险的借款企业中，商业银行承担的风险过大。

因此，贷款流动性的状态反映出商业银行经营管理的水平。

(三) 贯彻流动性原则须注意的问题

商业银行在贷款业务中贯彻流动性原则，必须注意以下三个问题：

(1) 科学地配置银行的资产与负债，使银行的资产与负债的期限结构和比例搭配得当，既要保证贷款对存款的及时支付，又要使贷款获得最大的盈利。

(2) 科学决策贷款，要根据借款人清偿贷款的能力，合理确定借款的数量和期限。

(3) 积极加强负债的流动性管理，负债的流动性是指商业银行以合理的成本费用举借新债，获得清算资金的能力。

三、效益性原则

贷款是商业银行的主要资产和最大的创收项目，以获取利润为目标是商业银行贷款业务经营的根本特征。无论是从商业银行自身的贷款业务经营角度，还是从保障社会公众利益的角度来看，追求利润始终是商业银行贷款的根本性目标，银行信贷资金的合理、优化配置正是通过商业银行追求利润的过程完成的。

贷款效益性原则是指贷款的发放必须以最小的贷款投入，取得最大的收益或效用。这里所说的最大收益或效用有两层含义：一层含义是从商业银行角度来说，贷款的效益性就是实现利润的最大化；另外一层含义是从社会公众角度来说，贷款的效益性就是实现社会公众的利益。

商业银行贷款的利润主要来源于贷款的利息收入。贷款作为商业银行的主要资产，贷款的利息是商业银行的主要收入来源。商业银行通过办理贷款业务而取得的利息收入，既是自身生存与发展的物质基础，也是其在社会资金运动中发挥枢纽作用而提供的调节杠杆。

效益性原则是商业银行贷款业务经营中必须坚持的一项根本原则，每一笔贷款的发放与收回都要综合考核贷款的盈利能力，全面贯彻和执行效益性原则。

商业银行在贯彻执行效益性原则时，要做到：

(1) 在保证贷款安全性和适度流动性的基础上，尽可能地扩大贷款规模，提高利差收益能力。

(2) 要提高贷款的运用系数，加速信贷资金的周转。

(3) 企业要尽可能地节约资金使用，减少资金占用，提高贷款的产出水平。

(4) 在国家宏观经济政策的指导下，合理投放贷款，"扶优限劣"，提高贷款的盈利能力，提高贷款增加国民收入的能力。

四、依法合规原则

依法合规原则是指商业银行贷款的发放和使用应当符合国家的法律、行政法规和中国人民银行发布的行政规章。

例如，为贯彻落实《国务院关于积极发挥新消费引领作用 加快培育形成新供给新动力的指导意见》，创新金融支持和服务方式，促进大力发展消费金融，更好地满足新消费重点领域的金融需求，发挥新消费的引领作用，加快培育形成经济发展新供给、新动力，中国人民银行、银监会出台《关于加大对新消费领域金融支持的指导意见》。

五、平等诚信原则

平等诚信原则是指借款人与商业银行的借贷活动应当遵循平等、自愿、公平和诚实信用的原则。商业银行与客户之间是平等主体之间的民事法律关系。因此，商业银行与客户之间的业务往来应以平等自愿为基础，公平交易，不得强迫，不得附加不合理的条件，双方均应善意、全面地履行各自的义务。

六、公平竞争原则

公平竞争原则是指商业银行开展存款、贷款业务，应当遵循公平竞争的原则，不得从事不正当竞争。《中华人民共和国商业银行法》第九条规定，公平竞争是提高市场效率的前提。不同的商业银行之间应当坚持公平竞争的原则，不得从事不正当的竞争行为，例如不得违反规定提高或者降低利率以及采取其他不正当手段吸收存款、发放贷款。

第二节 贷款制度

商业银行为加强信贷管理,规范信贷行为,明确各信贷管理部门职责,防范和控制信贷风险,提高信贷资产质量和资金营运效益,应根据有关法律法规,结合各银行实际情况制定贷款制度。

一、审贷委员会

审贷委员会是指商业银行建立的由行长或副行长(经理、主任)和有关部门负责人参加的贷款审查委员会(小组)。贷款审查委员会(小组)负责贷款的审查,是商业银行内部负责贷款决策的机构。商业银行贷款政策中明确规定审贷委员会的组织职责和开会次数。银行审贷委员会的结构根据其相对规律、贷款处理过程中的分工和职员能力而定。

二、贷款分级审批制

贷款分级审批制最初的依据是中国人民银行公布的《贷款通则》第四十一条,"建立分级审批制:贷款人应根据业务量大小、管理水平和贷款风险度确定各级分支机构的审批权限,超过审批权限的贷款,应由上级审批。"后来这一制度被《中华人民共和国商业银行法》第三十五条所肯定。《中华人民共和国商业银行法》第三十五条规定:"商业银行贷款,应当对借款人的借款用途、偿还能力、还款方式等情况进行严格审查。商业银行贷款,应当实行审贷分离、分级审批的制度。"法律确立这一制度的目的在于保证银行信贷款资产的质量,避免人情贷款、以贷谋私等危及贷款安全的行为。贷款分级审批的基本要求是商业银行应按其分支机构资产或负债规模和结构的不同,以及考虑各自的经营管理水平,确定与其状况相适应的贷款审批权限。

三、贷款"三查"制与审贷分离制

(一) 贷款"三查"制

贷款"三查"制是指贷前调查、贷时审查和贷后检查。贷前调查是指贷款发放前银行对贷款申请人基本情况的调查,并对其是否符合贷款条件和可发放的贷款额度做出初步判断;调查的重点主要包括申请人资信状况、经营情况、申请贷款用途的合规性和合法性、贷款担保情况等。贷时审查是指审查人员对调查人员提供的资料进行核实、评定,复测贷款风险度,提出审核意见,按规定履行审批手续。贷后检查是指贷款发放后,贷款人对借款人执行借款合同的情况及借款人的经营情况进行追踪调查和检查。如果发现借款人未按规定用途使用贷款等造成贷款风险加大的情形,可提前收回贷款或采取相关保全措施。通过实施贷款"三查"制,有利于贷款人较为全面地了解和掌握借款人经营状况以及贷款的风险情况,及时发现风险隐患,采取相应风险防范和控制措施,保障银行信贷资金安全。同时,贷款"三查"制度的执行情况也是在贷款出现风险后,对相关责任人员进行责任追究或免责的重要依据。

(二) 审贷分离制

审贷分离制即把贷款"三查"岗位与人员分开,各司其职,各负其责,具体来说就是贷款调查评估人员负责贷款调查评估,承担调查失误和评估失准的责任;贷款审查人员负责贷款风险的审查,承担审查失误的责任;贷款发放人员负责贷款的检查和清收,承担检查失误、清收不力的责任。

四、信贷工作岗位责任制

信贷工作岗位责任制是指商业银行各级贷款管理部门将贷款管理的每一个环节的管理责任落实到部门、岗位、个人,严格划分各级信贷工作人员的职责。目前,许多银行进一步推行贷款管理终身责任制。所谓贷款管理终身责任制,是指某笔贷款相关责任人在对其所负责的该笔贷款完全收回前,必须对银行永远承担的、不能推卸的责任。贷款管理终身责任制是对贷款相关责任人的责任及其利益实行终身监督管理的办法,也是贷款管理的一项主要内容,是对贷款管理的细化。实施信贷工作岗位责任制的主要目的是进一步明确贷款管理责任,特别是风险责任,促进信贷从业人员执行制度、秉公守法、谨慎工作、尽职尽责,保证贷款业务能够安全、有效运转,杜绝不良贷款或者贷款风险发生。信贷工作岗位责任制的主要内容如下。

(一) 确定银行贷款管理的责任人

银行贷款管理的责任人,顾名思义,是与贷款相关的有关人员,一部分是有直接责任的责任人,另一部分是有关联责任的间接责任人。

直接责任人,包括经办人员、审查人员、审批人员等;间接责任人,包括单位内部的领导、主管领导、决策人员、调查人员、监测人员、稽核人员、贷款营销人员、贷款介绍人员等。

(二) 明确各个岗位责任人的主要责任

银行贷款管理责任人不能以直接责任人和间接责任人来划分、确定责任权重的大小,也不能以职务的高低来确定责任,而应当以责任人是否完全履行本银行规定的、相关的职责内容,即是否尽职,或者是否正确遵守单位的规章制度办理贷款来划分、确定责任。

经办人员负责办理所有手续,办理的所有手续必须完整、合规、合法。贷款手续在完整、合规、合法环节出现问题,由经办人员负责。

调查人员负责调查环节的所有工作,提供的所有资料、材料必须真实、完整、详细,资料、材料在真实、完整、详细环节出现问题,由调查人员负责。

审查、审批人员负责审查调查人员、经办人员提供的所有资料、材料,对其真实、完整、合规、合法程序进行审理,并对贷款予以审批。审理环节出现问题,由审查、审批人员负责。

决策人员负责按照程序和规定,进行公正、公平、科学、独立的决策,不受任何外部因素影响和干扰。决策人员不能尽职,决策环节出现的问题,由决策人员负责。

监测人员负责贷款形态及贷款资料、材料的日常监测、分析、管理，对发生变化情况的贷款，要求有关人员及时进行补充、完善；对发生异常情况的贷款，及时向主管领导报告。对异常情况监督不到位的，或者没有及时向主管领导报告而发生的问题，由监测人员负责。

稽核人员负责定期检查、纠正贷款办理、管理中发现的各种违规违纪问题，并向领导提交对相关责任人的处理意见。对发生问题的相关责任人进行处理，哪个环节出现问题，由哪个环节的人员负责，并追究其责任。对稽核不到位、不能发现有关问题，在以后检查中被发现问题的，由当时的稽核人员负责。

营销、介绍人员负责向借款人宣传、介绍单位信贷政策、规定、程序以及与合同内容相关的注意事项，不承担其他责任、义务，不参与贷款的具体管理工作(单位对其职责另有安排的除外)。营销、介绍人员提供虚假情况、不实信息，或者隐匿有关问题、情况，给贷款造成误导、失误的，责令退回营销、介绍所得奖金，并视问题严重程度，给予行政、纪律等方面的处理。

五、离职审计制

商业银行为了加强对离任人员所负责的审计监督，促进其在任职期间增强自我约束的意识，同时通过对工作移交情况的监督和检查，以保持离任后原岗位工作的延续性，制定离职审计制度。离职审计是指商业银行贷款管理人员在调离原工作岗位时，应当对其在任职期间和权限内所发放的贷款风险情况进行审计。

第三节 信贷政策与贷款政策

贷款政策是指导贷款决策的具体行为准则。贷款管理必须遵循国家法规，遵循国家经济、金融发展的方针、政策、计划，促进我国经济持续、稳定、协调发展。按照国家产业发展政策和信贷计划，依据信贷资金力量安排贷款，发挥信贷促进社会经济发展的作用。

一、信贷政策与贷款政策的定义

(一) 信贷政策的定义

信贷政策是指中央银行根据国家宏观经济政策、产业政策、区域经济发展政策和投资政策，并衔接财政政策、利用外资政策等，制定的指导金融机构(商业银行)贷款投向的政策。

由于我国社会主义市场经济处在初级阶段，间接融资居于主导地位，经济运行中存在区域经济发展不平衡、金融市场不够发达、利率没有市场化等问题，因此，国家如果在宏观上单纯依靠财政政策调整经济结构，受国家财力限制较大，所以，必须发挥信贷政策调控经济结构的作用。

中央银行制定信贷政策的主要目标是改善信贷结构，促进经济结构的调整、科学技术的进步、社会资源的优化配置。

(二) 贷款政策的定义

贷款政策是指商业银行为实现其经营目标，在中央银行制定的宏观信贷政策的指导下制定的指导贷款业务开展的各项方针和措施的总称，也是商业银行为贯彻安全性、流动性、效益性三项原则而制定的具体方针与措施。

商业银行制定贷款政策的目的是：①保证商业银行业务经营活动的协调一致。贷款政策是指导每一项贷款决策的总原则，理想的贷款政策可以支持商业银行做出正确的贷款决策，对商业银行的经营做出贡献。②保证商业银行贷款的质量。正确的贷款政策能够使商业银行的信贷管理保持理想的水平，避免风险过大，并能够恰当地选择业务机会。

二、信贷政策与贷款政策的主要内容

(一) 信贷政策的主要内容

信贷政策主要包括以下内容。

(1) 信贷总量政策。信贷总量政策与货币信贷总量扩张有关，信贷总量政策措施影响货币乘数和货币流动性，比如，规定汽车和住房消费信贷的首付款比例、证券质押贷款比例等。

(2) 信贷结构政策。配合国家产业政策，通过贷款贴息等多种手段，引导信贷资金向国家政策需要鼓励和扶持的地区及行业流动，以扶持这些地区和行业的经济发展。

(3) 限制性的信贷政策。通过"窗口指导"或引导商业银行通过调整授信额度、调整信贷风险评级和风险溢价等方式，限制信贷资金向某些产业、行业及地区过度投放，体现扶优限劣原则。

(二) 贷款政策的主要内容

商业银行贷款政策的内容应当体现商业银行的经营目的与经营战略，决定商业银行业务方向。商业银行贷款政策主要包括以下内容。

(1) 贷款的规模政策(投量政策)。商业银行贷款业务发展战略应当明确确定银行贷款发放的规模和速度。确定贷款业务开展的规模，既要考虑国家宏观经济政策的要求、当时经济发展的客观需要，又要考虑银行的实际能力。既不能过高地估计自己的发展能力，导致业务发展失控，增加贷款风险，也不能过低地估计自己的发展能力，束缚住自己的手脚，丧失业务发展的机会。商业银行在贷款政策中应当为自己确定一个合理的贷款规模，因为这有利于银行制订详细而周密的年度贷款计划，虽然影响贷款规模的因素相当复杂，但商业银行在贷款政策的制定中有必要做出说明。通常银行根据负债资金来源情况及其稳定性状况，以及中央银行规定的准备金比率、资本金状况、银行自身流动性准备比率、银行经营环境情况和银行经营管理水平等因素，来确定计划的贷款规模，使贷款规模既符合银行稳健经营的原则，又最大限度地满足客户的贷款需求。

(2) 贷款的结构政策(投向政策)。商业银行贷款业务发展战略还应当明确确定银行贷款发放范围(包括客户、区域、行业)。贷款结构对商业银行信贷资产的安全性、流动性、效益性具有十分重要的影响,因此,银行贷款政策必须对银行贷款结构做出明确的规定。

① 贷款客户结构。不同客户对银行的盈利贡献大相径庭,所以,银行必须首先发现和找到自己的客户群体,解决客户定位和市场定位问题,对银行贷款客户结构做出调整。

从目前情况来看,多数商业银行的客户结构具有以下特点:大企业客户数量占比低,但业务量占比高;中小企业客户数量占比高,但业务量占比低,按照成熟市场的经验,一旦利率彻底市场化,随着直接融资渠道的发展和各种金融工具创新,加之非理性的竞争,商业银行将面临大企业客户迅速流失的风险。在稳定的中小企业客户群体尚未建立的情况下,这将会给商业银行带来沉重打击。通过中小企业客户与大企业客户对商业银行发展意义的比较分析可以看出,商业银行在追逐大企业客户的同时,应该充分重视中小企业客户,大力发展中小企业客户群,优化贷款客户结构,增强核心竞争力和抵御风险的能力。

② 贷款区域结构。贷款区域结构是指银行控制贷款业务的地域范围。商业银行受所在地区经济发展的制约,贷款往往集中在某一个区域。

银行贷款的地区与银行的规模有关,大银行因其分支机构众多,在贷款政策中一般不对贷款地区做出限制;中小银行则往往将其贷款业务限制在银行所在城市和地区,或该银行的传统服务地区。银行在所在城市和地区或传统服务地区的贷款投放量往往较大,而且与当地的工商界建立了良好的往来关系,这使得银行对该地区的经济情况比较了解,对借款人的信用分析、贷款质量跟踪检查较为方便、可靠,在该地区放款对银行来说更为安全。例如,中国建设银行按地区分部划分的贷款分布情况如表 2-1 所示。

表 2-1 中国建设银行按地区分部划分的贷款分布情况

2018 年 12 月 31 日

地区	贷款金额/百万元	占比
长江三角洲	4 552 908	13.78%
珠江三角洲	3 568 920	10.80%
环渤海地区	5 294 864	16.03%
中部地区	4 207 180	12.73%
西部地区	3 448 750	10.44%
东北地区	1 179 534	3.57%
总行	9 090 812	27.52%
境外	1 694 519	5.13%
合 计	33 037 487	100.00%

(资料来源:中国建设银行 2018 年年报)

③ 贷款行业结构。银行管理部门通常在考虑了诸如贷款的风险、保持流动性、银行所要服务的客户类型、银行工作人员的能力等因素后,在农业、工业、商业、交通运输业、服务业等领域分配贷款总额。例如,中国建设银行按行业划分的贷款情况如表2-2所示。

表2-2 中国建设银行按行业划分的贷款情况

2018年12月31日

行业	贷款金额/百万元	占比
交通运输、仓储和邮政业	1 307 712	9.48%
制造业	1 092 369	7.92%
租赁和商务服务业	962 465	6.98%
电力、热力、燃气及水生产和供应业	803 746	5.83%
批发和零售业	373 246	2.71%
房地产业	510 045	3.70%
水利、环境和公共设施管理业	390 220	2.83%
建筑业	281 932	2.05%
采矿业	222 771	1.62%
教育	64 212	0.47%
信息传输、软件和信息技术服务业	53 230	0.39%
其他	435 730	3.16%
个人贷款	5 839 803	42.37%
票据贴现	308 368	2.24%
海外和子公司	1 100 406	7.98%
应计利息	36 798	0.27%
总　　计	13 783 053	100.00%

(资料来源:中国建设银行2018年年报)

(3) 贷款的利率政策(定价政策)。在市场经济条件下,贷款的定价是一个复杂的过程,银行应当对贷款政策进行明确的规定。银行贷款的价格一般包括贷款利率、贷款补偿性余额和对某些贷款收取的费用(如承担费等),因此,贷款定价也不仅仅是一个确定贷款利率的过程。在贷款定价过程中,银行必须考虑资金成本、贷款风险程度、贷款的期限、贷款管理费用、存款余额、还款方式、银行与借款人之间的关系、资产收益率目标等多种因素。对于贷款业务量较大的银行来说,通常是由审贷委员会或信贷管理部门根据贷款的类别、期限,并结合其他各种需要考虑的因素,确定每类贷款的价格。有些银行的信贷管理部门还将其制作成统一的价格表,供信贷员在发放常规贷款时使用或参考。有些银行不制定统一的价格表,对于同一类贷款也会根据不同情况制定不同的价格。即使使用统一价格表的银行,对于金额较大、期限较长或存款余额较多的客户,也可根据其特殊情况,实行价格上浮或下浮。

案例

山西省出台差别化个人住房贷款政策

自 2019 年 10 月 8 日起，山西省新发放个人住房贷款利率政策做了调整。其中，个人住房贷款利率定价参照基准由原来中国人民银行公布的金融机构贷款基准利率改为贷款市场报价利率。

本次政策调整主要依据央行发布的《关于新发放商业性个人住房贷款利率调整的公告》(2019 年第 16 号公告)有关政策，确保山西省差别化住房信贷政策有效实施，保持个人住房贷款利率基本稳定，维护借贷双方合法权益。此次个人住房贷款政策的调整主要包括三大方面。

第一，适应利率市场化改革，个人住房贷款利率定价参照基准由原来中国人民银行公布的金融机构贷款基准利率改为贷款市场报价利率。自 2019 年 10 月 8 日起，山西省新发放的商业性个人住房贷款利率以最近一个月相应期限的贷款市场报价利率为定价基准加点形成。中国人民银行授权全国银行间同业拆借中心每月 20 日(遇节假日顺延)上午 9 时 30 分公布贷款市场报价利率。

第二，全省首套房贷利率下限统一调整为相应期限贷款市场报价利率。以太原市 5 年以上期限为例，政策实施前下限为贷款基准利率 4.9%，政策实施后按最新贷款市场报价利率 4.85%，较之前低了 5 个基点，也就是 0.05 个百分点。

第三，全省二套房贷利率下限统一调整为贷款市场报价利率加 60 个基点。以太原市 5 年以上期限为例，政策实施前下限为贷款基准利率(4.9%)的 1.1 倍，即 5.39%，政策实施后按最新贷款市场报价利率 4.85%加 60 个基点，即为 5.45%，较之前规定高了 6 个基点。

本次最低首付款比例未做调整，延续了之前的差异化政策。对于首套房贷，太原市最低首付款比例为购房合同金额的 30%，其余各市最低首付款比例为购房合同金额的 20%。对于二套房贷，太原市最低首付款比例为购房合同金额的 40%，其余各市最低首付款比例为购房合同金额的 30%。

按照山西省市场利率定价自律机制的要求，各金融机构可结合借款人的贷款情况、信用状况、收入水平及其他因素合理确定每笔贷款的首付比例及利率具体加点数值，但不得突破政策规定的下限。借款人可与金融机构协商约定利率重定价周期，重定价周期最短为 1 年，最长为合同期限，定价基准调整为最近一个月相应期限的贷款市场报价利率。与此同时，为确保政策平稳过渡，2019 年 10 月 8 日前，已发放的商业性个人住房贷款和已签订合同但未发放的商业性个人住房贷款，仍按原合同约定执行。

(资料来源：http://news.sina.com.cn/o/2019-09-25-doc-iicezzrq8220935.shtml)

(4) 贷款的担保政策。商业银行应根据有关法律确定贷款的担保政策。贷款担保政策一般应包括以下内容：

① 明确担保的方式，如《中华人民共和国担保法》规定的担保方式有保证人担保、抵押担保、质押担保、留置以及定金。

② 规定抵押品的鉴定、评估方法和程序。

③ 确定贷款与抵押品价值的比率、贷款与质押品价值的比率。

④ 确定担保人的资格和还款能力的评估方法与程序等。

在贷款政策中明确上述担保政策，是为了能够完善贷款的还款保障，确保贷款的安全性。

三、贷款政策的制定

商业银行在制定贷款政策时，一般要考虑以下因素。

(一) 有关法律、法规和国家的财政、货币政策

商业银行的贷款业务是在国家有关法律、法规的规范下，在一定时期国家宏观经济政策的指导下来开展的。因此，在制定贷款政策时，商业银行的高层管理者首先必须了解并掌握国家有关的法律和法规，熟悉国家在一定时期的财政政策和货币政策要求，使商业银行的贷款业务既合法又合理，既体现国家法律和政策的要求，又能取得较好的经济效益。

(二) 银行的资本金状况

商业银行的资本金状况对贷款政策有重要影响。资本的构成、核心资本与附属资本的比例、资本与加权风险资产的比例、资本与存款的比例、贷款呆账准备金与贷款的比例等都会影响银行承担贷款风险的能力。资本实力较强、资本构成中核心资本比例较高、呆账准备金较充裕的银行，承担贷款风险的能力就较强；反之，资本实力较弱、资本结构脆弱、呆账准备金较少的银行，承担贷款风险的能力也就较弱，在发放高风险贷款时应十分谨慎。

(三) 银行负债结构

商业银行的负债结构和负债的稳定性状况也是影响银行贷款政策的一个重要因素。按照稳健经营的原则，商业银行必须根据负债的结构来安排资产的结构，因此，银行负债的性质、期限、利率、费用等都直接制约着银行贷款结构的形成。在制定贷款政策时，银行管理者必须从本行负债结构及稳定性状况的现实和可能性出发，合理安排贷款的期限结构、用途结构和利率结构。

(四) 服务地区的经济条件和经济周期

经济决定金融，银行所在地区的经济发展状况对银行贷款政策有着直接的影响。在贷款政策文件中，应根据经济发展的现实条件的变化，及时、不断地调整贷款的结构、投向，以确保

贷款为经济发展服务。同时，银行贷款政策应充分考虑经济周期的影响。在经济萧条、市场不景气时，银行大量发放中长期贷款往往要承受较大的风险。在经济结构调整时期，要特别注意银行贷款的流向应与国家产业政策相协调。

(五) 银行信贷人员的素质

在制定贷款政策时，银行信贷人员的素质也是一个不容忽视的因素。信贷人员的素质包括知识水平、能力、经验、责任心等。一般情况下，如果本行信贷人员素质较高，银行贷款业务可以更多地向具有较高风险和收益的领域拓展；反之，如果本行信贷人员总体上素质较低，那么，在制定贷款政策时，不仅要对贷款各个环节的工作实施更加严格的控制，而且应尽量避免涉及高风险领域，以免由于信贷人员的知识水平、能力、经验不足和责任心不强而给银行贷款带来不应有的损失。

📖 知识拓展

贷款市场报价利率

贷款市场报价利率(loan prime rate，LPR)是商业银行对其最优质客户执行的贷款利率，其他贷款利率可在此基础上加减点生成。贷款市场报价利率的集中报价和发布机制是在报价行自主报出本行贷款市场报价利率的基础上，指定发布人对报价进行计算，形成报价行的贷款市场报价平均利率并对外予以公布。目前向社会公布1年期和5年期以上贷款市场报价利率。

贷款市场报价利率报价团目前由18家商业银行组成，是在原有的10家全国性银行基础上增加城市商业银行、农村商业银行、外资银行和民营银行各2家扩大而成。新增加的报价行都是在同类型银行中贷款市场影响力较大、贷款定价能力较强、服务小微企业效果较好的中小银行，能够有效增强贷款市场报价利率的代表性。市场利率定价自律机制依据相关文件确定和调整报价行成员，监督和管理贷款市场报价利率运行，规范报价行与指定发布人行为。

中国人民银行授权全国银行间同业拆借中心为贷款市场报价利率的指定发布人。每月20日(遇节假日顺延)9时前，以0.05个百分点为步长，向全国银行间同业拆借中心提交报价，全国银行间同业拆借中心按去掉最高和最低报价后进行算术平均，向0.05%的整数倍就近取整计算得出贷款市场报价率，于当日9时30分公布，公众可在全国银行间同业拆借中心和中国人民银行网站查询。

(资料来源：http://www.icbc.com.cn/ICBC/金融信息/存贷款利率表/人民币贷款基础利率LPR报价/)

本章小结

信贷业务的基本制度的主要内容

框架			主要内容
信贷业务的基本制度	第一节 贷款原则	安全性原则	安全性原则的定义、要求
		流动性原则	流动性原则的定义、出现流动性问题的原因、贯彻流动性原则应解决的问题
		效益性原则	效益性原则的定义、应做到的要求
		依法合规原则	依法合规原则的定义
		平等诚信原则	平等诚信原则的定义
		公平竞争原则	公平竞争原则的定义
	第二节 贷款制度	审贷委员会	审贷委员会的定义
		贷款分级审批制	贷款分级审批制的定义
		贷款"三查"制与审贷分离制	贷款"三查"制与审贷分离制的定义
		信贷工作岗位责任制	信贷工作岗位责任制的定义、主要内容
		离职审计制	离职审计制的定义
	第三节 信贷政策与贷款政策	信贷政策与贷款政策的定义	信贷政策的定义、贷款政策的定义
		信贷政策与贷款政策的主要内容	信贷政策的主要内容、贷款政策的主要内容
		贷款政策的制定	制定贷款政策应考虑的因素

思考练习

一、名词解释

1. 贷款原则　　2. 贷款制度　　3. 审贷委员会　　4. 信贷政策　　5. 贷款政策

二、单项选择题

1. 贷款的直接责任人，包括贷款业务的(　　)。
   A. 主管领导　　　　　　　　　B. 经办人员
   C. 调查人员　　　　　　　　　D. 监测人员

2. 商业银行各级机构应建立由行长或副行长(经理、主任)和有关部门负责人参加的( )负责贷款的审查。

    A. 贷款管理部　　　　　　　　B. 贷款审查委员会

    C. 贷款审查部　　　　　　　　D. 贷款检查部

3. ( )负责调查环节的所有工作，客户提供的所有资料、材料，必须真实、完整、详细。资料、材料在真实、完整、详细环节出现问题，由( )负责。

    A. 调查人员　　　　　　　　　B. 稽核人员

    C. 审批人员　　　　　　　　　D. 审查人员

4. ( )是指贷款的发放与收回必须保证贷款本息不受损失。

    A. 流动性原则　　　　　　　　B. 效益性原则

    C. 安全性原则　　　　　　　　D. 依法合规原则

5. 商业银行在制定贷款政策时应考虑的因素不包括( )。

    A. 有关法律、法规和国家的财政、货币政策

    B. 银行的资本金状况

    C. 银行盈利情况

    D. 银行负债结构

三、多项选择题

1. 贷款的"三查"制是指( )。

    A. 贷时检查　　　　　　　　　B. 贷前调查

    C. 贷后检查　　　　　　　　　D. 贷时审查

2. 贷款分级审批制是指商业银行根据各级分支机构( )，确定各级分支机构的贷款审批权限。

    A. 业务量大小　　　　　　　　B. 管理水平

    C. 贷款风险度　　　　　　　　D. 贷款人员数量

3. 商业银行开展贷款业务要遵循( )。

    A. "三性"原则　　　　　　　　B. 依法合规原则

    C. 公平竞争原则　　　　　　　D. 平等诚信原则

4. 信贷政策是中央银行根据( )制定的指导金融机构(商业银行)贷款投向的政策。

    A. 国家宏观经济政策　　　　　B. 产业政策

    C. 区域经济发展政策　　　　　D. 投资政策

5. 在贷款定价过程中，银行必须考虑( )。

    A. 资金成本　　　　　　　　　B. 贷款的风险程度

    C. 借款人的职业　　　　　　　D. 存款余额

四、判断题

1. 贷款调查评估人员负责贷款调查评估，承担审查失误的责任。（   ）
2. 商业银行行长不可以授权副行长或贷款管理部门负责审批贷款。（   ）
3. 商业银行应在保证贷款安全性和适度流动性的基础上，尽可能地扩大贷款规模，提高利差收益能力。（   ）
4. 银行贷款管理责任人可以按直接责任人和间接责任人来划分，确定责任权重的大小。（   ）
5. 信贷总量政策与货币信贷总量扩张有关。（   ）

五、简答题

1. 什么是贷款原则？商业银行贷款原则有哪些？
2. 贷款各个岗位责任人的主要责任是什么？
3. 什么是贷款分级审批制、离职审计制？
4. 信贷政策与贷款政策的主要内容有哪些？
5. 商业银行在制定贷款政策时要考虑哪些因素？

第三章
个人消费贷款业务

在商业银行，消费贷款是与公司贷款相对应的业务。消费贷款在国外已有近百年的发展历史，但是在国内还是一项新兴的商业银行业务。个人住房贷款、个人汽车贷款、个人信用卡贷款、个人助学贷款等业务统称为个人消费贷款业务。近年来，我国消费贷款业务发展迅速，种类繁多，创新不断。本章将对当前商业银行提供的个人消费贷款的主要产品进行逐一介绍。

【学习目标】
- 了解个人消费信贷的概念及种类；
- 掌握个人住房贷款业务的操作流程及风险防范措施；
- 熟悉个人汽车贷款业务的操作流程及风险防范措施；
- 掌握个人信用卡贷款业务的操作流程及风险防范措施；
- 熟悉国家助学贷款业务的操作流程及风险防范措施。

【重点与难点】
- 消费贷款的种类；
- 个人住房贷款的程序；
- 等额本金还款法、等额本息还款法的计算方法；
- 个人信用卡贷款利息计算及风险防范措施；
- 国家助学贷款业务及其风险防范措施。

案例导入

人均 GDP 1 万美元时代的消费金融发展之路

改革开放 40 多年来，经济的持续、高速增长为人们实现美好生活提供了坚实的基础。1978 年，中国人均 GDP 只有 156 美元，而 2017 年这一数字超过了 8800 美元，居民人均消费支出达到了 2704 美元。在收入快速增长的同时，人们的消费结构也在发生巨大的变化，恩格尔系数从 1978 年的接近 60%下降到 30%左右，这意味着人们能将更多的收入用于提高生活品质的消费。

近年来，消费者在家装、教育、旅游、健康等方面的支出在逐年增加。同时，对人均 GDP 达到 1 万美元的预期更是让大家对未来的消费场景有了更为具象的认识。作为银监会批准设立的首批四家试点消费金融公司之一，捷信消费金融有限公司(以下简称捷信)将秉持普惠金融的原则，通过提供负责任的消费贷款参与这一历史进程，积极助力实现美好生活。

人均 GDP 从 8800 美元跃升到 1 万美元的过程中，消费在经济发展"引擎"中的分量将越来越重。随着现代金融服务广泛进入人们的生活，消费金融从某种程度上已逐步成为连接中国消费市场和供给的桥梁，以培养新消费增长点为目标，紧密结合消费场景，积极拓展消费信贷业务，坚持与商业银行错位竞争、互补发展，依托小额、快捷、灵便及场景化等独特优势，适应了不同消费群体的消费需求。在消费对经济增长的贡献达到 78.5%的当下，消费金融在促进传统消费与新兴消费增长、助力打造多点支撑的消费增长格局和增强经济内需支撑方面更是功不可没。

同时，在推动人均 GDP 1 万美元的发展进程中，坚持金融的普惠性，让经济和金融发展的成果能够惠及广大的人群，也是建设小康社会整体目标下的原则之一。以普惠金融为方向、立足于向无法享受到传统金融服务的群体提供消费贷款的消费金融行业就能起到很好的平衡作用。捷信于 2010 年正式在中国开业，截至 2018 年 6 月，捷信在中国的业务已覆盖 29 个省份和直辖市、312 个城市，开设超过 25 万个贷款服务网点，服务的活跃客户超过 1900 万，为经济发展和社会平衡做出了重要贡献。捷信自成立以来，以 3C 产品、家用电器、摩托车等消费品为主要场景，采用驻店式消费贷款模式，为有贷款需求的消费者提供分期付款服务，有效补充了传统金融机构的服务空缺，体现出普惠金融的信心和决心。

虽然目前专业人士对于人均 GDP 达到 1 万美元的具体时间尚有不同的判断，但对于这一趋势必将到来大家已经达成共识。把握这一契机，在场景的开发以及服务的创新等方面更贴近消费者的需求，将成为消费金融行业的选择，也是捷信将继续坚持和发展的方向。

(资料来源：https://news.sina.com.cn/o/2018-08-10/doc-ihhnunsq3820672.shtml)

第一节　个人消费贷款业务概述

随着我国国民经济的不断发展和金融市场的日益活跃，商业银行个人消费贷款业务发展迅猛，目前，商业银行个人消费贷款数量日益增加，品种日益多样化。

一、个人消费贷款的概念

消费贷款是指商业银行等金融机构向消费者个人客户发放贷款，以满足其资金需求，个人客户在约定期限内还本付息的借贷行为。通常来讲，消费贷款的贷款对象是个人，贷款用途是消费，目的是提高消费者即期消费水平，有利于消费者合理安排个人消费，所以，消费贷款一般又称为个人消费贷款。个人消费贷款是经济发展到一定阶段，货币信用关系发展到较高水平时，为缓解消费与生产之间的矛盾，使消费增长速度适应生产增长而出现的一种金融服务产品。贷款作为商业银行向消费者提供资金的一种信用形式，当人们购买力与商品价值差距较大时，必然会产生一种缩小这种差距的经济手段，使人们的购买愿望和商品的价值都得到实现，这就是个人消费贷款。在市场运行中，个人消费贷款作为一种调节手段，对调解消费需求、促进经济稳定发展起着十分重要的作用。

对商业银行来说，个人消费贷款具有以下几个方面的功能。

(1) 开展个人消费贷款业务可为商业银行拓展资金来源。个人消费贷款是商业银行的一种资金运用，这种资金运用有利于商业银行吸引更多客户带来新的资金来源。

(2) 个人消费贷款为商业银行的新收入来源。商业银行从个人消费贷款业务中除了获得正常利息收入外，通常还会得到一些相关服务的服务费收入。

(3) 个人消费贷款业务帮助银行分散风险。出于风险控制的目的，商业银行最忌讳的是资金运用的集中。无论是从单个贷款客户集中还是贷款客户在行业上或地域上集中的角度，个人消费贷款都不同于传统的工商企业贷款，因而可以成为商业银行分散风险的资金运用方式。

个人消费贷款业务的发展，对实现城乡居民的有效消费需求、极大满足广大消费者的购买欲望起到了融资的作用；对启动、培育和繁荣消费市场起到了催化和促进的作用；对扩大内需，推动生产，支持国民经济持续、快速、健康、稳定发展起到了积极的作用；对带动众多相关产业的发展，从而促进整个国民经济的快速发展都具有十分重要的意义；也对商业银行调整信贷结构、提高信贷或资产质量具有重要意义。

二、个人消费贷款的特点

个人消费贷款与其他商业贷款业务相比存在较大差别，主要表现为以下几点。

(1) 单笔贷款规模小，单位成本较高。相对于企业贷款的数额，个人消费贷款单笔贷款数额较小，大到几十万元、小到百元不等。对于银行来说，其贷款程序与企业贷款相差无几，投入的劳动量并不一定比大额贷款少，所以相对单位成本也就比大额贷款高。

(2) 贷款客户广且分散。个人消费贷款面对的是无数个家庭或消费者，贷款对象十分广泛。同时消费者居住又是十分分散的，银行开展此项业务时相对费时费力，不易把握。但是，如果此项业务开展起来，对银行来说则是一个庞大的信贷资金来源群体，可以为银行发展提供更多的信贷资金并能获得相对丰厚的回报。

(3) 期限较长，单笔贷款风险较大。个人消费贷款一般与个人消费中的永久性消费及其耐用消费品(如购买住房)的消费相关联，有些是与劳动力再生产过程相关联。所以，这些业务一般情况下期限较长。而对于消费者个人而言，存在着疾病、死亡、失业等因素的影响，在贷款期间一旦发生上述情况，借款人则无力偿还消费贷款的本息，银行随时存在贷款风险转化的威胁。

三、个人消费贷款的种类

目前，商业银行个人消费贷款名目繁多、种类齐全，个人选择余地较大。按照不同的划分标准，可将个人消费贷款划分为不同的种类。

(一) 按产品用途分类

个人消费贷款产品按其用途可分为个人住房贷款、个人汽车贷款、个人助学贷款、个人耐用消费品贷款、个人消费额度贷款、个人综合消费贷款、个人旅游消费贷款等。

(1) 个人住房贷款。个人住房贷款是指贷款人向借款人发放的用于购买自用普通住房的贷款。贷款人发放个人住房贷款时，借款人必须提供担保。借款人到期不能偿还贷款本息的，贷款人有权依法处理其抵押物或质物，或由保证人承担偿还本息的连带责任。个人住房贷款的用途是贷款人用于支持个人在中国大陆地区城镇购买、建造、大修各类型住房。

(2) 个人汽车贷款。个人汽车贷款是银行向申请购买汽车的借款人发放的人民币担保贷款。所购车辆按用途可以划分为自用车和商用车，按注册登记情况可以划分为新车和二手车。个人汽车贷款具有办理手续简便快捷、担保形式多样、贷款额度高等特点，并实行设定担保、分类管理、特定用途的原则。设定担保，是指借款人申请个人汽车贷款需提供所购汽车抵押或其他有效担保。分离管理，是指按照贷款所购车辆的不同种类和用途，对个人汽车贷款设定不同的条件。特殊用途，是指个人汽车贷款专项用于借款人购买汽车，不允许挪作他用。

(3) 个人助学贷款。个人助学贷款是银行向在读学生或其直系亲属、法定监护人发放的用于满足其就学资金需求的贷款，主要包括国家助学贷款、商业性助学贷款和出国留学贷款三个产品类别。

(4) 个人耐用消费品贷款。个人耐用消费品贷款是指银行对在其特约商户购买耐用消费品的个人客户发放的人民币担保贷款，其主要用途是购买与贷款银行签订协议的特许商户中的个人耐用消费品。一般来说，各商业银行对贷款购买的消费品的价值和范围有较为具体的规定。例如，正常使用寿命在 2 年以上，单件价值不低于 3000 元或数件累计价值在 3000 元以上的家庭消费品，如家用电器、计算机、家具、健身器材、乐器等物品。

(5) 个人消费额度贷款。个人消费额度贷款是指银行对个人客户发放的不指定消费用途，可在一定期限和额度内循环使用的人民币贷款。个人消费额度贷款是银行推出的消费贷款品种之一，主要用于满足个人生活、学习和其他消费需求，其贷款对象为年满18周岁，具有完全民事行为能力的自然人。

信用额度根据借款人的信用等级确定。在实际操作中，各银行提供的信用额度可能有些差别，但遵循的原则是相同的，即银行通过要求借款人提供一定方式的担保来降低个人消费额度贷款的违约风险。

(6) 个人综合消费贷款。个人综合消费贷款是指银行向借款人发放的不限定具体消费用途的人民币贷款，实际是指除住房、汽车、教育和创业贷款等大额品种外，将原来的诸如个人住房装修贷款、个人旅游贷款、个人耐用消费品贷款、个人质押贷款、个人婚庆消费贷款等单项业务品种进行整合，统一在一个业务品种旗下。

(7) 个人旅游消费贷款。个人旅游消费贷款是指银行向个人及其家庭成员等发放用于参加特约旅行社旅游消费的担保贷款。家庭成员包括借款申请人的配偶、父母及其子女。该贷款只能用于支付与贷款人签订合作协议的特约旅行社的旅游费用。

个人旅游消费贷款包括出国旅游保证金贷款和旅游消费贷款两种。出国旅游保证金贷款用于支付因出国旅游而需要向旅行社交付的保证金。旅游消费贷款用于支付自旅游申请提出至旅游过程结束为止所发生的物质消费、精神消费以及其他相关费用。

(二) 按担保方式分类

个人贷款按照担保方式可以分为抵押类个人贷款、质押类个人贷款、保证类个人贷款和信用类个人贷款。

(1) 抵押类个人贷款。抵押类个人贷款是指贷款银行以借款人或第三人提供的、经贷款银行认可的符合规定条件的财产作为抵押物而向借款人发放的贷款。借款人不履行还款义务时，贷款人有权依法以该财产折价或者以拍卖、变卖财产的价款优先受偿。

(2) 质押类个人贷款。质押类个人贷款是指借款人以本人或其他自然人的未到期本外币定期储蓄存单、凭证式国债、电子记账类国债、个人寿险保险单，以及贷款银行认可的其他权利凭证票面价值或记载价值的一定比例向借款人发放的人民币贷款。

(3) 保证类个人贷款。保证类个人贷款是指贷款行以借款人提供的、经贷款行认可的具有代位清偿债务能力的法人、其他经济组织或自然人作为保证人而向借款人发放的贷款。保证类个人贷款手续简便，只要保证人愿意提供保证，银行经过核保认定保证人具有保证能力，签订保证合同即可，整个过程仅涉及银行、借款人、保证人三方，贷款办理时间短，环节少。保证类个人贷款基本无办理费用，即使有费用也较低。如果贷款出现逾期，银行可直接向保证人扣收贷款，出现纠纷可通过法律程序进行，处置程序较为简便。

(4) 信用类个人贷款。信用类个人贷款是指银行向借款人发放的无须提供担保或只提供一定授信额度的贷款。授信额度根据被授信人的经济状况、信用状况来确定。信用类个人贷款包括个人小额短期信用贷款、个人综合授信贷款、个人贷记卡贷款等。

① 个人小额短期信用贷款。个人小额短期信用贷款是银行向资信良好的借款人发放的，用于正常消费需求以及劳务等费用支付的，无须提供担保的人民币信用贷款。个人小额短期信用贷款的对象是具有本地常住户口或有固定住所，具备完全民事行为能力的居民个人。贷款额度起点为 2000 元，贷款金额不超过借款人月均工资性收入的 6 倍，且最高不超过 2 万元。个人小额短期信用贷款期限在 1 年(含)以下，一般不办理展期，确因不可抗力原因而不能按时还款的，经贷款银行同意可展期一次，且累计贷款期限不得超过 1 年。

② 个人综合授信贷款。个人综合授信贷款是指银行根据借款人提出的授信申请，综合评定其信用状况，然后授予借款人一定的信用额度，借款人在一定期限内根据需要随时申请授信额度内的款项。个人综合授信贷款的对象是具有完全民事行为能力，经贷款银行认定的个人客户。

授信期限一般是 1~2 年,最长不超过 3 年,授信项下的单笔贷款期限不得超过授信期限。授信额度根据被授信人的经济状况、信用状况来确定,没有最高限额。

授信总额度=抵押授信额度+质押授信额度+第三方保证授信额度+个人信用担保授信额度

可用余额=授信额度－当期未偿还贷款本金

③ 个人贷记卡贷款。个人贷记卡是指发卡银行向社会公开发行的,给予持卡人一定的信用额度,持卡人可以在银行核定的信用额度内先消费、后还款的信用卡。信用额度是发卡银行根据持卡人的资信情况等为其核定的、持卡人在卡片有效期内可循环使用的、对该行产生欠款的最高限额。各银行对额度和担保的规定有较大差别。

第二节　个人住房贷款

个人住房贷款知多少

随着提前消费意识的增强,现在许多老百姓购房时都会选择向银行申请个人住房贷款,下面主要介绍个人住房贷款的概念、特点、种类、还款方式及操作流程等相关知识。

一、个人住房贷款的概念和特点

个人住房贷款是指银行或银行接受委托向在中国大陆地区城镇购买、建造、大修各类型房屋的自然人发放的贷款。目前我国个人住房贷款比重在个人贷款业务中占绝对主导地位,尽管个人汽车贷款、个人助学贷款、个人经营贷款迅速发展,今后几年,个人住房贷款占的比重会有所下降,但其主导地位不会改变。个人住房贷款与个人其他贷款相比具有如下特点。

(1) 贷款金额大、期限长。购房支出通常是家庭消费支出的主要部分,住房贷款也普遍占家庭负债的较大份额。据统计,美国住房贷款负债平均占到家庭负债的 70%。相对来说,个人住房贷款金额较大,且贷款期限也较长,通常为 10~20 年,最长可达 30 年。正是由于具有这样的特点,个人住房贷款绝大多数采取分期付款的方式。

(2) 主要以所购房产作抵押。尽管个人住房贷款有保证、抵押和质押三种方式,但由于保证贷款的保证时间较短,最长 5 年,质押贷款出质人的质物较少,不足以质押,因此,通常情况下,绝大多数借款人要以所购房产之全部权益作抵押,并需为抵押物办理全额财产保险。

(3) 利率优惠。为坚决贯彻落实"房子是用来住的,不是用来炒的"定位和房地产市场长效管理机制,在改革完善贷款市场报价利率形成机制的过程中,确保区域差别化住房信贷政策的有效实施,保持个人住房贷款利率水平基本稳定,中国人民银行就新发放商业性个人住房贷款利率有关事宜发布公告:自 2019 年 10 月 8 日起,新发放商业性个人住房贷款利率以最近一个月相应期限的贷款市场报价利率为定价基准加点形成。加点数值应符合全国和当地住房信贷政策要求,体现贷款风险状况,合同期限内固定不变。存量个人住房贷款利率仍按原合同执行。

(4) 风险具有系统性。由于大多数个人住房贷款为房产抵押担保贷款模式，除了客户还款能力、还款意愿等方面的因素外，个人住房贷款风险受房地产交易市场的稳定性、规范性影响较大，具有较明显的系统性，风险也相对集中。

二、个人住房贷款的种类

个人住房贷款按不同的划分标准可划分为不同的种类。

(一) 按照贷款性质划分

按照贷款性质划分，个人住房贷款分为自营性个人住房贷款、公积金个人住房贷款和个人住房组合贷款。

(1) 自营性个人住房贷款。自营性个人住房贷款也称商业性个人住房贷款，是指银行运用信贷资金向在城镇购买、建造、大修各类型住房的自然人发放的贷款。它包括以下种类。

① 新建房个人住房贷款。新建房个人住房贷款，俗称"一手房"贷款，是指贷款人向符合条件的自然人发放的，用于在一级市场上购买住房的贷款。

② 个人再交易住房贷款。个人再交易住房贷款，俗称"二手房"贷款，是指贷款人向借款人发放的，用于购买在住房二级市场上合法交易的各类型个人住房的贷款。

③ 个人住房转让贷款。个人住房转让贷款是指尚未结清个人住房贷款的客户出售用该贷款购买的住房时，贷款人用信贷资金向购买该住房的自然人发放的个人住房贷款。

(2) 公积金个人住房贷款。公积金个人住房贷款是指银行接受公积金管理部门的委托，以职工缴存的住房公积金存款为主要来源，按规定的要求向按时足额缴存住房公积金的职工在购买、建造、大修城镇各类型住房时发放的贷款。该贷款不以营利为目的，实行"低进低出"的利率政策，带有较强的政策性，贷款额度受到限制。因此，它是一种政策性个人住房贷款。

(3) 个人住房组合贷款。个人住房组合贷款是指按时足额缴存住房公积金的职工在购买、建造、大修住房时，可以同时申请公积金个人住房贷款和自营性个人住房贷款，从而形成特定的个人住房贷款组合，简称个人住房组合贷款。

【例3-1】 小李购买了一套2010年建成的二手房屋，总价200万元，小李及配偶都正常缴纳公积金，且小李和配偶都没有买房经历，是购买的首套房，想使用组合贷款，需要贷款多少钱？

首先，小李购买该套房打算首付3成，贷款7成，即140万元。

其次，根据小李所在城市的公积金政策规定，小李夫妻俩可申请到40万元的公积金贷款，那么，小李向银行申请的商业贷款金额为100万元。

因此，小李购买该套房使用组合贷款：公积金贷款40万元+商业贷款100万元。

(二) 按照贷款利率确定方式划分

按照贷款利率确定方式划分，个人住房贷款可分为浮动利率个人住房贷款、固定利率个人住房贷款和结构性固定利率个人住房贷款。

(1) 浮动利率个人住房贷款。浮动利率个人住房贷款是一种在借贷期内可定期调整利率的贷款。根据借贷双方的协定，由一方在规定的时间依据某种市场利率进行调整，一般调整期为半年。目前我国住房抵押贷款实行按央行指令调整的变动利率。变动利率在贷款期间内，可能出现利率上下波动，不利于借款人安排理财规划。

(2) 固定利率个人住房贷款。固定利率个人住房贷款是指为购买住房的借款人提供的，在约定期限内贷款利率不随中国人民银行利率调整或市场利率的变化而浮动的住房贷款。固定利率个人住房贷款为利率变化预期和风险偏好不同的客户提供更多的选择。

(3) 结构性固定利率个人住房贷款。结构性固定利率个人住房贷款是指在固定利率期间，贷款可以分段执行不同的固定利率标准。例如，固定5年的贷款可以在前2年执行一个固定利率标准，后3年执行另一个固定利率标准；固定10年的贷款可以在前5年执行一个固定利率标准，后5年执行另一个固定利率标准。

三、个人住房贷款的还款方式

个人住房贷款可采取多种还款方式进行还款：一次本息还款法、等额本金还款法、等额本息还款法、等比累进还款法、等额累进还款法及减按还款法、组合还款法等多种方法。其中，等额本金还款法和等额本息还款法最为常用，下面对这两种还款方式进行重点介绍。

(一) 等额本金还款法

等额本金还款法又称等本不等息还款法，是指贷款人将本金分摊到每个月内，同时付清上一交易日至本次还款日之间的利息。这种还款方式相对等额本息还款法而言，总的利息支出较低，但是前期支付的利息较多，还款负担逐月递减，利息逐渐随本金归还减少。等额本金还款法的计算公式如下：

$$每月还款额=贷款本金/贷款期月数+(本金-已归还本金累计额)\times月利率$$

【例 3-2】 小王从某银行贷款20万元，还款年限15年，利率为5.85%，选择等额本金还款法，则每月需要偿还银行本金为 200 000/(15×12)=1 111.11(元)。首月利息为 200 000×(5.85%/12)=975(元)，第二个月利息为(200 000-1 111.11)×(5.85%/12)=969.58(元)。首月偿还银行本息合计 1 111.11+975=2 086.11(元)，第二个月偿还银行贷款本息为 1 111.11+969.58=2 080.69(元)。此后，每个月的还款本金不变，利息逐渐减少。

(二) 等额本息还款法

所谓等额本息还款法，是指贷款的本金和利息之和采用按月等额还款的一种方式，其中每月贷款利息按月初剩余贷款本金计算并逐月结清。由于每月的还款额相等，因此，在贷款初期每月的还款额中，剔除按月结清的利息后，所还的贷款本金较少；而在贷款后期因贷款本金不断减少，每月的还款额中贷款利息也不断减少，每月所还的贷款本金就较多。等额本息还款法的计算公式如下：

$$每月等额还本付息额 = P \times \frac{R \times (1+R)^N}{(1+R)^N - 1}$$

式中，P 为贷款本金；R 为月利率；N 为还款期数，还款期数=贷款年限×12。

【例3-3】 小张于2018年3月28日贷款40万元用于购买房子，期限20年，月利率4.2‰，采用等额本息法还款。假设今后利率不变。

根据公式可得：

$$每月还款的本息额 = 400\,000 \times \frac{4.2‰ \times (1+4.2‰)^{240}}{(1+4.2‰)^{240} - 1} = 2\,648.75(元)$$

(三) 两种还款方式的区别

等额本金还款法和等额本息还款法两种还款方式的主要区别如表3-1所示。

表3-1 等额本金还款法和等额本息还款法的区别

项目	等额本金还款法	等额本息还款法
占用资金的时间价值	开始多还本金，越往后所占贷款本金越少，产生的利息也少	开始还的贷款本金较少，占用资金相对也较多，利息相应增加
利息总额	小于等额本息还款法的利息	大于等额本金还款法的利息
还款前几年的利息、本金比例	本金平摊到每一次，利息借一天算一天，所以两者比例最高即各占50%左右	前几年还款总额中利息占的比例较大(有时高达90%左右)
还款前后期的压力	每次还款的本金一样，但利息是由多到少，依次递减，同等情况下，前期的压力比后期重	每月的还款金额一样，所以在收支和物价基本不变的情况下，每次还款压力是一样的
适用群体	适合已经有一定积蓄，但预期收入可能逐渐减少的借款人，如中老年职工家庭	适合在整个贷款期内家庭收入有稳定来源的贷款户，如国家机关、科研、教育等单位人员

四、个人住房按揭贷款操作流程

个人住房按揭贷款操作流程如图3-1所示。

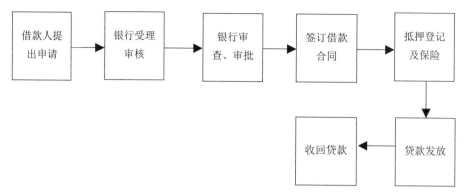

图 3-1 个人住房按揭贷款操作流程图

(1) 借款人提出申请。借款人申请个人住房按揭贷款首先应填写"个人房产贷款申请表",中国银行的个人房产贷款申请表如图 3-2 所示。

(2) 银行受理审核。银行受理借款人申请后,经办信贷员审核借款人提交材料的真实有效性、借款人资格、还款能力等,查实按揭额度使用情况,填写"银行借款人资信状况调查表",并填写"个人贷款审批书",签注具体明确的意见后按规定的授信授权规定报批。

个人住房贷款办理流程

(3) 银行审查、审批。贷款由信贷部门经理、行长逐级按照授信授权规定审查批准。

(4) 签订借款合同。贷款获批后,借款人(抵押人)、开发商(保证人)与银行(抵押权人)三方签订"个人住房抵押借款合同"(含委托扣款协议内容)。如果抵押房产权利证书的权利人为一人以上的,必须要求权利证书所登记的共有人在合同的"财产共有人"栏签字确认。

(5) 抵押登记及保险。借款人要到房屋坐落地区的房屋产权管理部门办理房产抵押登记手续及保险手续。

(6) 贷款发放。签署借据,并由信贷人员审核权限、按揭额度,然后填写合同、办理抵押登记及保险手续。银行会计部门凭"个人房产贷款审批表"复印件、借款借据和借款合同办理贷款发放手续,并将贷款金额全数一次性划入开发商在银行开设的售楼专户。银行及时向开发商收取购房发票。

(7) 收回贷款。贷款到期,收回到期贷款,注销抵押登记。

个人房产贷款申请表

中国银行 广东省分行 BANK OF CHINA GUANGDONG BRANCH

经办机构客户经理意见

贷款类别（多选）	□一手/□二手 □住房/□商业用房/□车位 □组合贷款 □冻结提放/□担保快贷 □本行赎楼/□跨行转按 □拍卖贷 □其他：					
借款人		借款金额	万元	借款期限		月
抵押物名称		抵押率		拟月供款		元

该申请人提供的借款申请资料完整、真实，并经本人见证申请表有关签名真实。本人同意申请人向本行办理个人房产贷款申请的手续。
其它说明：

客户经理（签章）：　　　　　　　　　　　　　　　　　　　　　　日期：　　年　月　日

律师所或代理公司意见

经核查，借款申请人所填写和提供的借款申请资料均属真实、完整；有关复印文件与原件相符。同意向贵行推荐。特别情况说明：

签名（盖章）：　　　　　　　　　　　　　　　　　　　　　　　日期：　　年　月　日

---- 以 下 的 内 容 由 申 请 人 和 担 保 人 填 写 和 确 认 ----

申请贷款情况

公积金(贴息)金额		万元	贷款期限		期	还款方式	□等额本息 □等额本金 □一次性还 □其他：
商贷金额		万元	贷款期限		期	还款方式	□等额本息 □等额本金 □一次性还 □其他：

贷款用途情况

房产地址		建筑面积	m²	购买总价	元
出售方		还款帐号		首期款	元

紧急联系人

姓名		联系电话		EMAIL邮箱	

借款申请人（及配偶）声明

1. 本人自愿向贵行提出借款申请，并保证本所填写内容及随附借款申请资料均属真实和完整，本人现授权贵行就本申请表中的资料及贵行认为的与本笔贷款有关的信息（包括金融信用信息基础数据库信息）向有关方面调查核实。如本人所提供的资料失实或虚假，本人愿意承担相应的民事及法律责任。

2. 我授权贵行可以将本人的个人信用信息报送给金融信用信息基础数据库或向贵行提供数据处理的供应商或代表贵行向本人提供服务的服务机构。

3. 本人保证自本声明出具之日至有关贷款合同生效前，本申请表所填写的信息均真实无误。若自本声明出具之日至有关贷款合同生效日前，本人个人信息（特别是婚姻状况）发生变化，本人应在个人信息（特别是婚姻状况）变化之日通知贵行，并按照贵行要求重新提交办理贷款申请，如因本人或保证人隐瞒真实个人信息（特别是婚姻状况）而由此产生任何法律纠纷、争议、索赔和/或导致（或可能影响）本人履行相关贷款合同和项下相关义务和责任的，贵行有权拒绝本人的任何贷款申请或提款要求，本人承诺赔偿贵行因此产生的一切损失，并承担相应的法律责任。

4. 现就本人家庭住房拥有情况作如下诚信保证：
   ①本人家庭（包括本人、配偶及未成年子女）现拥有住房套数如本申请表中所述。
   ②本人未在其他银行或机构已申请或正在申请其他个人住房贷款（含商业性住房贷款和公积金住房贷款）。如本人诚信保证情况失实或虚假，贵行有权按照《关于规范商业性个人住房贷款中第二套住房认定标准的通知》（建房[2010]83号）的相关要求记作不良记录，并对本人在贵行办理的住房贷款按照国家相关住房贷款政策要求执行。

5. 本人清楚了解房屋所在地政策要求的限购政策，且本人具有符合当地政策要求的购房资格，并对购房资格真实性负责。若本人的购房资格没有通过当地政府相关部门审查或购房资格不具有真实性，或未能办妥所购房产网上备案手续，贵行有权不予放款，由此产生的一切责任、法律风险及纠纷均由本人承担。

6. 无论贷款批准与否，贵行可以不退回有关借款申请资料；为了便于安排房屋交易，本人同意及授权贵行将本人贷款信息（包括房产地址、贷款种类、金额、期限、贷款审批进度等）告知房产出售方，或告知为本贷款和本贷款所涉房产买卖提供服务的相关律所、中介机构。

7. 贵行可以拒绝本申请表所做的借款申请，而无须给予任何理由；若最终贵行与本人签署贷款合同，本人自愿接受贵行的贷款发放时间安排，并清楚知悉贷款利率在实际放款时会结合市场最新利率走势及贷款合同约定最终确定。

8. 其他：

《个人房产贷款申请表》第 1 页

图3-2　个人房产贷款申请表

保证人(及配偶)声明

1、本人保证自本声明出具之日至有关担保合同生效前，本申请表所填写的信息均真实无误。若自本声明出具之日至有关担保合同生效日前，本人个人信息（特别是婚姻状况）发生变化，本人应在个人信息（特别是婚姻状况）变化之日通知贵行，并重新提交个人信息材料。如因本人隐瞒真实个人信息（特别是婚姻状况）而由此产生任何法律纠纷、争议、索赔和/或导致（或可能影响）本人履行相关担保合同项下相关义务和责任的，本人承诺赔偿贵行因此产生的一切损失，并承担相应的法律责任。

2、本人/本公司认同借款人向贵行办理借款的一切行为，并自愿为本申请表借款申请人向贵行的借款提供连带责任保证担保，请贵行予以批准为盼。

借款申请人信息

姓名		证件类型		证件号码	□□□□□□ □□□□□□□□ □□□□
性别	□男 □女	出生日期	年 月 日	婚姻状况	□已婚 □单身(未婚/离异/丧偶/其他：____)
移动电话		现址居住时间	年 月 日	居住状况	□自置 □按揭 □租房 □集体宿舍 □其他
住宅电话		居住地址			
单位电话		工作地址			
职业		现工作时间	年 月 日	工作单位	
职务		参加工作时间	年 月 日	户籍所在地		文化程度	
家庭房屋数	套	家庭房贷次数	次	家庭月债务支出	元	家庭月总支出	元
供养人口数	人	本人月收入	元	家庭成员月收入	元	家庭月总收入	元

本人已阅读和 _确认_ "借款申请人(及配偶)声明"，并确认上述填写信息 _真实无误_ 。

借款申请人签名：_____ 日期：____年__月__日

关系人1信息

关系人类型	□共同借款人 □共同还款人 □保证人 □其他：_____		与借款申请人关系	
姓名		证件类型		证件号码	□□□□□□ □□□□□□□□ □□□□
性别	□男 □女	出生日期	年 月 日	婚姻状况	□已婚 □单身(未婚/离异/丧偶/其他：____)
移动电话		现址居住时间	年 月 日	居住状况	□自置 □按揭 □租房 □集体宿舍 □其他
住宅电话		居住地址			
单位电话		工作地址			
职业		现工作时间	年 月 日	工作单位	
职务		参加工作时间	年 月 日	户籍所在地		文化程度	
家庭房屋数	套	家庭房贷次数	次	家庭月债务支出	元	家庭月总支出	元
供养人口数	人	本人月收入	元	家庭成员月收入	元	家庭月总收入	元

本人已阅读和 _确认_ □"借款申请人(及配偶)声明"/□"保证人(及配偶)声明"，并确认上述填写信息 _真实无误_ 。

关系人1(签章)：_____ 日期：____年__月__日

说明：1. 本申请共有关系人_____人。
当关系人达到或超过2人时，启用申请表扩展页，请按共同借款人、共同还款人、保证人的顺序填写后续的关系人信息。
2. 请客户抄写灰色字体的关键词。

《个人房产贷款申请表》 第 2 页

图3-2 个人房产贷款申请表(续)

五、个人住房贷款风险及其防范措施

(一) 个人住房贷款风险

个人住房贷款风险主要有合作机构风险、信用风险及操作风险。

(1) 合作机构风险。合作机构风险主要表现为房地产开发商和中介机构的欺诈风险，主要表现为"假个贷"。"假个贷"一般指借款人并不具有真实的购房目的，合作机构捏造借款人资料或者其他相关资料，虚构购房行为套取银行个人住房贷款的行为。"假个贷"不仅扰乱了正常的金融秩序，而且加大了银行贷款风险。

(2) 信用风险。信用风险主要指个人住房贷款违约带来的风险。个人住房贷款的违约是指借款人不能在合同约定的条件下足额偿还贷款的行为。个人住房贷款违约主要包括以下几类。

① 借款合同履行期间借款人连续两期以上未按合同约定的分次还款计划归还贷款本息。

② 擅自改变贷款用途，挪用贷款。

③ 未经贷款行同意将设定抵押权的财产出租、出售、转让、赠予或重复抵押、质押。

④ 提供的文件、资料不真实，已经可能造成贷款损失的。

⑤ 违反合同规定的其他行为等。

(3) 操作风险。操作风险是指在个人住房贷款业务操作过程中，由于违反操作规程或操作中存在疏漏等情况而产生的风险。个人住房贷款比较突出的操作风险是贷款流程中的风险和贷款项目风险。在项目审查过程中可能出现操作风险，在贷款发放流程中更可能出现操作风险，银行必须严格控制操作风险。

(二) 个人住房贷款风险防范措施

个人住房贷款风险防范措施主要有以下三种。

(1) 合作机构风险防范。对合作机构风险的防范措施主要有以下几个。

① 选择实力雄厚、资信良好的开发商和销售前景良好的项目。把有实力的客户作为重点发展对象；对于被限制、淘汰的开发商原则上不进行合作，从源头上降低"假个贷"风险。对于开发商推荐的按揭客户，一定要谨慎调查，逐一防范开发商套现而制造"假按揭"事件，使银行遭受损失。

② 进一步完善个贷风险保证金制度。积极开展房地产中介商风险保证金制度。

③ 积极利用法律手段，追究当事人的刑事责任，加大"假个贷"的实施成本，使犯罪分子受到法律制裁。

(2) 信用风险防范。借款人的信用风险主要表现为还款能力风险和还款意愿风险两个方面，因此，必须从这两个方面进行风险控制。首先应提高客户甄别能力。重视客户诚信度和还款能力，正确界定目标客户群体，把个人住房贷款的风险关前移到审批阶段，从而降低风险。其次应严格审查第一还款能力。必须对借款人的收入证明严格把关，除了向借款人的工作单位、税务部门等第三方进行查证外，还应审查其纳税证明、银行账单等，确保第一还款来源真实、准确、充足，严防信用缺失的业务风险。

(3) 操作风险防范。银行操作风险的防范措施有两个：一是严格执行项目审查管理制度、贷款业务流程管理制度；二是加强内部控制，防范道德风险。

【实训任务 3-1】

实训内容： 学生分小组对不同商业银行的个人住房贷款政策进行调研。

调研方式： 实地调研、电话咨询、银行官网查询。

实训要求：

1. 了解该银行个人住房贷款首套房贷款利率、二套房贷款利率及二套房以上的贷款利率。
2. 了解该银行商业性个人住房贷款的申请条件及需要准备的资料。
3. 了解该银行公积金个人住房贷款的申请条件及需要准备的资料。

第三节　个人汽车贷款

借中国汽车市场蓬勃发展之势，汽车金融在近几年也经历了井喷式的发展。在车企的贴息和政策支持下，贷款买车已经成为许多消费者的选择，"无债一身轻"变成了"有贷更轻松"。

一、个人汽车贷款的含义及特点

个人汽车贷款是指贷款人向个人借贷者发放的用于购买汽车的贷款。个人汽车贷款所购车辆按用途可以划分为自用车和商用车，按注册登记情况可以划分为新车和二手车。自用车是指借款人申请汽车贷款购买的、不以营利为目的的汽车；商用车是指借款人申请汽车贷款购买的、以营利为目的的汽车，包括载货车，大型、中型载客车、城市出租车以及其他营运车型；二手车是指从办理完机动车注册登记手续到规定报废年限一年之前进行所有权变更并依法办理过户手续的汽车。

个人汽车贷款由于其业务操作方面的独特性，也逐步发展成为个人贷款业务中自成特色的一类，该类贷款的特点主要体现在以下两个方面。

(一) 个人汽车贷款业务与汽车市场的多种行业机构具有密切关系

由于汽车销售业务涉及较多机构，汽车贷款业务的办理不是商业银行能够独立完成的。第一，贷款申请人要从汽车经销商处购买汽车产品，银行贷款的资金将直接转移至经销商处；第二，由于汽车贷款多实行所购车辆的抵押，贷款发放银行会要求借款人及时足额购买汽车产品的保险，从而与保险公司建立业务关系；第三，汽车贷款业务拓展过程中还有可能涉及多种担保机构、服务中介等，甚至在业务拓展方面，商业银行还要与汽车生产企业进行联系和沟通，因此，银行在个人汽车贷款业务开展过程中不能独立作业，需要多方的协调和配合。

(二) 风险管理难度相对较大

由于个人汽车贷款购买的标的产品为移动易耗品,其风险相对于住房贷款来说更难把握,特别是在国内信用体系尚不完善的情况下,商业银行对借款人的资信状况较难评价,对其违约行为缺乏有效的约束力,因此,个人汽车贷款的风险控制难度较大。

二、个人汽车贷款的原则和运行模式

(一) 个人汽车贷款的原则

个人汽车贷款实行设定担保、分类管理、特定用途的原则。

(1) 设定担保,是指借款人申请个人汽车贷款需提供所购汽车抵押或其他有效担保。

(2) 分类管理,是指按照贷款所购车辆的不同种类和用途,对个人汽车贷款设定不同的贷款条件。

(3) 特定用途,是指个人汽车贷款专项用于借款人购买汽车,不允许挪作他用。

(二) 个人汽车贷款的运行模式

目前,个人汽车贷款最主要的运行模式就是"间客式"和"直客式",另外还有汽车金融服务模式。

(1) "间客式"。"间客式"运行模式在目前的个人汽车贷款市场中占主导地位。该模式是指由购车人到经销商处挑选车辆,然后通过经销商办理贷款手续。汽车经销商或第三方(如保险公司、担保公司)负责对贷款购车人的资信情况进行调查,帮助购车人办理贷款申请手续,提供代办车辆保险等一系列服务,部分经销商以自身资产为借款人按时还款向银行进行连带责任保证和全程担保。在这种情况下,由于经销商或第三方在贷款过程中承担了一定风险并付出了一定的人力、物力,所以它们往往要收取一定比例的管理费或担保费。

简单来说,"间客式"运行模式就是"先买车、后贷款",其贷款流程如图3-3所示。

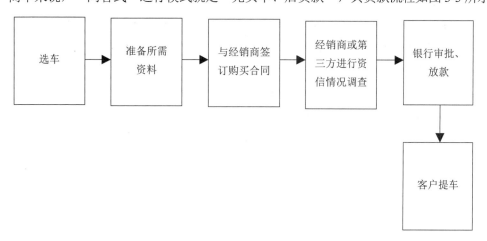

图3-3 "间客式"运行模式的贷款流程图

(2)"直客式"。与"间客式"的"先买车,后贷款"相反,纯粹的"直客式"汽车贷款运行模式实际上是"先贷款,后买车",即客户先到银行申请个人汽车贷款,由银行直接面对客户,对客户资信情况进行调查审核,在综合评定后授予该客户一定的贷款额度,并与之签订贷款协议。客户在得到贷款额度后即可到市场上选购自己满意的车辆。客户选定车型之后,向银行交纳首付款,并签署与贷款有关的其他合同,由银行代客户向经销商付清余款,客户提车,之后借款人按月向银行还款。其贷款流程如图3-4所示。

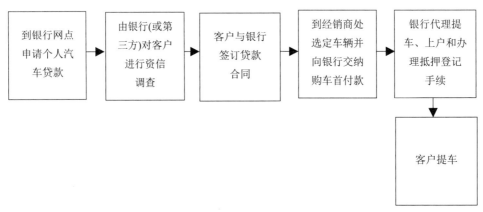

图3-4 "直客式"运行模式的贷款流程图

在这种模式下,购车人首先要与贷款行做前期的接触,由银行直接对借款人的偿还能力以及资信情况进行评估和审核,所以称为"直客式"运行模式。

(3)汽车金融服务模式。汽车金融服务模式是指商业银行在提供汽车贷款服务时,采取不同的整合方法,涵盖不同范围的金融产品和服务。其具体模式包括以下几种。

① 四方合作模式,即在经销商、银行和保险公司参与的同时,引入律师事务所协助银行进行贷款人资信调查和贷款风险处置。这种模式能在相当的程度上降低银行的风险,但会增加借款人的费用。

② 全程参与模式,即银行在综合授信额度下针对厂商的采购、生产、销售等各个环节,提供融资、结算、消费信贷、账户管理、信息咨询等全方位的金融服务。

③ 战略联盟模式,即由银行牵头成立"汽车金融服务网络协会",吸收汽车经销商、保险公司、拍卖行、租赁企业、二手车市场等机构,提供汽车从生产到报废的全过程的服务。该模式实质上是一个以"整体营销汽车金融产品、综合处置汽车信贷风险"为目的的战略联盟。

三、个人汽车贷款操作流程

各商业银行个人汽车贷款业务的操作流程基本相同,如图3-5所示。

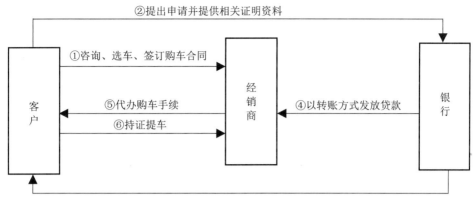

图 3-5 个人汽车贷款业务操作流程

(一) 咨询、选车、签订购车合同

如果想通过向银行申请贷款购买汽车，首先向银行咨询相关事宜。贷款咨询的主要内容包括个人汽车贷款产品介绍，申请个人汽车贷款应具备的条件，申请个人汽车贷款需提供的资料，办理个人汽车贷款的程序，个人汽车贷款利率、还款方式及还款额参考表，与个人汽车贷款有关的保险、抵押登记、公证等事项。

个人汽车贷款办理流程

咨询清楚之后，到汽车销售商处在众多车型中挑选汽车，与销售商谈妥价格、付款条件等相关事宜后签订购车合同或协议。然后将首付款存入指定账户，接下来就可以申请汽车贷款了。

(二) 提出贷款申请

借款人申请个人汽车贷款，应填写"个人汽车借款申请书"，并提供以下材料。

(1) 个人汽车贷款申请书。

(2) 个人有效身份证件，借款人已婚的要提供配偶的身份证明。

(3) 个人收入证明，必要时须提供家庭收入或财产证明。

(4) 由汽车经销商出具的购车意向证明或合同。

(5) 购车首期付款证明。

(6) 以所购车辆抵押以外的方式进行担保的，提供担保的有关材料，包括质押的权利凭证、抵押的房地产权属证明、评价证明和第三方保证的意向书等。

(7) 如果借款所购车辆为商用车，还需提供所购车辆可合法用于运营的证明，如车辆挂靠运输车队的挂靠协议、租赁协议等。

银行的经办人员应对借款申请人提交的借款申请书及申请材料进行初审，主要审查借款申请人的主体资格及借款申请人所提交材料的完整性与规范性。初审通过后，经办人员应将借款申请书及申请材料交由贷前调查人员进行贷前调查。

(三) 贷前调查

贷前调查是个人汽车贷款贷前处理中非常重要的环节，主要由银行贷前调查经办人审核申请材料是否真实、完整、合法、有效，调查借款申请人的偿还能力、还款意愿、购车行为的真实性以及贷款担保等情况。

贷前调查完成后，银行经办人员应对调查结果进行整理、分析，填写"个人汽车贷款调查审批表"，提出是否同意贷款的明确建议及贷款额度、贷款期限、贷款利率、担保方式、还款方式、需落实的贷前条件、划款方式等方面的建议，并形成对借款申请人偿还能力、还款意愿、担保情况以及其他情况等方面的调查意见，连同申请资料一并送交贷款审核人员进行贷款审核。

(四) 贷款的审查人和审批人

银行的贷款审查人负责对借款申请人提交的材料进行合规性和真实性审查，对贷款调查经办人提交的"个人汽车贷款调查审批表"以及贷前调查的内容是否完整进行审查。审查人认为需要补充材料和完善调查内容的，可要求贷前调查经办人进一步落实。审核人对贷款调查经办人提交的材料和调查内容的真实性有疑问的，需安排其他贷款调查人进行核实或重新调查。

审查人审核完毕后，应签署审核意见，连同申请材料、面谈记录、个人汽车贷款调查审批表等一并送交贷款审批人进行审批。

贷款审批人应根据审查情况签署审批意见，不同意贷款的，应写明拒批理由。贷款审批人签署审批意见后，应将审批表连同有关材料退还信贷业务部门。

(五) 签订借款合同

对经审批同意的贷款，银行应与借款人以及其他相关人签订"个人汽车贷款合同"和相关担保合同。经办人员填写"个人贷款开立账户通知书"，协助借款人办理贷款发放手续。

合同签订以后，以所购车辆进行抵押的，经销商应协助借款人办理抵押登记手续。以存单、国债等有价证券进行质押的，借款人应出具同意质押的书面证明，办理质押手续。由自然人作为担保人的，应明确并落实履行保证责任的具体操作程序。对保证人有保证金要求的，应要求保证人在贷款行存入一定金额的保证金。

在办理汽车消费贷款的过程中，需要办理的保险除抵押物的财产险外，如果以车辆作抵押的还应投保机动车辆险、第三者责任险和附加盗抢险等，并且由银行作为第一受益人。

为了增加对个人汽车贷款合同各方的约束，还需要到银行指定的公证部门，出具身份证明的原件和复印件，办理购车合同和借款合同等文件的公证。

(六) 发放贷款

以上全部手续办妥并经贷款银行核实无误后，借款人按照银行的要求填写借款凭证，有关人员签字后，银行向借款人发放贷款，即以转账方式直接划转到经销商的指定账户中，具体分为以下两种方式。

(1) 贷款银行在借款人办妥担保和保险手续并将有关担保凭证和保险单正本收妥后，才能将款划转到经销商的指定账户中。

(2) 在特殊情况下，贷款银行可以在抵押登记和保险手续办妥之前向借款人发放贷款。这种特殊情况是采取汽车消费贷款"一站式"服务方式和贷款购买进口车。"一站式"服务是抵押登记、保险手续由银行代为办理，当日申请当日发放的个人汽车贷款模式。目前，越来越多的银行采用这种汽车消费贷款模式。

(七) 提车、按期还款

银行向借款人发放贷款之后，借款人便可以到经销商处办理提车手续。之后，借款人应按照借款合同约定的还款日期、计划和方式偿还贷款本息。

(八) 贷后检查

贷后检查的主要内容包括客户情况检查和担保情况检查。贷后检查的主要方法有监测客户还款情况、查询不良贷款明细、电话约谈、见面访谈、实地检查、从客户之外获取信息等。

(九) 还清贷款

在按照借款合同约定还清最后一期或一次性还清贷款后，借款人要到银行办理相关手续，并要在一定期限内去相关部门办理抵押物登记注销手续，到银行办理质押注销手续。

四、个人汽车贷款风险及其防范措施

(一) 个人汽车贷款风险

(1) 借款人风险。借款人风险主要有：借款人提供虚假文件或资料，欺骗商业银行贷款购买车辆；还款意愿差，故意或有意拖欠应付贷款本息；未经商业银行同意，私自将所购车辆出租、转让、变卖、馈赠或重复抵押；因疾病、离婚、自然灾害等原因，失去还款能力。

(2) 特约经销商风险。有些商业银行发放贷款采用汽车经销商提供担保的方式，其做法是商业银行选择资信良好的经销商，经审核后予以授信额度，在该额度内，商业银行可向在该经销商处购买汽车的购车人发放贷款，经销商为购车人担保。经销商的资金实力、资信状况将决定贷款风险的高低。

(3) 商业银行操作风险。商业银行贷前审查不严，甚至有内外勾结的现象发生，是造成个人汽车贷款操作风险的重要因素。

(二) 个人汽车贷款风险防范措施

(1) 选择资信良好的经销商合作。应选择资金实力雄厚、代理品牌好的一级代理商，或选择销售业绩良好、对购车人有一套完整的资信评估体系的经销商合作。对于经销商担保的贷款，应要求经销商在商业银行存入一定比例的保证金。

(2) 加强借款人还款能力的审查。确保有较好的经济来源才可发放贷款，并且最好采取以担保方式发放贷款。加强内部控制，防范操作风险。

第四节　个人信用卡贷款

在日常生活中，信用卡给人们带来了不少的便利，逛街吃饭、出国旅游都可以使用。合理利用信用卡，可以让人们的生活更加丰富多彩。本节将介绍个人信用卡贷款的概念、种类、相关要素等知识。

一、个人信用卡贷款的概念

你了解信用卡吗

信用卡是银行或其他财务机构签发给那些资信状况良好的人士，用于在指定的商家购物和消费或在指定机构存取现金的特制卡片，是一种特殊的信用凭证。信用卡基本形式是一张附有证明的卡片，通常用特殊塑料制成，上面印有发行银行的名称、有效期、号码、持卡人姓名等内容。

信用卡是一种多功能的金融工具，可以凭卡在全国各地大中城市的有关银行提取或存入现金，或者在同城、异地的特约商场、商店、饭店、宾馆购物或消费；可以凭卡支取现金，或者代替支票、汇票等结算工具办理转账业务，具有银行户头的功能。信用卡的持卡人取现和消费时，可以在银行核定的透支额内先用款、后还钱，银行计收透支利息。

信用卡最早起源于美国，20世纪80年代以后，信用卡在亚太地区得到迅速发展。在我国，中国银行于1986年发行了国内第一张信用卡——人民币长城信用卡，随后各家银行纷纷推出自己的信用卡。近几年，我国商业银行的信用卡业务已经步入快速发展阶段。据统计，截至2018年年底，全国信用卡发卡量已达9.7亿张，信用卡总消费金额在社会消费品零售总额中的占比逐年上升，对促进消费、拉动内需起到了重要的推动作用。

由于我国信用卡发展的特殊历程，"信用卡"的实际含义在我国也经历了一个由宽变窄的过程。目前所说的信用卡就是贷记卡，即无须预先存款就可以贷款消费的信用卡，是先消费后还款的银行卡。信用卡业务的实质是一种消费信贷，是发卡银行提供给持卡人的一个明确信用额度的循环账户，持卡人可以在不超过账户额度的范围内任意支取，偿还借款后，额度自动恢复。

二、个人信用卡贷款的种类

信用卡按照不同的划分标准，可以分为不同的种类。

（一）依据是否向发卡银行交存备用金划分

依据是否向发卡银行交存备用金，可将信用卡分为贷记卡和准贷记卡。

(1) 贷记卡。贷记卡是指发卡银行给予持卡人一定的信用额度，持卡人可在信用额度内先消费、后还款的信用卡。这种贷记卡的概念与目前通用的信用卡的含义是一致的。贷记卡与其他银行卡和支付工具(如票据、现金等)最大的区别在于，贷记卡在为持卡人提供支付手段之外，还提供发卡银行的消费信贷。

(2) 准贷记卡。准贷记卡是指持卡人须按发卡银行要求交存一定金额的备用金,当备用金账户余额不足支付时,可在发卡银行规定的信用额度内透支的信用卡。

我国 1999 年出台的《银行卡管理办法》中提出这一分类方法。不同的分类计付透支利息的方式不同。贷记卡透支计复利,准贷记卡透支计单利。

(二) 依据信用等级划分

依据信用等级,可将信用卡分为普通卡和金卡。

(1) 普通卡。普通卡是普通信用等级的信用卡。发卡对象为经济实力、资信状况普通的人士,信用卡授权限额的起点、服务费用等要求不高。

(2) 金卡。金卡是信用等级高的信用卡。发卡对象为经济实力强、社会地位高、信誉良好的人士,授权限额的起点较普通卡高,但有关的服务费用等要求也相应较高。有的发卡银行对信用卡的信誉等级进行了更为细致的划分,如万事达信用卡分为万事达普通卡、万事达金卡、万事达白金卡。美国运通公司的信用卡分为绿卡、金卡和白金卡三个级别。还有的发卡银行将信用卡的等级划分为一、二、三、四、五级。发卡行根据自己的标准,将信用卡分为不同级别,并赋予不同级别信用卡以不同的名称。

(三) 依据流通范围不同划分

依据流通范围的不同,可将信用卡分为国际卡和地区卡。

(1) 国际卡。国际卡是一种可以在国际上通用的信用卡,如中国银行发行的外汇长城万事达卡、中国工商银行发行的牡丹国际信用卡。

2002 年 6 月,中国银联先后加入 VISA、MasterCard 国际组织,此举不仅使国外持卡人可以方便、快捷地在中国刷卡消费、取现,而且使国内的 VISA、MasterCard 国际卡持卡人可以在两大国际组织遍布全球的特约商户和 ATM 机上使用,并享受优质服务和相应的折扣优惠,极大地改善了我国国际卡受理环境。

(2) 地区卡。地区卡是在发行国国内或一定区域内使用的信用卡,中国银行发行的人民币长城万事达卡、中国工商银行发行的人民币牡丹卡、中国农业银行发行的人民币金穗卡都属于地区卡。

(四) 依据信用卡的从属关系划分

依据信用卡的从属关系,可将信用卡分为主卡和附属卡。

(1) 主卡。主卡是发卡机构对于年满一定年龄,具有完全民事行为能力,具有稳定的工作和收入的个人发行的信用卡。

(2) 附属卡。附属卡是指主卡持卡人为自己具有完全民事行为能力的父母、配偶、子女或亲友申请的,由发卡机构发放的信用卡。

主卡和附属卡共享账户及信用额度,也可由主卡自主限定附属卡的信用额度,主卡持卡人对于主卡和附属卡所发生的全部债务承担清偿责任。

另外，随着银行结算业务的不断发展，以及国际化趋势的不断加强，信用卡结算币种多元化的趋势不断加强。依据信用卡结算的币种不同，还可将信用卡分为人民币卡、外币卡、"一卡双币"卡，而多币种信用卡也同样适应信用卡业务的高速扩展的要求。

三、个人信用卡贷款的相关要素

(一) 信用额度、取现额度和可用额度

(1) 信用额度。信用额度是银行根据申请人的收入水平，为申请人的信用卡核定的额度，即用该卡可以刷卡消费的金额，也即个人信用卡贷款的最高限额。持卡人可以循环使用信用额度。发卡银行一般对普通卡提供的信用额度为5万元，即同一账户月透支余额不超过5万元(含等值外币)，同时同一持卡人单笔透支发生额不超过2万元(含等值外币)。外币卡的透支额度不超过持卡人保证金(含储蓄存单质押金额)的80%。

附属卡的信用额度一般视主卡的信用状况确定，主卡可以在不超过本人相应信用额度的前提下自主指定附属卡的额度，若无特别指定，主卡、附属卡共用同一信用额度。

(2) 取现额度。取现额度是指持卡人利用信用卡提取现金的额度，一般为信用额度的30%~50%。发卡银行对贷记卡的取现每笔授权，每卡每日累计取现不得超过2000元。对持卡人在自动柜员机取款设定交易上限，每卡每日累计提款不得超过5000元。

(3) 可用额度。可用额度是指所持的信用卡还没有被使用的信用额度。可用额度的计算公式如下：

$$可用额度=信用额度-未还清的已出账金额-已使用未入账的累计余额$$

可用额度为零时，持卡人不能再进行透支。

(二) 账单日、免息还款期、最低还款额和到期还款日

(1) 账单日。银行每月定期对持卡人的信用卡账户当期发生的各项交易、费用等进行汇总结算，并结计利息、计算持卡人当期应还款项的日期，即银行核算持卡人账户信息，确定持卡人本期应当还款金额的日期，各行的账单日有所不同。

(2) 免息还款期。对于信用卡刷卡消费类交易，从银行记账日至到期还款日之间为免息还款期。持卡人在到期还款日前偿还所使用全部银行款项即可享受免息还款期待遇，即无须支付非现金交易的利息。各家发卡银行规定的免息还款期不同，一般为20~50天，最长为60天。

贷记卡持卡人选择最低还款额方式或超过发卡银行批准的信用额度用卡时，不再享受免息还款期待遇，应当支付未偿还部分自银行记账日起，按规定利率计算的透支利息。

(3) 最低还款额。银行规定的持卡人当期应该偿还的最低金额，一般情况下为累计未还消费本金的一定比例(大部分发卡银行规定为10%)，所有费用、利息、超过信用额度的欠款金额、预借现金本金，以及上期账单最低还款额未还部分的总和。

最低还款额的计算公式如下：

最低还款额=信用额度内消费额的10%+预借现金交易款的100%+前期最低还款额未还部分的100%+超过信用额度消费额度100%+费用和利息的100%

(4) 到期还款日。到期还款日是指银行规定的持卡人应该偿还其全部应还款或最低还款额度的最后日期，即持卡人需要还款的最后日期，如有延误会收取滞纳金。

表3-2所示为部分银行信用卡的免息还款期、账单日、到期还款日。

表3-2 部分银行信用卡的免息还款期、账单日、到期还款日

卡名	免息还款期	账单日	到期还款日
中国银行中银信用卡	20～50天	每月10日、15日或25日	账单日后第20天
中国农业银行贷记卡	25～56天	每月10日	次月5日
中国工商银行牡丹国际卡	25～56天	每月最后一天	次月25日
中国建设银行龙卡	20～50天	每月7日、17日或27日	账单日后第20天
招商银行信用卡	20～50天	每月5日、15日或25日	当月23日、次月3日或次月13日
广发银行信用卡	20～50天	每月20日	次月5日

【例3-4】 刘小姐持有某银行信用卡，该卡的账单日为每月18日，如果刘小姐8月19日刷卡消费，该笔消费记录结算在9月18日账单上，在10月8日最后还款日全额还款即享受了最长50天免息期(8月19日—10月8日)。如果刘小姐在8月18日消费，当天是账单日，在9月8日最后还款日全额还款，即享受了最短20天的免息期，即账单日当天刷卡消费，享受最短免息还款期；账单日的后一天刷卡消费，享受最长免息还款期。

(三) 透支期限和计息规则

(1) 透支期限。各家发卡银行信用卡章程规定的信用卡透支的期限不同。一般准贷记卡的透支期限最长为60天。贷记卡虽然没有明确的期限，但都规定贷记卡的首月最低还款额不得低于其当月透支余额的10%。对透支超过一个月，最低还款额未归还的持卡人，发卡银行应及时提出止付，收回信用卡。

(2) 计息规则。计息规则包括以下内容。

① 计付利息。发卡银行对准贷记卡账户内的存款，按照中国人民银行规定的同期同档次存款利率及计息办法计付利息。发卡银行对贷记卡账户的存款不计付利息。

② 计收利息。贷记卡透支按月计收复利，准贷记卡透支按月计收单利，透支利率为日利率万分之五，并根据中国人民银行对此项利率的调整而调整。

贷记卡持卡人在规定的到期还款日前，还清账单上列示的全部应还款额时，消费款项可享受20～50天的免息待遇。

持卡人选择最低还款额方式或超过发卡银行批准的信用额度用卡时,不再享受免息还款期待遇,应当支付自银行记账日起,按规定利率计算的透支利息。

贷记卡持卡人支取现金、准贷记卡透支,不享受免息还款期和最低还款额待遇,应当支付现金交易额或透支额自银行记账日起,按规定利率计算的透支利息。

③ 计息方式。国际上通行的信用卡计息方式主要有两种:按未清偿部分计息和全额计息。

按未清偿部分计息是指按照未偿还的部分计算利息,已经偿还的部分不再计收利息。目前,只有中国工商银行采用这种计息方式。2009年1月,中国工商银行发布的新版本的信用卡章程规定:"持卡人可按照对账单标明的最低还款额还款。按照最低还款额规定还款的,发卡机构只对未清偿部分计收从银行记账日起至还款日止的透支利息。"

全额计息也称循环计息,是指只要持卡人到期还款日未能全部还清欠款,即使已经偿还了最低还款额,银行也将按照当期消费账单全额的万分之五计算利息,计息时间一般从刷卡消费算起,直至全部还清为止。目前国内绝大部分银行采取的都是全额计息方式,对持卡人已偿还的款项也计息。

【例3-5】 周先生的账单日为每月5日,到期还款日为每月25日,最低还款额为应还金额的10%。6月5日,银行为周先生打印的本期账单包括了他在5月5日—6月5日的所有交易账目。假设本期周先生仅在5月30日消费了一笔支出,金额为人民币1 000元,则周先生本期账单的本期应还金额为人民币1 000元,最低还款额为100元。

不同的还款情况,循环利息也不同。

- 若周先生于6月25日前,全额还款1 000元,则7月5日的对账单上的循环利息为0元。
- 若周先生于6月25日前,只偿还最低还款额100元,则7月5日的对账单上的未清偿部分利息、循环利息分别为4.5元和17.5元。具体计算如下:

$$循环利息=1\,000\times0.05\%\times26(5月30日—6月25日)+\\(1\,000-100)\times0.05\%\times10(6月25日—7月5日)\\=17.5(元)$$

本期应还款分别为104.5元和117.5元。

- 若周先生于7月25日前,继续偿还最低还款额100元,则8月5日的对账单上的循环利息为19.4元。具体计算如下:

$$循环利息=1\,000\times0.05\%\times30(6月26日—7月25日)+\\(1\,000-200)\times0.05\%\times11(7月25日—8月5日)\\=19.4(元)$$

本期应还款119.4元。

由此可见,若按最低还款额还款,持卡人要支付较多的循环利息。

④ 罚息的规定——滞纳金。如果在最后到期还款日实际还款额低于最低还款额，最低还款额未还部分要支付滞纳金。滞纳金的比例由中国人民银行统一规定，为最低还款额未还部分的5%。

(四) 信用卡年费和超限费

(1) 信用卡年费。信用卡年费是发卡银行因持卡人拥有使用信用卡的权利而按年收取的基本服务费用，它是独立于信用卡贷款利息与交易支付费用之外的一项固定费用。各家发卡银行根据信用卡的功能不同设有不同的年费标准，如表3-3所示。

表3-3 信用卡年费一览表

卡名	发卡行	年费/元	
		普通卡	金卡
牡丹贷记卡(人民币)	中国工商银行	50	100
龙卡贷记卡(人民币)	中国建设银行	60	100
长城卡(人民币)	中国银行	60	100
金穗卡(人民币)	中国农业银行	80	160
太平洋贷记卡(人民币)	交通银行	80	160

为广泛开展信用卡业务，许多银行开通激活后的信用卡，都无条件免首年年费。对于免缴次年年费，则各家银行附带了不同的条件。

(2) 超限费。根据中国人民银行有关规定，如果超过信用卡的信用额度用卡，银行将对超过信用额度部分计收超限费，为超过信用额度的5%。

四、个人信用卡贷款操作流程

各商业银行个人信用卡贷款业务的操作流程基本相同，如图3-6所示。

(1) 客户申请信用卡。申请人到办理信用卡的业务部领取信用卡申请表，并按表中要求如实填写。表中内容一般包括主卡申请人和附属卡申请人姓名、出生日期及性别、工作单位、职务、月均收入、婚姻状况、供养人口，以及担保人的有关资料等。同时，还要将主卡持卡人、附属卡持卡人及担保人等身份证复印件和填好的申请表格一起交给发卡银行。申请人也可以从网站上下载并填写相关表格后，与相关资料一起邮寄到银行办卡处。

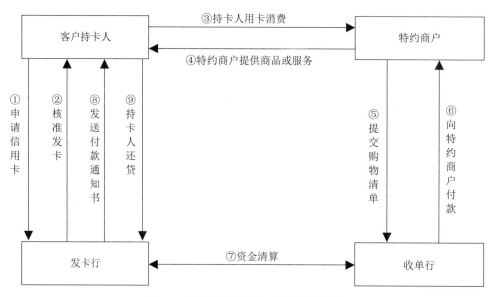

图 3-6　信用卡消费贷款业务操作流程图

(2) 资信调查，核准发卡。银行收到申请人的申请后，由发卡银行对申请人的基本条件、资金、信誉、担保等进行全面调查及审核，包括对申请内容的真实性、完整性，以及证明材料及附件的真实性、完整性的审查，对申请人的资信状况做出综合分析与评价，确定其信用等级，决定提供信用卡的额度，核准发放信用卡。申领人领到卡，在信用卡上签名后，就可以使用信用卡了。

(3) 持卡人用卡消费。信用卡持卡人可以在与发卡银行签订协议的特约商户处进行刷卡消费。与发卡银行签订协议的特约商户一般是独立核算的商业、饮食业、旅游服务业、交通运输业、娱乐业等单位。持卡人可以在核定的信用额度内进行透支。特约商户应注意识别止付卡、假卡，发现止付卡、假卡和冒用卡应立即没收，送交发卡行。

(4) 特约商户向持卡人提供商品或服务。信用卡持卡人用卡消费，特约商户应向持卡人提供商品或服务，这是信用卡使用的基本规定。特约商户不向持卡人提供商品和服务，造成大量透支，套取银行现金，将被取消特约商户资格。

(5) 向收单行提交持卡人的购物清单。向持卡人提供商品或服务之后，特约商户填制总计单，连同进账单与签购单一并送交其开户行或收单行(发卡行)。

(6) 收单行向特约商户付款。开户行或收单行应审查签购单是否有效。对超过有效期、超限额无授权批准、已被止付的卡号等单据须退单；审查总计单、进账单和签购单金额、笔数等项目是否有误，审查无误后按正确的金额办理划款。

(7) 收单行与发卡行的资金清算。收单行办完划款以后，将有关单据交发卡行，发卡行审核无误可与收单行办理资金清算。发卡行经审查发现收单行或特约商户办理信用卡时违反操作规程可退单拒付资金。收单行认为拒付无力，与发卡行产生纠纷，可向总行申请仲裁。

(8) 发卡银行向持卡人发送付款通知书。银行于每月账单日对持卡人的信用卡账户当期发生的各项交易、费用等进行汇总结算，并结计利息，确定持卡人本期应当还款等金额和日期，同时向持卡人发送付款通知书。

(9) 持卡人向发卡银行归还信用卡贷款。信用卡的还款方式有存款机还款、预约账户还款，可以由银行自动扣款、网上跨行还款、利用银联支付平台转账还款，还可以使用手机为信用卡还款。

五、个人信用卡贷款风险及其防范措施

随着信用卡业务的逐渐开展，由信用卡而引发的各种金融犯罪亦呈现快速上升的趋势。信用卡犯罪给发卡银行造成了巨大的经济损失，加强对信用卡的风险防范已经成为信用卡管理部门的重要任务。

(一) 个人信用卡贷款风险

通常，个人信用卡贷款的风险主要有以下几种。

(1) 信用风险。信用卡比一般消费信贷更为灵活、简便，更能满足客户经常性的消费需要，给客户以随机性支付的保障。作为发卡银行，在向持卡人提供这些优惠、便利信贷方式的同时，其背后总要承受相应的信用风险。这种信用风险主要是持卡人不偿还透支贷款本息及相关费用给发卡银行造成损失的可能性。

个人信用卡贷款的信用风险主要表现形式是恶意透支，指的是持卡人以非法占有为目的，超过规定限额或规定期限透支，具体表现为以下几方面。

① 频繁透支，即持卡人以极高的频率，在相距很近的信用卡营业点反复支取现金，积少成多，在短时间内占用银行大量现金。

② 多卡透支，即持卡人向多家银行提出申请，多头开户，持卡人往往以新透支来偿还旧透支，出现多重债务，导致无力偿还。

③ 异地透支，即持卡人利用我国部分地区通信设备还不发达，异地取现信息不能及时汇总，"紧急止付通知"难以及时送达的现状，在全国范围流窜作案，肆意透支。

大部分恶意透支得不到偿还，使得发卡银行遭受损失。

(2) 欺诈风险。信用卡欺诈是信用卡风险源之一，发卡银行的很多损失都是由欺诈造成的。信用卡欺诈的形式主要有以下几种。

① 失卡冒用。失卡一般有三种情况，一是发卡银行在向持卡人寄卡时丢失，即未达卡；二是持卡人自己保管不善丢失；三是被不法分子窃取。

② 假冒申请。假冒申请一般都是利用他人资料申请信用卡，或是故意填写虚假资料。最常见的是伪造身份证、填报虚假单位或家庭地址。

③ 伪造信用卡。国际上的信用卡诈骗案件中，有60%以上是伪造卡诈骗，其特点是团伙性质，从盗取卡资料、制造假卡、贩卖假卡，到用假卡作案是"一条龙"式的。他们经常利用一些最新的科技手段窃取真实的信用卡资料，诈骗分子窃取真实的信用卡资料后，便进行批量

性的制造假卡、贩卖假卡,大肆作案。

④ 网上冒用。发卡银行为了提高产品的科技含量,为持卡人提供增值服务,相继增加了商品邮购、电话订购、网上交易等功能,由于这些交易都是非面对面,所以其安全性相对较低,信用卡资料(卡号、密码等)很容易被不法分子冒用。而且,随着此类交易的增多及用途的日益广泛,风险案件也会随之增多。

⑤ 来自特约单位的不法行为。持卡人签名的签购单是特约商户与发卡机构进行结算的基本凭证。大多数特约商户都能够严格按照相关规定认真执行,但在实际的操作中,仍然有特约商户的经办人员或中介机构,通过伪造持卡人的签购单和利用POS机"假消费真提现"的非法套现行为等。

(3) 操作风险。信用卡业务风险也常常是由于信用卡操作不当引起的。在受理信用卡业务时,银行、特约商户的有关操作人员没有严格按照有关规章制度办事,给信用卡的有关当事人造成一定的风险或损失。例如,收款员没有按操作规定核对止付名单、身份证和预留签名,接受了本应止付的信用卡,造成经济损失;收款员在压印签购单时,没有将信用卡的卡号压印在有关单据上,造成"无卡号单",使发卡行无法进行结算;持卡人超限额消费时,收款员不征询授权而采用分单压印逃避授权,导致信用失控等。

(二) 个人信用卡贷款风险防范措施

根据个人信用卡贷款风险的类型,可以采取以下风险防范措施。

(1) 加强贷前信用管理。加强贷前信用管理主要做好三方面的工作。

① 从严掌握发卡条件。对申领卡的客户,除进行资信审查外,还要求其必须具备一定的基本条件,对没有城市常住户口的人员坚决不能发卡,主要是因为这些人员流动频繁,难以对其进行资信审查,万一发生恶意透支,不能实施有效的控制。

② 资信审查。首先,设定科学、有效的资信评估指标,并随着形势的发展进行适当的调整和补充。对个人申请人设定收入水平、支出水平、家庭财产月现金流量、主要持卡用途等指标,同时对资信评估指标进行量化处理,不同指标设定不同分值,并根据分值的高低确定申请人的资信等级,对不同等级的申请人授予不同的信用额度。其次,采用科学的资信审查方法,避免审查流于形式。除书面核实、电话访问方式外,还可通过其他间接方式如核对其保险资料等方式对申领人的身份、资信状况进行审查。

③ 完善担保制度。选择适当的担保形式,并制定合法、规范的担保协议。发卡银行应当根据申请人的资信状况确定担保方式。若确定采用保证方式担保,要对保证人进行资信调查,掌握保证人的资信状况和担保能力,持卡人由资信能力强的人担保,可使透支资金的偿还有可靠保障。

(2) 注重对信用卡的日常管理。对信用卡的日常管理主要做好两个方面的工作。

① 实行信用卡取现笔笔授权。为防止不法分子冒用信用卡恶意透支,发卡行各取现网点在办理信用卡取现时,不论金额大小,必须笔笔向本行信用卡业务部请求授权。收单行(发卡行)

信用卡业务部授权部门要严格监控，建立取现授权登记簿。发现有严重恶意透支行为或欺诈行为等，要立即采取紧急止付措施，并请收单行协助扣卡、扣证；符合公安司法程序，办妥有关手续等，也可请求协助扣人。收单行应按照发卡行的请求，配合工作，采取积极、有效的措施，制止透支(欺诈)行为继续发生。对因收单行(取现网点)违章操作和未请求授权而造成的风险损失，原则上由收单行或网点负责。

② 对持卡人实施规范的日常管理。建立健全持卡人档案资料，根据退回的账单或打不通的电话等情况，了解客户发生变化的情况，尽量取得新资料，以保证客户资料的真实性；每天打印各类透支清单及还款清单，及时掌握新增、新减的透支户和重点户；加强对透支的控制，每日认真分析透支户报告表，对于一般的透支户要定期发送对账单，使其尽快偿还贷款，对于透支后仍大量取现、消费，透支额较大、透支时间较长，以及有意回避银行追索的客户，应及时停止该卡的使用。

(3) 加强对逾期款的管理与债务催收。对于不同程度或性质的逾期贷款，采取不同的催收形式。

① 及时发出催收通知进行账务提醒。对于早期或非恶意未还最低还款额的客户，及时发出催收通知，进行账务提醒，一般在当月寄发对账单，告知透支日期和金额；免息期过后 15 日未归还透支款，发催收通知书，透支时间超过 30 天，发卡机构要与持卡人联系，敦促其立即还款，同时还可以与保证人联系，通过担保人催促其还款。

② 上门催款，及时止付。对大额透支或透支时间超过一个月的，经电话等形式催收未果的，要派专人上门拜访，请其归还透支款。并列入支付名单，及时停止该卡使用。

③ 列入"黑名单"，强制催收。对于晚期或恶意透支未还的客户，采取相对强制的催收办法，如外访催收、发律师函、诉讼通知或其他法律途径。同时，在银行同业间公布恶意透支的名单，同业联动制裁恶意透支。

(4) 加大技术投入，提高信用卡的技术含量。加大技术投入，使信用卡采用智能卡，提高信用卡的技术含量，能大大提高信用卡使用的安全程度。智能卡的安全性来自芯片的安全技术，卡片难以仿冒，而且芯片的应用使得卡片的真实性在特约商户的 POS 终端就能得以调查和验证，可以从根本上解决伪造卡的问题。虽然智能卡转换计划需要一定的时间和相当的投入，但其发展前景是毋庸置疑的。

【实训任务 3-2】

实训内容：学生分小组对不同商业银行的信用卡业务进行调研。

调研方式：实地调研、电话咨询、银行官网查询。

实训要求：

(1) 了解该银行主营的信用卡有哪些类型及特色，分别适合哪些客户群体。

(2) 了解该银行信用卡的信用额度、年费、免息期及积分规则。

第五节 个人助学贷款

在我国，个人助学贷款是作为支持教育事业发展的政策性举措推出的，它帮助许多家庭经济困难的学生圆了学子梦。本节将介绍个人助学贷款的含义和种类、要素及国家助学贷款操作流程等知识。

一、个人助学贷款的含义和种类

个人助学贷款一般是指银行以解决就学困难为目的，向在读学生或其直系亲属、法定监护人发放的个人贷款，主要对象为高校学生或出国留学生，主要分为国家贴息助学贷款和商业性助学贷款两个产品类别。

(一) 国家贴息助学贷款

国家贴息助学贷款(以下简称国家助学贷款)是由国家指定的商业银行面向在校的全日制高等学校中经济确实困难的本、专科学生和研究生发放的，用于帮助他们支付在校期间的学费和日常生活费，并由教育部门设立"助学贷款专户资金"给予财政贴息等贷款，即由政府主导，财政贴息，银行、教育行政部门与高校共同操作的专门帮助高校贫困家庭学生的银行贷款。借款学生无须办理贷款担保或抵押，但需要承诺按期还款，并承担相关法律责任。

以国家助学贷款经办银行所在地为标准，国家助学贷款还可以分为校源地国家助学贷款和生源地国家助学贷款。校源地助学贷款是指高校集中办理的以在校大学生为借款人向高校所在地的银行机构申请的国家助学贷款，一般采取信用贷款方式。生源地助学贷款是指贷款申请人向借款学生入学前户籍所在地的银行机构(主要是借款人户籍所在地的农村信用社等)申请的国家助学贷款，借款人一般为学生的父母或其他法定代表人，并采取担保贷款方式。生源地国家助学贷款是校源地国家助学贷款的补充和完善。

(二) 商业性助学贷款

商业性助学贷款分为一般商业性助学贷款和出国留学贷款。

(1) 一般商业性助学贷款。一般商业性助学贷款是指贷款人向借款人发放的用于借款人本人或其法定被监护人就读国内中学、普通高等院校及攻读硕士、博士、MBA、EMBA等学位及已获批准在境外就读中学、大学及攻读硕士、博士等学位所需学杂费和生活费用的贷款，是一种人民币贷款。

与国家助学贷款相比，一般商业性助学贷款财政不贴息，各商业银行、城市信用社、农村信用社等金融机构均可开办。

(2) 出国留学贷款。出国留学贷款是指银行向借款人发放的用于出国留学所需学杂费、生活费或留学保证金的个人贷款。出国留学贷款的用途是支付个人出国留学的学费、基本生活费或个人出国留学前期准备费用(保证金)等必需费用。出国留学贷款不但可以满足出国留学人员在留学签证过程中所需要的一切资金需求，还可以为出国留学人员解决在国外求学所需的各种学杂费用。

出国留学贷款又可分为人民币留学贷款和外汇留学贷款两种。人民币留学贷款可以用于就读境外大学预科、大学或攻读硕士、博士学位的个人所需的学费和生活费用(包括出国路费)。外汇留学贷款目前只有中国银行一家银行能够办理，且对借款人有较高的要求，必须是到国外去攻读硕士或博士学位的研究生。

二、个人助学贷款的要素

(一) 国家助学贷款

(1) 国家助学贷款的对象和贷款条件。国家助学贷款的对象是中华人民共和国(不含香港和澳门特别行政区、台湾地区)高等学校中经济确实困难的全日制研究生和本、专科学生。申请国家助学贷款的借款人应符合以下条件。

① 具有合法居民身份证件及学生证或入学通知书。

② 有同班同学或老师共2名见证人，负责对借款人身份提供证明。

③ 年龄未满18周岁的应取得其法定代理人同意。

④ 身体健康，能正常完成学业。

⑤ 遵纪守法，品德优良。

⑥ 在贷款银行开立活期储蓄存折账户。

⑦ 贷款银行规定的其他条件。

(2) 国家助学贷款的额度、期限、利率及利息的相关规定如下。

① 贷款额度。国家助学贷款每人每学年最高不超过6 000元，具体额度由借款人所在学校确定。原国家助学贷款额度继续按原合同约定执行。

② 贷款期限。国家助学贷款的借款学生必须在毕业后6年内(含2年的宽限期和4年的还款期)还清贷款本息，期限最长不超过10年。原国家助学贷款的期限最长不超过8年。

③ 贷款利率。国家助学贷款执行中国人民银行规定的同期限贷款基准利率(具体利率水平见商业性住房贷款利率)，利率不上浮，但可根据业务发展需要，在权限范围内实行优惠利率。

④ 贷款利息。国家助学贷款由国家给予借款学生财政贴息(在校期间国家全部贴息，离校后由学生自己付息)。原国家助学贷款由国家财政负担贷款期限内50%的贴息。

(二) 一般商业性助学贷款

(1) 一般商业性助学贷款的对象和贷款条件。一般商业性助学贷款的对象是接受非义务教育及出国留学、接受再教育进修等需要较大资金支持的学生。申请一般商业性助学贷款的借款人应符合以下条件。

① 在中国境内有固定住所、有当地城镇常住户口(或有效证明)、具有完全民事行为能力。

② 有正当职业和稳定的收入来源，具有按期偿还贷款本息的能力。

③ 有学生就读学校的录取通知书(或学生证和学籍证明)等证件,以及就读学校开出的学生学习期间所需学杂费、生活费及其他有关学习的费用证明。

④ 提供银行认可的财产抵押、有效权利质押,具有代偿能力的第三方保证或经银行认定符合信用贷款条件。

⑤ 遵纪守法,没有违法行为及不良信用记录。

⑥ 在银行开立个人结算账户,并同意银行从其指定的个人结算账户中扣收贷款本息。

⑦ 贷款银行规定的其他条件。

(2) 一般商业性助学贷款的额度、期限、利率、担保与保险的相关规定如下。

① 贷款额度。由银行根据借款人资信状况及所提供的担保情况综合确定,各银行间区别较大,一般最高不超过50万元。

② 贷款期限。一般为1~6年,期限最短为6个月,最长期限不超过8年(含)。

③ 贷款利率。按照中国人民银行规定的同期贷款基准利率执行。在贷款期间如遇利率调整时,贷款期限在1年(含)以下的,按合同利率计算;贷款期限在1年以上的,实行分段计算,于下一年年初开始,按相应利率档次执行新的利率。

受教育人在校就读期间,贷款人可给予借款人一定的宽限期,宽限期内只付利息不还本金,受教育人自取得毕业证之日起次月,应与贷款人重新制订还款计划,即必须按月还本付息。

④ 贷款担保与保险。借款人应在签订借款合同之前提供贷款人认可的财产抵押、质押担保或第三方不可撤销的连带责任保证或投保助学贷款保险。

(三) 出国留学贷款

(1) 出国留学贷款的对象和贷款条件。出国留学贷款的对象为拟留学人员或其直系亲属、配偶、法定监护人。出国留学贷款的借款人应具备以下条件。

① 具有中华人民共和国国籍,年满18周岁的具有完全民事行为能力的自然人。

② 贷款到期日时的实际年龄不得超过55周岁。

③ 应具有可控制区域内的常住户口或其他有效居住身份,有固定住所、稳定职业和收入来源。

④ 借款用途为出国留学教育消费。

⑤ 借款人信用良好,有按期偿还本息的能力。

⑥ 应持有拟留学人员的国外留学学校的入学通知书或其他有效入学证明,以及已办妥拟留学人员留学学校所在国入境签证的护照。

⑦ 贷款银行规定的其他条件。

(2) 出国留学贷款的额度与期限、币种与利率、还款方式和方法、担保方式的相关规定如下。

① 贷款额度与期限。出国留学贷款最低不少于1万元人民币,最高不得超过借款人学杂费和生活费的80%。出国留学贷款期限最短6个月,一般1~6年,最长不超过10年。

② 贷款币种与利率。出国留学贷款的币种分为人民币贷款和外汇贷款两种。出国留学贷款

利率是根据中国人民银行公布的贷款利率档次和浮动幅度执行,当中国人民银行调整贷款利率时,已发放的留学贷款利率从中国人民银行调整贷款利率的下一次还款期开始执行新的利率。

③ 还款方式与方法。出国留学贷款可以采用如下还款方式:一次性还本付息、等额偿还、本金等额偿还、等比递增偿还、等比递减偿还。贷款的偿还遵循"贷人民币还人民币"和"贷外汇还外汇"的原则。

④ 担保方式。出国留学贷款的担保方式主要有抵押、质押和保证担保三种方式。

抵押贷款最高额不超过贷款人认可的抵押物价值的60%。质押贷款最高额不超过质物价值的80%。如果保证担保贷款的保证人经银行认可,可全额。

三、国家助学贷款操作流程

由于国家助学贷款是一种信用贷款,无须担保,是助学贷款的主要形式,此处只介绍国家助学贷款的操作流程。

国家助学贷款业务是在贷款学生、贷款银行与合作学校之间开展的,其操作流程如图3-7所示。

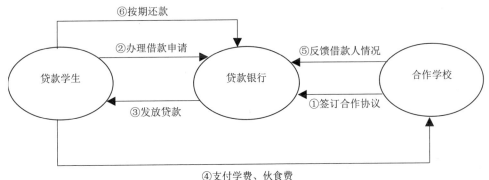

图3-7 国家助学贷款操作流程

(一) 贷款银行与高校签订合作协议

国家助学贷款是面向高等院校在校学生提供的由国家财政贴息的优惠贷款,在贷款的申请、发放、贷后管理等环节离不开贷款学生所在学校的大力协助。因此,贷款银行需要与高校签订合作协议,明确双方合作的方式以及权利、义务。

国家助学贷款

(二) 贷款学生提出借款申请

国家助学贷款实行一次性申请,每个学生原则上在校期间只能申请一次贷款。银行每年集中一次审批,一次统一签订合同。申请贷款的学生应在规定的时间内凭借本人有效证件向所在学校提出贷款申请,领取国家助学贷款申请审批表等材料,如实、完整填写,并准备好有关证明材料一并交给学校的国家助学贷款经办机构。

申请人需提交以下材料。

(1) 借款人有效身份证件的原件和复印件。
(2) 借款人学生证或入学通知书的原件和复印件。
(3) 乡、镇、街道、民政部门和县级教育行政部门关于其家庭经济困难的证明材料。
(4) 借款人同班同学或老师共两名见证人的身份证复印件及学生证或工作证复印件。
(5) 银行国家助学贷款审查表。
(6) 督促还款承诺书。
(7) 贷款银行要求的其他材料。

学校国家助学贷款经办机构在全国学生贷款管理中心下达的年度借款额度及控制比例内，组织学生申请借款，并接受学生的借款申请。学校机构对学生提交的国家助学贷款申请材料进行资格审查，对其完整性、真实性、合法性负责，初审工作无误后，学校机构在审查合格的贷款申请书上加盖公章予以确认，将审查结果通知学生，并编制国家助学贷款学生审核信息表，与申请资料一并送交助学贷款经办银行。

(三) 贷前调查

贷前调查是国家助学贷款贷前处理中非常重要的环节，主要由银行贷前调查经办人审核申请材料是否真实、完整、合法、有效，调查借款申请人的还款意愿、困难状况的真实性等情况。

贷前调查完成后，银行经办人应对调查结果进行整理、分析，填写国家助学贷款申请审批表，然后送贷款审核人员进行贷款审核。

(四) 银行审查、审批

银行的贷款审查人负责对借款申请人提交的材料进行合规性和真实性审查，审查后签署审核意见。贷款审批人应根据审查情况签署审批意见：对不同意贷款的，应写明拒批理由；贷款审批人签署审批意见后，应将审批表连同有关材料退还信贷业务部门。

业务部门对审核合格的，经办银行应编制"国家助学贷款学生审查合格名册"，并加盖公章后随同电子文档及空白借款合同、借据一并送交学校机构。

(五) 签订借款合同

对经审批同意的贷款，高校收到经办银行的"国家助学贷款学生审查合格名册"后，应组织学生填写、签署"国家助学贷款借款合同"及借据，并提交经办银行。

(六) 贷款发放

国家助学贷款实行借款人一次申请、贷款行一次审批、单户核算、分次发放的方式。其中，学费和住宿费贷款按学年(期)发放，直接划入借款人所在学校在贷款银行开立的账户上；生活费贷款(每月的2月、8月不发放生活费贷款)的发放，根据合同约定定期划入借款人在贷款银行开立的活期储蓄账户。

(七) 学校协助银行进行贷后管理

银行发放贷款之后，学校应该协助贷款银行进行贷后管理，及时向银行反馈贷款学生在校期间的学习、生活情况，以更好地保证贷款安全。每年借款学生毕业离校前，学校应组织借款学生与经办银行办理还款确认手续、制订还款计划、签订还款协议。经办银行对学生毕业去向及相关资料进行抽查，并与学校进行核实。

借款学生毕业后当年继续攻读学位可申请办理贷款展期。

(八) 档案管理和贷款的催收与保全

各经办银行在与借款学生签订还款协议后，需将相关信息补录入零售信贷系统。各经办银行需严格按零售贷款档案管理办法管理国家助学贷款相关档案。各经办银行应建立详细的还贷监测系统；加强日常还贷催收工作，做好催收记录，确认借款人已收到催收信息；应按季将已到还款期的借款学生还款情况反馈给学校，学校负责协助经办银行联系拖欠还款的借款学生及时还款。

四、国家助学贷款风险及其防范措施

国家助学贷款业务的开展，在一定程度上解决了部分贫困学生上学难的问题，对支持教育事业发展，为国家建设积蓄人力资源，起到了举足轻重的作用。但是，由于我国个人信用制度尚不健全，贷款过程中还存在一系列问题，诸如个人信用调查难、借款跟踪管理难、违约借款追索收回难等，借款学生还款意识普遍不强，违约问题时有发生，潜在风险不断暴露，极大地影响了各商业银行开办个人助学贷款业务的积极性。

防范国家助学贷款的风险应从以下几方面着手。

(1) 加强对大学生信用观念的教育与信用意识的培养，将诚信教育纳入入学与毕业教育工作中。

(2) 从管理工作入手，在建立特困生档案的基础上，派专人认真做好符合贷款条件学生的遴选与审批工作，同时要建立贷款学生管理档案，及时了解和掌握贷款学生信息，及时与经办银行沟通，在贷款学生毕业前，积极协调银行落实学生还款计划，将学生的毕业去向和贷款情况通知银行和用人单位，此外将学生的信息提供给信息征询部门，以便向社会各方面进行查询。

(3) 利用高等学校学籍学历管理信息系统，建立国家助学贷款学生个人信息查询系统，配合换发的大学生终身号码的身份证，逐步建立社会个人信用监控体系，防范个人信用贷款风险。

(4) 探索切实可行的国家助学贷款方式，如实行生源地的学生家庭担保贷款等。

本章小结

个人消费贷款业务的主要内容

	框架		主要内容
个人消费贷款业务	第一节 个人消费贷款业务概述	个人消费贷款的概念	个人消费贷款的概念、功能
		个人消费贷款的特点	个人消费贷款与其他商业贷款业务之间的差别
		个人消费贷款的种类	按产品用途分类、按担保方式分类
	第二节 个人住房贷款	个人住房贷款的概念和特点	个人住房贷款的概念和特点
		个人住房贷款的种类	按照贷款性质划分、按照贷款利率确定方式划分
		个人住房贷款的还款方式	等额本金还款法、等额本息还款法、两种还款方式的区别
		个人住房按揭贷款操作流程	个人住房按揭贷款的操作流程
		个人住房贷款风险及其防范措施	个人住房贷款的主要风险、风险防范措施
	第三节 个人汽车贷款	个人汽车贷款的含义及特点	个人汽车贷款业务与汽车市场的多种行业机构具有密切关系，风险管理难度相对较大
		个人汽车贷款的原则和运行模式	个人汽车贷款的原则和运行模式
		个人汽车贷款操作流程	个人汽车贷款的操作流程
		个人汽车贷款风险及其防范措施	个人汽车贷款的主要风险、风险防范措施
	第四节 个人信用卡贷款	个人信用卡贷款的概念	个人信用卡贷款的概念
		个人信用卡贷款的种类	依据是否向发卡银行交存备用金划分、依据信用等级划分、依据流通范围不同划分、依据信用卡的从属关系划分
		个人信用卡贷款的相关要素	信用额度、取现额度、可用额度；账单日、免息还款期、最低还款额、到期还款日；透支期限、计息方式；信用卡年费和超限费
		个人信用卡贷款操作流程	个人信用卡贷款操作流程
		个人信用卡贷款风险及其防范措施	个人信用卡贷款的主要风险、风险防范措施
	第五节 个人助学贷款	个人助学贷款的含义和种类	国家贴息助学贷款、商业性助学贷款
		个人助学贷款的要素	国家助学贷款、一般商业性助学贷款、出国留学贷款
		国家助学贷款操作流程	国家助学贷款操作流程
		国家助学贷款风险及其防范措施	国家助学贷款的主要风险、风险防范措施

思考练习

一、名词解释

1. 自营性个人住房贷款
2. 公积金个人住房贷款
3. 个人住房组合贷款
4. 等额本金还款
5. 等额本息还款
6. 贷记卡
7. 准贷记卡
8. 国家助学贷款
9. 商业性助学贷款

二、单项选择题

1. 申请商业性个人住房贷款，借款人必须具备条件之一：有所购住房全部价款(　　)以上的自筹资金。

    A. 20% B. 30%
    C. 40% D. 50%

2. 商业性个人住房贷款，贷款期限一般最长不超过(　　)年。

    A. 10 B. 20
    C. 30 D. 40

3. 个人汽车贷款期限最长不超过(　　)年。

    A. 1 B. 3
    C. 5 D. 10

4. 国家助学贷款按照每人每学年最高不超过(　　)元的标准，总额度按正常完成学业所需年度乘以学年所需金额确定，具体额度由借款人所在学校的总贷款额度、学费、住宿费和生活费标准，以及学生的困难程度确定。

    A. 3 000 B. 4 000
    C. 5 000 D. 6 000

5. 免息还款期是指对非现金交易，从银行记账日起至到期还款日之间的日期为免息还款期。免息还款期最短 20 天，最长(　　)天。

    A. 30 B. 40
    C. 50 D. 60

三、多项选择题

1. 借款人申请个人住房按揭贷款应先填写"个人购房借款申请表",并提交如下资料:( )。
   A. 购房人及房产权利证书所登记共有人的身份证明及户口本的原件及复印件
   B. 已付首期款的发票或收据原件
   C. 与开发商签订的"房地产买卖(预售)合同"原件
   D. 收入证明原件(或纳税税单)

2. 国家助学贷款的用途是弥补学生在校学习期间( )的不足。
   A. 学费   B. 住宿费
   C. 生活费   D. 餐食费

3. 按贷款利率确定方式划分,个人住房贷款可分为( )。
   A. 浮动利率个人住房贷款   B. 个人再交易住房贷款
   C. 固定利率个人住房贷款   D. 结构性固定利率住房贷款

4. 个人信用卡贷款的风险有( )。
   A. 信用风险   B. 欺诈风险
   C. 特约商户风险   D. 利率、汇率风险

5. 按担保方式分类,个人贷款可分为( )。
   A. 个人综合消费贷款   B. 抵押类个人贷款
   C. 质押类个人贷款   D. 保证类个人贷款

四、判断题

1. 个人住房公积金贷款以住房抵押方式担保的,借款人要到房屋坐落地区的房屋产权管理部门办理房产抵押登记手续,抵押合同由夫妻单方签字即可。 ( )

2. 个人汽车贷款中以所购车辆或其他不动产抵押申请贷款的,首期付款额不得少于购车款的20%,借款额最高不得超过购车款的80%。 ( )

3. 个人汽车贷款中抵押物、质物的评估、保险、登记、公证等费用由借款人承担。 ( )

4. 信用卡具有消费信用、转账结算、存取现金等全部功能。 ( )

5. 个人住房贷款的发放是由银行会计部门凭"个人贷款审批表"复印件、借款借据和借款合同办理贷款发放手续,并将贷款金额全数一次性划入个人在银行开设专户。 ( )

五、计算题

李先生欲购买一套100平方米的房子,目前市面上房子的价格是20 000元/平方米,则购买该套房子所需要的费用为200万元。假设按揭70%,贷款期限20年,贷款年利率7%,采取

等额本息还款法。请问：

1. 李先生需要支付的购房首期款是多少？
2. 每月需还的贷款本息是多少？

六、简答题

1. 个人住房贷款借款人必须具备哪些条件？
2. 试述个人汽车贷款业务的操作流程。
3. 申请个人助学贷款应当具备哪些条件？
4. 信用卡风险种类有哪些？
5. 如何防范信用卡风险？

第四章
公司信贷业务

从我国目前的经济增长方式和金融市场环境来看,公司信贷业务仍然是商业银行形成其利润的主体与核心,是带动银行各项业务发展的主要载体。那么,当前商业银行可以向公司客户提供哪些融资服务?提供融资的金融产品有哪些?公司客户申请融资要具备哪些条件?业务如何办理?各项业务的操作流程是什么?本章主要介绍商业银行向公司客户提供的信贷业务的基础知识。

【学习目标】
- 了解流动资金贷款的定义和种类;
- 掌握流动资金贷款的条件和操作流程;
- 了解固定资产贷款的定义和种类;
- 掌握固定资产贷款的条件和操作流程;
- 了解银团贷款的定义和特点;
- 掌握银团贷款的条件和操作流程;
- 了解房地产开发贷款的定义和种类;
- 掌握房地产开发贷款的条件和操作流程;
- 了解出口退税账户质押贷款、法人账户透支的定义和操作流程。

【重点与难点】
- 流动资金贷款需求量的测算;
- 流动资金贷款的操作流程;
- 固定资产贷款的操作流程;
- 银团贷款的组织结构和操作流程;
- 房地产开发贷款的操作流程。

📖 案例导入

流动资金贷款支付审核

2010年3月，中国银行某一级分行批复同意为某高科技电子有限公司核定500万元授信总量，授信品种为短期流动资金贷款，用于采购原材料，期限1年，由担保公司、借款人实际控制人提供连带责任保证担保。

3月24日，借款人向中行提出300万元贷款提款申请。该一级分行辖内支行按照授信批复要求落实了授信前提条件。进入支付审核阶段时，发放审核人员在合同审核过程中发现，其中两份商务合同标的金额较高(超过100万元)，支付对象、时间明确。根据了解的情况，审核人员将授信合同金额、支付对象、商务合同金额、商务合同履行进度、结算方式等五大审核要素进行对比分析，并电话联系客户，核实其资金需求及交易的真实性，将支付审核与客户实际提款需求相结合，最终认为贷款资金支付应采取受托支付和自主支付相结合的方式，以有效进行资金监控。于是，在借款合同及提款申请书中约定了两种支付方式和受托支付起点金额(100万元)，并采用受托支付方式分两笔支付220.9万元，剩余79.1万元通过自主支付方式支付。

贷款发放审核人员运用"五匹配、一结合"的流动资金贷款审核方法，重点核实交易背景的真实性和有关交易资金结算的情况，仔细评估各审核要素间的逻辑关系与客户实际提款需求的合理性，协助业务人员确定贷款支付方式和受托支付起点金额，在满足合规的前提下，有效防范授信风险。

(资料来源：人民日报，2010-6-18)

第一节　流动资金贷款

流动资金贷款作为一种实用、高效的融资手段，属于商业银行授信业务最普遍的产品之一，具有贷款期限短、手续较简便、周转性较强、融资成本较低的特点。本节将介绍流动资金贷款的定义与种类、条件、操作流程等相关知识。

一、流动资金贷款的定义与种类

(一) 流动资金贷款的定义

流动资金贷款是商业银行为满足企(事)业法人或国家规定可以作为借款人的其他组织在生产经营过程中临时性、季节性的资金需求，保证生产经营活动的正常进行而发放的本外币贷款。

(二) 流动资金贷款的种类

(1) 按贷款币种划分，可分为人民币流动资金贷款和外币流动资金贷款。

(2) 按贷款期限划分，可分为临时流动资金贷款、短期流动资金贷款和中期流动资金贷款。

① 临时流动资金贷款：期限在 3 个月(含)以内，主要用于企业一次性进货的临时性资金需要和弥补其他支付性资金不足。

② 短期流动资金贷款：期限 3 个月～1 年(不含 3 个月，含 1 年)，主要用于满足企业正常生产经营周转资金的需要。

③ 中期流动资金贷款：期限 1～3 年(不含 1 年，含 3 年)，主要用于满足企业正常生产经营中经常占用资金的需要。

(3) 按偿还方式划分，可分为循环贷款和整贷零偿贷款。

① 循环贷款：客户可在核定的贷款额度内，根据需要随时提款、循环使用的贷款。

② 整贷零偿贷款：客户可一次提款、分期偿还的贷款。

二、流动资金贷款的条件

(一) 借款人申请流动资金贷款的具体条件

(1) 借款人应是经工商行政管理机关(或主管机关)核准登记注册、具有独立法人资格的企业、其他经济组织和个体工商户；

(2) 遵守国家的政策法规和银行的信贷制度，在国家政策允许的范围内生产、经营；

(3) 经营管理制度健全，财务状况良好，资产负债率符合银行的要求；

(4) 具有固定的生产、经营场地，产品有市场，生产经营有效益，不挤占挪用信贷资金，守信用；

(5) 在银行开立了基本账户或一般存款账户，并领有当地人民银行核发的"贷款卡"，经营情况正常，资金运转良好，具有按期偿还贷款本息的能力；

(6) 应经过工商部门办理年检手续；

(7) 除国务院规定外，有限责任公司和股份有限公司对外股本权益性投资累计额未超过其净资产的 50%。

(二) 申请中期流动资金贷款的企业还须同时具备以下条件

(1) 信用等级标准评定为 A 级以上的企业。

(2) 规模较大，生产经营活动正常，资产负债率低于 70%。

(3) 产品有市场，近三年产销率在 95%以上；生产经营有效益，近三年不亏损；信誉好，不拖欠利息，贷款能按期归还。

(4) 不挤占挪用流动资金进行固定资产投资。

三、流动资金贷款操作流程

(一) 贷款申请

借款人提出贷款申请，填写借款申请书，并按银行提出的贷款条件和要求提供有关资料(若为新开户企业,应按有关规定,先与银行建立信贷关系)。银行应与借款人约定明确、合法的贷款用途,一般情况下,银行要求提供的重要资料如下。

(1) 借款人及保证人的基本情况;

(2) 经会计(审计)部门核准的上年度财务报告及申请借款前一期的财务报告;

(3) 企业资金运用情况;

(4) 抵押、质押物清单,有处分权人同意抵押、质押的证明及保证人;

(5) 拟同意保证的有关证明文件;

(6) 项目建议书和可行性报告;

(7) 银行认为需要提供的其他资料。

银行对流动资金贷款申请材料的方式和具体内容提出要求,并要求借款人恪守诚实、守信原则,承诺所提供材料真实、完整、有效。

(二) 贷款调查

银行收到贷款申请和有关资料后,对借款人的合法性、财务状况的真实性、借款用途等进行调查,调查采取现场与非现场相结合的形式,并形成书面调查报告,贷款调查人员对调查内容的真实性、完整性和有效性负责。调查内容包括:

(1) 借款人的组织架构、公司治理、内部控制及法定代表人和经营管理团队的资信等情况;

(2) 借款人的经营范围、核心主业、生产经营、贷款期内经营规划和重大投资计划等情况;

(3) 借款人所在行业状况;

(4) 借款人的应收账款、应付账款、存货等真实财务状况;

(5) 借款人营运资金总需求和现有融资性负债情况;

(6) 借款人关联方及关联交易等情况;

(7) 贷款具体用途及与贷款用途相关的交易对手资金占用等情况;

(8) 还款来源情况,包括生产经营产生的现金流、综合收益及其他合法收入等;

(9) 对有担保的流动资金贷款,还需调查抵(质)押物的权属、价值和变现难易程度,或保证人的保证资格和能力等情况。

(三) 贷款评估

(1) 评定客户信用等级。银行应采用科学、合理的评级和授信方法,评定客户信用等级,建立客户资信记录。

(2) 测算其营运资金需求。银行应根据借款人经营规模、业务特征及应收账款、存货、应付账款、资金循环周期等要素测算其营运资金需求,综合考虑借款人现金流、负债、还款能力、担保等因素,合理确定贷款结构,包括金额、期限、利率、担保和还款方式等。

(3) 评估流动资金贷款的风险。流动资金贷款风险是指借款人不能按期偿还和付清流动资金贷款本息的可能性,银行应根据借款人经营管理的具体情况进行流动资金贷款的风险评估。

(四) 贷款审查

银行了解借款人在本行业的相关业务数据，核实借款人提供的担保形式是否可靠，预测借款人按期还本付息的能力，并在3个月内完成贷款的评估、审查工作，根据贷审分离、分级审批的原则，进行流动资金贷款评审，审批人员在授权范围内按规定流程审批贷款，贷款审批后，向申请人做出正式答复。

(五) 签订借款合同

银行同意贷款后，根据借款人经营规模、业务特征及应收账款、存货、应付账款、资金循环周期等要素测算其营运资金需求，在综合考虑借款人现金流、负债、还款能力、担保等因素的基础上，合理确定贷款金额、期限、利率、担保和还款方式等贷款要素，并与借款人签订借款合同。

保证贷款还应由保证人与商业银行签订保证合同，或保证人在借款合同上写明与商业银行协商一致的保证条款，加盖保证人的法人公章，并由保证人的法定代表人或其授权代理人签署姓名；抵(质)押贷款应当以书面的形式由抵(质)押人与商业银行［抵(质)押权人］签订抵(质)押合同。

(六) 贷款发放与支付

银行设立独立的责任部门或岗位，负责流动资金贷款发放和支付审核，按照合同约定通过银行受托或借款人自主支付的方式对贷款资金的支付进行管理与控制，监督贷款资金按约定用途使用，并根据借款人的行业特征、经营规模、管理水平、信用状况等因素和贷款业务品种，合理约定贷款资金支付方式及银行受托支付的金额标准。

(1) 受托支付方式。具有以下情形之一的流动资金贷款，原则上应采用银行受托支付方式：

① 与借款人新建立信贷业务关系且借款人信用状况一般；

② 支付对象明确且单笔支付金额较大；

③ 银行认定的其他情形。

(2) 自主支付方式。借款人自主支付的，银行应按借款合同约定要求借款人定期汇总报告贷款资金支付情况，并通过账户分析、凭证查验或现场调查等方式核查贷款支付是否符合约定用途。

贷款支付过程中，借款人信用状况下降、主营业务盈利能力不强、贷款资金使用出现异常的，银行应与借款人协商补充贷款发放和支付条件，或根据合同约定变更贷款支付方式、停止贷款资金的发放和支付。

(七) 贷后管理

银行贷后管理的主要内容如下。

(1) 通过现场检查与非现场监测，分析影响借款人偿债能力的风险因素。银行应针对借款人所属行业及经营特点，通过定期与不定期现场检查与非现场监测，分析借款人经营、财务、信用、支付、担保、融资数量和渠道变化等状况，掌握各种影响借款人偿债能力的风险因素。

(2) 掌握借款人资金回笼账户的资金进出情况。银行通过借款合同的约定，要求借款人指定专门资金回笼账户并及时提供该账户的资金进出情况。银行可根据借款人的信用状况、融资情况等，与借款人协商签订账户管理协议，明确约定对指定账户回笼资金进出的管理。同时，应关注大额及异常资金流入流出情况，加强对资金回笼账户的监控。

(3) 关注借款人经营、管理、财务及资金流向等重大预警信号。银行应动态关注借款人经营、管理、财务及资金流向等重大预警信号，根据合同约定及时采取提前收贷、追加担保等有效措施，防范并化解贷款风险。根据法律法规规定和借款合同的约定，参与借款人大额融资、资产出售以及兼并、分立、股份制改造、破产清算等活动，维护银行债权。流动资金贷款形成不良贷款的，应对其进行专门管理，及时制定清收处置方案，对借款人确因暂时经营困难不能按期归还贷款本息的，银行可与其协商重组。对确实无法收回的不良贷款，银行按照相关规定对贷款进行核销后，应继续向债务人追索或进行市场化处置。

(4) 流动资金贷款展期。流动资金贷款需要展期的，银行应审查贷款所对应的资产转换周期的变化原因和实际需要，决定是否展期，并合理确定贷款展期期限，加强对展期贷款的后续管理。

知识拓展

流动资金贷款需求量的测算参考

流动资金贷款需求量应基于借款人日常生产经营所需营运资金与现有流动资金(即流动资金缺口)确定。一般来讲，影响流动资金需求的关键因素有存货(原材料、半成品、产成品)、现金、应收账款和应付账款。同时，还会受到借款人所属行业、经营规模、发展阶段、谈判地位等重要因素的影响。银行业金融机构根据借款人当期财务报告和业务发展预测，按以下方法测算其流动资金贷款需求量。

第一，估算借款人营运资金需求量。

借款人营运资金需求量影响因素主要包括现金、存货、应收账款、应付账款、预收账款、预付账款等。在调查的基础上，预测各项资金周转时间变化，合理估算借款人营运资金量。在实际测算中，借款人营运资金需求量可参考如下公式：

营运资金需求量 = 上年度销售收入 × (1 - 上年度销售利润率) ×
(1 + 预计销售收入年增长率) / 营运资金周转次数

式中：营运资金周转次数 = 360 / (存货周转天数 + 应收账款周转天数 - 应付账款周转天数 + 预付账款周转天数 - 预收账款周转天数)

周转天数 = 360 / 周转次数

应收账款周转次数 = 销售收入 / 平均应收账款余额

预收账款周转次数 = 销售收入 / 平均预收账款余额

存货周转次数＝销售成本/平均存货余额

预付账款周转次数＝销售成本/平均预付账款余额

应付账款周转次数＝销售成本/平均应付账款余额

第二，估算新增流动资金贷款额度。

将估算出的借款人营运资金需求量扣除借款人自有资金、现有流动资金贷款以及其他融资，即可估算出新增流动资金贷款额度。新增流动资金贷款额度的计算公式如下：

新增流动资金贷款额度＝营运资金量－借款人自有资金－现有流动资金贷款－其他渠道提供的营运资金

第三，需要考虑的其他因素。

(1) 各银行业金融机构应根据实际情况和未来发展情况(如借款人所属行业、规模、发展阶段、谈判地位等)分别合理预测借款人应收账款、存货和应付账款的周转天数，并可考虑一定的保险系数。

(2) 对集团关联客户，可采用合并报表估算流动资金贷款额度，原则上纳入合并报表范围内的成员企业流动资金贷款总和不能超过估算值。

(3) 对小企业融资、订单融资、预付租金或者临时大额债项融资等情况，可在交易真实性的基础上，在确保有效控制用途和回款的情况下，根据实际交易需求确定流动资金额度。

(4) 对季节性生产借款人，可按每年的连续生产时段作为计算周期估算流动资金需求，贷款期限应根据回款周期合理确定。

(资料来源：中国人民银行网站)

流动资金贷款需求量测算

📖 案例

某生产型公司申请新增授信 200 万元

某生产型公司主要经营燃气具、气体调压器、汽车配件、摩托车配件、压铸件、机电产品、五金配件等产品的生产、销售，行业属通用设备制造业，经营规模较小，且处于成长阶段，根据公司实际经营情况，新拓展了部分下游客户，并取得订单，分别给予公司应收账款、存货和应付账款考虑了一定的保险系数，具体指标如表4-1所示。

表4-1 财务数据简表

科目	2017年12月31日/万元	2018年12月31日/万元	保险系数
应收账款	785.62	773.07	1.2
预付账款	153	250	1
存货	236.53	303.65	1.2
应付账款	420.31	353.57	1.1
预收账款	20	20	1

(续表)

科目	2017年12月31日/万元	2018年12月31日/万元	保险系数
产品销售收入	3 510.56	4 091.24	
产品销售成本	3 132.14	3 680.23	
所有者权益合计	1 689.78	1 855.18	
长期负债			
固定资产净值	1 334.54	1 439.91	

根据《流动资金贷款管理暂行办法》中流动资金贷款需求量测算参考公式进行测算，结果如下：

应收账款周转天数 = 360 / [销售收入 / 平均应收账款余额] × 保险系数
　　　　　　　　 = 360 / {4 091.24 / [(785.62 + 773.07) / 2]} × 1.2 = 82.29(天)

预收账款周转天数 = 360 / (销售收入 / 平均预收账款余额) × 保险系数
　　　　　　　　 = 360 / (4 091.24 / 20) × 1 = 1.76(天)

存货周转天数 = 360 / (销售成本 / 平均存货余额) × 保险系数
　　　　　　 = 360 / {3 680.23 / [(263.53 + 303.65) / 2]} × 1.2 = 33.28(天)

预付账款周转天数 = 360 / (销售成本 / 平均预付账款余额) × 保险系数
　　　　　　　　 = 360 / {3 680.23 / [(153 + 250) / 2]} × 1 = 19.71(天)

应付账款周转天数 = 360 / (销售成本 / 平均应付账款余额) × 保险系数
　　　　　　　　 = 360 / {3 680.23 / [(420.31 + 353.57) / 2]} × 1.1 = 41.64(天)

营运资金周转次数 = 360 / (存货周转天数 + 应收账款周转天数 − 应付账款周转天数 + 预付账款周转天数 − 预收账款周转天数)
　　　　　　　　 = 360 / (33.28 + 82.29 − 41.64 + 19.71 − 1.76) = 3.92(次)

营运资金量 = 上年度销售收入 × (1 − 上年度销售利润率) × (1 + 预计销售收入年增长率) / 营运资金周转次数
　　　　　 = 4 091.24 × (1 − 10.04%) × (1 + 20%) / 3.92 = 1 126.68(万元)

借款人自有资金 = 目前企业所有者权益 + 企业长期负债 − 企业固定资产净值 − 企业流动资产中长期占用部分
　　　　　　　 = 1 855.18 + 0 − 1 439.91 − 0 = 415.27(万元)

新增流动资金贷款额度 = 营运资金量 − 借款人自有资金 − 现有流动资金贷款 − 其他渠道的营运资金
　　　　　　　　　　 = 1 126.68 − 415.27 − 500 − 0 = 211.41(万元)

测算结果211.41万元，取整为200万元，与公司实际申请的新增200万元相符。

【实训任务4-1】

实训内容：资料搜集与分析。

实训过程：

(1) 学生分组登录各银行官网。

(2) 资料搜集：每个小组至少登录三家银行网站，查询这些银行都有哪些流动资金贷款业务，主推的流动资金贷款业务及办理条件、办理流程，以及与其他银行相比，每个银行的流动资金贷款业务的特色是什么。

(3) 小组PPT展示。

实训考核：

(1) 展示者的状态，对业务的熟悉程度。

(2) 小组成员资料搜集能力。

(3) 小组成员资料分析能力。

第二节　固定资产贷款

固定资产贷款是商业银行的主要资产业务和信贷品种之一，开办时间早、业务规模大，也是商业银行的主要盈利来源。银行发放固定资产贷款，通过信用的形式提供固定资产更新改造过程中的资金需求，在支持国家建设、促进经济发展方面发挥着重要作用。

一、固定资产贷款的定义与种类

(一) 固定资产贷款的定义

固定资产贷款是指银行向企(事)业法人或国家规定可以作为借款人的其他组织发放的用于借款人新建、扩建、改造、开发、购置等固定资产投资项目的本外币贷款。

(二) 固定资产贷款的种类

按照贷款的不同用途，固定资产贷款可分为基本建设贷款、技术改造贷款、科技开发贷款、商业网点贷款。

(1) 基本建设贷款。基本建设贷款是指用于经国家有权部门批准的基础设施、市政工程、服务设施和以外延扩大再生产为主的新建或扩建生产性工程等基本建设而发放的贷款。

(2) 技术改造贷款。技术改造贷款是指用于现有企业以内涵扩大再生产为主的技术改造项目而发放的贷款。

(3) 科技开发贷款。科技开发贷款是指用于新技术和新产品的研制开发、科技成果向生产领域转化或应用而发放的贷款。

(4) 商业网点贷款。商业网点贷款是指商业、餐饮、服务企业为扩大网点、改善服务设施、增加仓储面积等，在自筹建设资金不足时，而向银行申请的贷款。

二、固定资产贷款的条件

借款人申请固定资产贷款应具备以下条件：

(1) 借款人依法经工商行政管理机关或主管机关核准登记；

(2) 借款人信用状况良好，无重大不良记录；

(3) 借款人为新设项目法人的，其控股股东应有良好的信用状况，无重大不良记录；

(4) 国家对拟投资项目有投资主体资格和经营资质要求的，符合其要求；

(5) 借款用途及还款来源明确、合法；

(6) 项目符合国家的产业、土地、环保等相关政策，并按规定履行了固定资产投资项目的合法管理程序；

(7) 符合国家有关投资项目资本金制度的规定；

(8) 贷款人要求的其他条件。

三、固定资产贷款操作流程

(一) 受理

银行办理贷款业务的县、区支行及其以上机构的公司业务部门均可受理借款人固定资产贷款申请。客户的申请一般由客户的开户行受理和初审，并由该行对受理的贷款提出初步意见。

(二) 初审

固定资产贷款初审阶段的主要审查内容包括下级行申请报告、项目批准文件、借款申请、借款人近期报表情况、项目贷款条件。

(三) 评估

企业固定资产贷款项目的评估一般由银行信贷评估部门组织进行。根据贷款"三性"原则要求，运用定量与定性相结合的方法，对贷款进行全面和系统的评价，为贷款决策提供客观、公正和准确的依据。对须由总行公司业务部出具有条件承诺函的，总行公司业务部在出具有条件贷款承诺函的同时提交信贷评估部评估；不需要总行公司业务部出具有条件承诺函的，由总行信贷管理部提交信贷评估部评估。

(1) 评估的依据包括以下内容：

① 国家产业和布局政策、财政税收政策、行业发展规划、国家和行业的可行性研究设计标准及参数；

② 中央银行和银行的信贷政策管理规定，银行的评估规定和参数；

③ 政府有权部门对项目立项的批准文件，项目可行性研究报告及有权部门的论证意见；

④ 借款人生产经营等有关资料；

⑤ 中央和地方政府有关的城市建设规划、环境保护、消防、安全卫生、运输、劳动保护等有关法规和规定。

(2) 评估应具备的基本条件包括以下内容：

① 符合国家产业、产品布局和投资项目审批程序，可行性研究经权威部门论证；

② 符合国家产业布局政策、财政税收政策、行业发展规划，以及国家和行业的可行性研究设计标准和参数；

③ 符合中国人民银行和银行信贷管理规定、银行评估参数；

④ 借款人的主要财务指标、项目资本金来源及比例符合国家和银行规定；

⑤ 借款人营业执照，公司章程，贷款证，借款申请书，借款人(出资人)最近三年的审计报告原件及随审计报告附送的资产负债表、损益表和现金流量表及其报表附注，借款人现有负债清单及信用状况，贷款担保意向或承诺，担保人营业执照、财务报表、或有负债状况，抵(质)押物的情况说明等。

(3) 评估的范围。凡申请银行固定资产贷款人民币500万元(含)以上、外汇贷款100万美元(含)以上的项目，均应进行评估；科技开发贷款不论贷款额大小，原则上都要进行评估；追加贷款额超过原承诺贷款30%的应重新进行评估。但符合以下条件之一的贷款可以不评估，只要提供贷款调查报告即可：

① 项目贷款总额在人民币500万元，外汇100万美元以下的；

② 以存款、可转让国家债券或金融券全额质押的项目贷款；

③ 经具有相应审批权限的贷款审查委员会特批的。

(四) 审查审批

项目贷款评估报告完成后，评估咨询部门要认真审查评估报告，并以部门文件的形式提交信贷管理部门和信贷政策委员会；信贷管理部门依据评估报告等资料进行贷款的审查审批。银行应按照审贷分离、分级审批的原则，规范固定资产贷款审批流程，明确贷款审批权限，确保审批人员按照授权独立审批贷款。

(五) 签订借款合同

贷款发放前，经办行与借款人订立书面借款合同。借款合同由经办行与借款人协商订立。在签订合同之前，借款人应当做出以下承诺：

(1) 使用银行统一的借款合同文本；

(2) 提供合法、有效的担保，并根据需要办理或督促担保人办理登记或公证手续；

(3) 准予银行参与项目设备和工程招标等工作；

(4) 在还清银行的全部借款之前，向第三人提供担保的，应事先征得银行同意；

(5) 借款合同履行期间，发生合并、分立、合资、股份制改造等产权变更或承包、租赁等经营方式改变的，应事先征得银行同意，并在落实贷款债务和提供相应担保后方可实施。

(六) 贷款的支付

(1) 贷款支付方式。银行通过银行受托支付或借款人自主支付的方式对贷款资金的支付进行管理与控制。

① 银行受托支付,是指银行根据借款人的提款申请和支付委托,将贷款资金支付给符合合同约定用途的借款人交易对手。

采用银行受托支付的,银行应在贷款资金发放前审核借款人相关交易资料是否符合合同约定条件。银行审核同意后,将贷款资金通过借款人账户支付给借款人交易对手,并做好有关细节的认定记录。单笔金额超过项目总投资 5%或超过 500 万元人民币的贷款资金支付,应采用银行受托支付方式。

② 借款人自主支付,是指银行根据借款人的提款申请将贷款资金发放至借款人账户后,由借款人自主支付给符合合同约定用途的借款人交易对手。

采用借款人自主支付的,银行应要求借款人定期汇总报告贷款资金支付情况,并通过账户分析、凭证查验、现场调查等方式核查贷款支付是否符合约定用途。

(2) 贷款支付过程注意事项。固定资产贷款发放和支付过程中,银行应确认与拟发放贷款同比例的项目资本金足额到位,并与贷款配套使用。

在贷款发放和支付过程中,借款人出现以下情形的,银行应与借款人协商补充贷款发放和支付条件,或根据合同约定停止贷款资金的发放和支付:

① 信用状况下降;
② 不按合同约定使用贷款资金;
③ 项目进度落后于资金使用进度;
④ 违反合同约定,以化整为零方式规避贷款人受托支付。

(七) 贷后管理

贷后管理的主要内容如下。

(1) 监控贷款风险。银行应定期对借款人和项目发起人的履约情况及信用状况、项目的建设和运营情况、宏观经济变化和市场波动情况、贷款担保的变动情况等内容进行检查与分析,建立贷款质量监控制度和贷款风险预警体系。出现可能影响贷款安全的不利情形时,银行应对贷款风险进行重新评估并采取针对性措施。

(2) 监控担保情况。项目实际投资超过原定投资金额,银行经重新风险评估和审批决定追加贷款的,应要求项目发起人配套追加不低于项目资本金比例的投资和相应担保。对抵(质)押物的价值和担保人的担保能力建立贷后动态监测与重估制度。

(3) 监测借款人的整体现金流。银行应对固定资产投资项目的收入现金流以及借款人的整体现金流进行动态监测,对异常情况及时查明原因并采取相应措施。合同约定专门还款准备金账户的,银行应按约定根据需要对固定资产投资项目或借款人的收入现金流进入该账户的比例和账户内的资金平均存量提出要求。借款人出现违反合同约定情形的,银行应及时采取有效措施，必要时应依法追究借款人的违约责任。

(4) 不良贷款固定资产贷款管理。固定资产贷款形成不良贷款的，银行应对其进行专门管理，并及时制定清收或盘活措施。对借款人确因暂时经营困难不能按期归还贷款本息的，银行可与借款人协商进行贷款重组。对确实无法收回的固定资产不良贷款，银行按照相关规定对贷款进行核销后，应继续向债务人追索或进行市场化处置。

第三节　银团贷款

在经济发展的过程中，银团贷款发挥的作用日益明显，尤其对于跨国集团及参与国际贸易的大型企业来说，更是融资中的重要方式之一。在当前宏观经济环境背景下，银行业金融机构应更加充分地发挥银团贷款的优势和作用，着力服务和支持实体经济发展。

一、银团贷款的定义与特点

(一) 银团贷款的定义

银团贷款是指由两家或两家以上银行基于相同贷款条件，依据同一贷款协议，按约定时间和比例，通过代理行向借款人提供的本外币贷款或授信业务。银团贷款对贷款银行的最大好处在于能够分散风险。当借款人无力偿债时，各个贷款银行只对其贷款额承担风险。同时，各国商业银行向某一借款人提供贷款的数额往往受各国商业银行法的限制，因此，可能使其资金得不到充分利用。而通过国际银团贷款的形式，既能满足借款人对巨额资金的需求，又有利于贷款银行充分利用资金。此外，国际银团贷款使一些受资金供给能力限制的中小银行得以参加较大项目的融资，有利于提高它们的地位和声望。

什么是银团贷款

(二) 银团贷款的特点

与传统的双边贷款相比，银团贷款具有以下特点。

(1) 所有成员行的贷款均基于相同的贷款条件，使用同一贷款协议。

(2) 牵头行根据借款人、担保人提供的资料编写信息备忘录，以供其他成员行决策参考，同时聘请律师负责对借款人、担保人进行尽职调查，并出具法律意见书，在此基础上，银团各成员行进行独立的判断和评审，做出贷款决策。

(3) 贷款法律文件签署后，由代理行统一负责贷款的发放和管理。

(4) 各成员行按照银团协议约定的出资份额提供贷款资金，并按比例回收贷款本息。如果某成员行未按约定发放贷款，其他成员行不承担责任。

二、银团贷款的组织结构

在实践中,银团成员行的称谓有很多种,如牵头行、安排行、包销行、联合安排行、高级经理行、经理行及参与行等。实质上,按照在银团贷款筹集过程中的主动与被动、安排与参加、包销与认购等情况,银团成员行主要有以下几类。

(一) 牵头行

牵头行是指经借款人同意、发起组织银团、负责分销银团贷款份额的银行,是银团贷款的组织者和安排者。牵头行只保证其承诺部分的贷款的分销,可以由一家银行担任,也可以由几家银行联合担任。单家银行担任牵头行时,其承贷份额原则上不少于银团融资总金额的20%,分销给其他银团贷款成员行的份额原则上不低于50%。

牵头行的主要职责是:

(1) 发起和筹组银团贷款,并分销银团贷款份额;

(2) 对借款人进行贷前尽职调查,草拟银团贷款信息备忘录,并向潜在的参加行推荐;

(3) 代表银团与借款人谈判确定银团贷款条件;

(4) 代表银团聘请相关中介机构起草银团贷款法律文本;

(5) 组织银团贷款成员与借款人签订书面银团贷款协议;

(6) 协助代理行进行银团贷款管理;

(7) 银团协议确定的其他事项。

(二) 参加行

参加行是指接受牵头行邀请参加贷款银团,并按照协商确定的份额提供贷款的银行。参加行的主要职责是:

(1) 参加银团会议,按照约定及时、足额划拨资金至代理行指定的账户;

(2) 在贷款续存期间应了解、掌握借款人的日常经营与信用状况的变化情况,对发现的异常情况应及时通报代理行。

(三) 代理行

代理行是指银团贷款协议签订后,按相关贷款条件确定的金额和进度归集资金向借款人提供贷款,并接受银团委托按银团贷款协议规定的职责对银团资金进行管理的银行。代理行通常由牵头行或其分支机构担任,也可以由各成员行通过协商确定。代理行的主要职责是:

(1) 审查、督促借款人落实贷款条件,并提供贷款或办理其他授信业务;

(2) 办理银团贷款的担保抵押手续,并负责抵(质)押物的日常管理工作;

(3) 制定账户管理方案,开立专门账户管理银团贷款资金,对专户资金的变动情况进行逐笔登记;

(4) 根据约定用款日期或借款人的用款申请，按照银团贷款协议约定的承贷份额比例，通知银团贷款成员将款项划到指定账户；

(5) 划收银团贷款本息和代收相关费用，并按承贷比例和银团贷款协议约定及时划转到银团贷款成员指定的账户；

(6) 负责银团贷款贷后管理和贷款使用情况的监督检查，并定期向银团贷款成员通报；

(7) 密切关注借款人财务状况，特别是贷款期间发生企业并购、股权分红、对外投资、资产转让、债务重组等影响借款人还款能力的重大事项时，代理行应在获得借款人通知之日起三个营业日内按银团贷款协议约定以专项报告的形式通知各银团贷款成员；

(8) 借款人出现违约事项时，代理行应及时组织银团贷款成员对违约贷款进行清收、保全、追偿或其他处置；

(9) 组织召开银团会议，协调银团贷款成员之间的关系；

(10) 接受各银团贷款成员不定期的咨询与核查，办理银团会议委托的其他事项等。

三、银团贷款操作流程

(1) 确定牵头行。借款人提出投资意向，包括贷款总额、贷款用途、贷款偿还安排，开出初步的贷款价格和条件等；与若干家银行联系，从各银行提出的贷款方案中选择对其最有利的方案，由该方案的提出者担任牵头行；牵头行要与借款人就贷款协议的主要条款谈判协商，审核借款用途，研究借款人提供的可行性报告，向借款人提出贷款条件的方案，设计贷款的期限、利率、担保、费用等。

(2) 借款人向牵头行出具委托。借款人代牵头行物色贷款银行组成银团，出具委托授权证。一般要说明金额、货币种类、利率、还款期限、约定事项、签订贷款协议的贷款先决条件等各项有关条款。

(3) 组织银团。牵头行收到借款人的委托后，即拟订贷款计划草案，并将其发送至有意参加银团的银行，作为考虑是否参加银团贷款的决策依据。贷款备忘录主要提供贷款的基本结构、借款人法律地位、经营和财务状况、贷款条件等信息资料。银行同意参加银团之后，牵头行要与参加行协商确定其承担贷款的份额。

(4) 准备和商谈贷款协议等贷款文件。牵头行要与借款人反复谈判，商定贷款协议的各项条款。在直接式银团贷款方式下，要将贷款协议的文件提交给参加行征询意见，直至借贷双方同意。

(5) 贷款协议的签订和生效。贷款双方达成贷款协议后，正式签订银团贷款协议。当贷款协议书规定条件具备时，银团贷款便正式生效，有关各方按照各自的权利与义务，履行自己的职责。

银团贷款操作流程如图 4-1 所示。

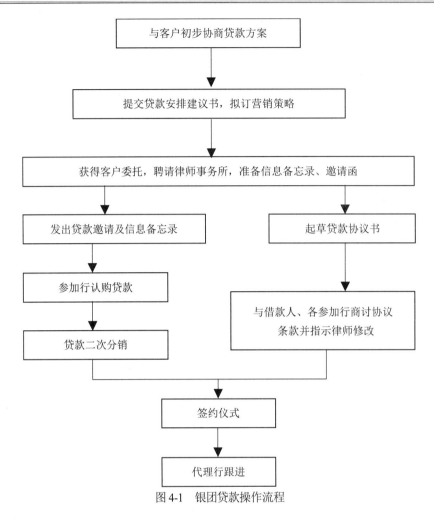

图 4-1　银团贷款操作流程

四、银团贷款的利率与费用

(一) 银团贷款的利率

银团贷款绝大多数采用浮动利率。银团贷款的利率由两部分组成：基本利率和加息率。

(1) 基本利率，多以 3 个月或 6 个月的伦敦银行同业拆放利率为基准，由银团和借款人协商确定。

(2) 加息率，主要根据贷款金额大小、期限长短、市场资金供求，特别是借款人的资信状况确定。

(二) 银团贷款的费用

银团贷款的借款人除按银团贷款的利率支付利息外，还需要支付各项费用。银团贷款的费用主要有：

(1) 管理费，是支付给牵头行和代理行作为组织银团贷款的报酬；

(2) 代理费，是支付给代理行的费用，包括电报费、电传费、办公费用等；

(3) 承诺费,贷款银行按贷款协议筹措资金备付借款人使用,但若借款人没有按期使用贷款而使资金闲置则须付承诺费;

(4) 杂费,是指牵头行从与借款人联系协商到贷款协议签订为止所发生的有关费用,如差旅费、律师费等。

📖 案例

中国银行发挥综合金融服务优势 支持港珠澳大桥建成通车

2018年10月23日,习近平主席宣布港珠澳大桥正式通车。这是我国建设史上里程最长、投资最多、施工难度最大的跨海桥梁,是粤港澳大湾区的重要地标和中央枢纽,具有非常重大的政治意义、历史意义和社会效应。

作为"一国两制"体制下第一个涉及内地及港澳两个特别行政区的大型跨境基础设施合作项目,港珠澳大桥主体工程及三地口岸、连接线共投资约1200亿元。中国银行凭借雄厚的实力、优惠的信贷条件,以及粤港澳三地一体化的服务优势,以最高评分获得大桥主桥项目独家银团贷款牵头行资格,于2011年成功牵头筹组项目银团,为项目提供全生命周期金融服务。

港珠澳大桥除三地口岸及连接线建设由粤、港、澳三方政府投资完成外,主体采用"政府全额出资本金,资本金以外部分由粤港澳三方共同组建的项目管理机构通过贷款解决"的融资方式,待大桥建成后实行收费还贷。其中,主体工程造价约380亿元,由中央政府支持的资金加粤港澳三地政府投入的资本金共157亿元,还有223亿元则以银团贷款解决。牵头组建如此大规模的银团,需要雄厚的金融实力和丰富的服务经验。

2009年3月,中国银行凭借卓越的综合实力,在众多大型金融机构中脱颖而出,成为大桥主桥项目唯一贷款牵头行。2010年,就在银团筹组正式启动时,国内资金面开始由松转紧,多家金融机构对项目的意向参与金额较前期大幅下降。为此,中国银行项目团队面向金融同业开展了近10次银团路演,还专门在粤港澳三地进行了多次市场测试,并会同三地政府举办广东省规模最大的银团推介会。经过反复磋商和协调,中国银行创造性提出采取"分阶段固定利率"模式划分贷款合同期限,兼顾了各方诉求,获得了银团参与行的一致认可,为银团组建扫除了最大障碍,同时也得到政府及项目方的一致认可。

2011年1月,银团与项目方签署《223亿长期固定资产银团贷款合同》及《70亿备用循环贷款合同》,标志着港珠澳大桥主体工程项目银团的成功组建。港珠澳大桥主桥项目规模大、周期长、涉及面广、涉及业务多,中国银行多次在银团内部组织召开协调会议,对涉及贷款等各项事宜组织推动和协商。2011年7月27日,在港珠澳大桥管理局及各银团参与行的大力支持和配合下,银团成功发放第一笔贷款。但在后续投放中,银行贷款规模普遍趋紧,大型交通设施项目贷款发放面临一定困难。中国银行将港珠澳大桥列为优先保障项目,全力确保项目建设融资资金发放,最终累计投放金额113亿元,占银团比例达52%。此外,中国银行还多次与银团参与行讨论研究,增加银团提款通知操作的灵活性,在每次放款前根据各行资金规模情况合理安排贷款金额与比例。在各参与行的不懈努力下，在港珠澳大桥长达8年的工程建设期内，银团有力保障了工程的用款需求，有力支持了港珠澳大桥主桥工程的顺利建设。

(资料来源：http://www.boc.cn/aboutboc/bi1/201810/t20181023_13956902.html)

第四节 房地产开发贷款

房地产开发是一个资金密集性的行业，房地产企业获得金融机构贷款是企业资金筹集的重要手段之一。随着我国房地产业的发展和完善，金融机构特别是银行的房地产类贷款将成为房地产企业投资资金的主要来源。本节将介绍房地产开发贷款的定义、种类、对象、条件、期限、定价及操作流程等相关知识。

一、房地产开发贷款概述

(一) 房地产开发贷款的定义

房地产开发贷款是适用于土地整理储备、房地产开发与经营的各类融资品种，用于开发、建造向市场销售、出租等用途的房地产贷款，其授信对象包括土地储备机构、房地产开发与经营企业。

(二) 房地产开发贷款的种类

房地产开发贷款的种类主要有土地储备贷款、住房开发贷款和商用房开发贷款。

(三) 房地产开发贷款的对象

土地储备贷款的申请对象为受政府主管部门委托负责土地的征用、收购、整理、储备和出让的机构或企业。

住房开发贷款的申请对象为开发、建造向市场租售的经济适用住房或各档次商品住宅的房地产开发企业。

商用房开发贷款的申请对象为开发、建造向市场租售的用于商业和商务活动的写字楼、办公楼、商场、商铺等商用房的房地产开发企业。

(四) 申请房地产开发贷款的条件

(1) 申请土地储备贷款的条件如下。

① 借款申请人已取得企(事)业法人资格，已在相关部门办理营业执照并办理年检手续；

② 借款申请人所在地政府已建立土地储备管理制度，当地政府能够通过统一收购、统一征用和统一交易实现对土地一级市场的垄断和管理，土地收购、储备、出让、房地产评估等行业的市场行为较为规范；

③ 借款人从事土地收购、储备、出让等经营活动符合国家和地方法律、法规和政策，有较

为完善的工作规章制度和财务管理制度;

④ 借款申请人具备一定的资本金,有一定的抗风险能力,能够从土地转让收益中提取一定比例的留存收益或采用其他方式补充资本金;

⑤ 贷款拟收购、征用、储备的土地的利用总体规划和年度利用计划已基本明确;

⑥ 已办理当地人民银行颁发的有效的贷款卡/证;

⑦ 贷款须与具体地块相对应,土地储备贷款应落实抵押担保及其他必要的担保方式,贷款金额不超过所收购土地评估价值的 70%,贷款期限最长不超过 2 年;

⑧ 在银行开立存款账户,并在银行办理一定量的存款和结算业务。

(2) 申请住房或商用房开发贷款的条件如下。

① 经国家房地产业主管部门批准设立,在工商行政管理机关注册登记,取得企业法人营业执照并通过年检,取得行业主管部门核发的房地产开发企业资质等级证书的房地产开发企业;

② 开发项目与其资质等级相符;

③ 已办理当地人民银行颁发的有效的贷款卡/证;

④ 贷款用途符合国家产业政策和有关法规;

⑤ 具有健全的经营管理机构、合格的领导班子及严格的经营管理制度;

⑥ 企业经营、财务和信用状况良好,具有偿还贷款本息的能力;

⑦ 落实银行认可的担保方式;

⑧ 在银行开立存款账户,并在银行办理一定量的存款和结算业务;

⑨ 项目开发手续文件齐全、完整、真实、有效,应取得土地使用权证、建设用地规划许可证、建设工程规划许可证、开(施)工许可证,按规定缴纳土地出让金及动工,土地使用权终止时间不早于贷款期终止时间;

⑩ 项目的实际功能与规划用途相符,能有效满足当地住宅市场的需求,有良好的市场租售前景;

⑪ 项目的工程预算、施工计划符合国家和当地政府的有关规定,工程预算总投资能满足项目完工前由于通货膨胀及不可预见等因素追加预算的需要;

⑫ 项目自有资金(指所有者权益)应达到项目预算总投资的 30%,并须在银行贷款到位之前投入项目建设。

(五) 房地产开发贷款期限

商品房(含经济适用房)开发贷款期限一般为 1~3 年(含);高等院校学生公寓建设贷款最长为 10 年;商业用房开发贷款一般为 1~5 年(含)。

(六) 房地产开发贷款定价

房地产开发贷款的利率及结息方式,应根据中国人民银行和各商业银行的有关定价政策确定,并在借款合同和借据中载明,对高档商品住房和商业用房贷款,贷款利率应适当上浮。

二、房地产开发贷款操作流程

(一) 借款人提出借款申请

借款人持有关资料到银行及各级分支行的公司业务部门提出借款申请,同时提供银行认可的足额担保(包括保证、抵押、质押)。贷款所需材料包括基本材料、贷款项目材料和担保材料。

(1) 基本材料如下。

① 法人营业执照(原件及复印件)和建设管理部门核准的资质证明;

② 法人代码证书(原件及复印件);

③ 税务登记证(原件及复印件);

④ 企业贷款卡;

⑤ 财政部门或会计(审计)事务所核准的前三个年度财务报表和审计报告,成立不足三年的企业提交自成立以来的年度审计报告和近期报表;

⑥ 公司章程(原件及复印件);

⑦ 验资报告(原件及复印件);

⑧ 法定代表人证明、签字样本;

⑨ 企业董事会成员和主要负责人、财务负责人名单和签字样本;

⑩ 若客户为有限责任公司、股份有限公司、合资合作企业或承包经营企业,要求提供董事会或发包人同意的决议或文件(原件);

⑪ 贷款由被委托人办理的需提供企业法定代表人授权委托书(原件);

⑫ 其他所需材料。

(2) 贷款项目材料如下。

① 国有土地出让合同;

② 国有土地使用证;

③ 中标通知书;

④ 付清土地出让金凭证;

⑤ 建设用地规划许可证;

⑥ 建设工程规划许可证;

⑦ 建筑工程施工许可证;

⑧ 建筑总承包合同;

⑨ 项目总投资测算及建筑资金缺口证明;

⑩ 项目可行性报告;

⑪ 其他相关材料。

(3) 担保材料。按保证、抵押或质押的不同要求提供材料。

(二) 受理借款申请进行贷款调查

(1) 各项材料经银行公司业务部门初审合格后,银行受理借款申请;

(2) 银行公司业务部门信贷人员调查了解借款人是否符合贷款条件,对工程项目的可行性和概预算情况进行评估,测定贷款的风险度,提出贷或不贷、贷款额度、期限、利率和担保方式意见。

(三) 房地产开发贷款的审查、审批

银行审查人员对调查人员提供的调查报告、评估报告及所依据的资料、文件进行审查核实,提出审查意见。在调查、审查的基础上,按照审批权限审批贷款。

(1) 土地储备贷款的审查要点如下。

① 是否具备从事土地储备资格,其批准或授权文件是否齐全、合法、有效;

② 拟申请贷款收购及前期开发、整理的土地是否已取得土地收购、征用合法性资料,是否符合经法定程序审定的土地利用总体规划、城市规划和土地利用年度计划,是否取得合法性文件,如建设用地规划、房屋拆迁有效批件、建设规划许可证、施工许可证等;

③ 审查储备土地的性质、权属关系、契约限制、在城市整体综合规划中的用途与预计开发计划是否相符等;

④ 合理确定贷款金额,审查承贷能力,落实还款来源;

⑤ 审查与所经营的土地相匹配的资本金或专用基金筹措情况,实行统收统支的土地储备结构是否已经当地政府同意,能够从土地转让收益中提取一定比例的留存收益或采用其他方式补充资本金或专用基金的可行性;

⑥ 注意不得对资本金或专用基金没有到位或资本金严重不足、经营管理不规范的借款人发放土地储备贷款。

(2) 住房或商用房开发贷款的审查要点如下。

① 借款人所提供的《国有土地使用证》《建设用地规划许可证》《建设工程规划许可证》《建筑工程施工许可证》《商品房屋销(预)售许可证》是否真实、合法、有效、完整;

② 借款人项目用地出让、转让手续是否办妥,土地出让款是否已全部缴清,注意不得向房地产开发企业发放用于缴交土地出让金的贷款。严禁对擅自变更土地规划用途、非法圈占土地、超出合同约定动工开发日期满2年及未动工开发等违规房地产开发项目发放贷款;

③ 借款人开发项目与借款申请书中的用途是否一致;

④ 借款人近三年开发量、竣工量,开发产品质量;

⑤ 借款人目前的规划项目、在建项目的开发规模、开发进度;

⑥ 借款人在同行业中所处的竞争地位及竞争能力。

(四) 签订借款合同

(1) 贷款申请经审查通过后，双方就借款合同、抵押合同、担保合同的条款达成一致意见，签署合同；

(2) 借款人办理合同约定的抵押登记等有关手续。

(五) 借款人提款、用款

(1) 借款人提出提款申请；

(2) 银行资金到账，借款人用款。

第五节 其他信贷品种

除了上述几种业务品种之外，还有一些信贷业务品种也是商业银行日常办理的公司信贷业务，如内保外贷、出口退税账户质押贷款、法人账户透支等，本节将介绍这几种信贷业务的定义、申请条件等相关知识。

一、内保外贷

(一) 内保外贷的定义

内保外贷是指银行为境外投资企业提供的融资性对外担保，银行以保函或者备用信用证形式对外出具担保，为境外投资企业融资提供的本息偿还担保。

内保外贷业务的担保人为经批准的境内银行，被担保人(借款人)为内地企业的境外投资企业，即境内母公司在境外注册的全资附属企业和参股企业。受益人(银行)为提供贷款等境外融资服务的境外机构，反担保人为借款人的境内母公司或其他具备担保资质的境内外企业和机构。

内保外贷分两部分：一是内保，二是外贷。内保就是境内企业向境内分行申请开立担保函，由境内分行出具融资性担保函给离岸中心；外贷即由离岸中心凭收到的保函向境外企业发放贷款。

什么是内保外贷

(二) 内保外贷的对象

内保外贷的对象为境内外两地母子公司或关联公司从事经营活动需取得跨境融资的企业客户，并必须满足以下条件：

(1) 属于《关于调整境内银行为境外投资企业提供融资性对外担保管理方式的通知》中所称的境外投资企业；

(2) 已在境外依法注册(包括境内机构在境外注册的全资附属企业和参股企业)；

(3) 已向外汇局办理境外投资外汇登记手续；

(4) 符合《境内机构对外担保管理办法》的具体规定；

(5) 能够获得境内母公司等反担保人出具的等额反担保；

(6) 有健全的组织机构和财务管理制度；

(7) 符合银行的各项授信条件。

(三) 内保外贷的条件

内保外贷业务所支持的项目应符合下列条件：

(1) 有真实、合法的建设项目、投资项目或贸易背景；

(2) 融资用途应符合借款人及项目所在地的法律、法规有关规定；

(3) 银行和担保人要求的其他条件。

(四) 内保外贷的功能

(1) 有效解决境外公司的融资需求。例如境内企业驻港公司的实力不足或不具备以独立身份直接在香港银行取得融资的，可通过内保外贷的方式，解决驻港公司的资金需求。

(2) 降低资金成本，提高财务收益。由于境内本外币资金规模紧张，企业通过内保外贷的融资性保函业务，在境外借到利率较低的外汇资金，亦可坐享内外息差。

(3) 获得有利的结算时间，规避汇率风险。内保外贷可获得较有利的结算时间，满足出口企业提前收汇或进口企业延迟付汇的目的，当人民币升值时可规避汇率风险。

(五) 内保外贷审查重点

(1) 是否有真实、合法的建设项目、投资项目或贸易背景；

(2) 融资用途是否符合借款人及项目所在地的法律、法规有关规定；

(3) 是否已向外汇局办理境外投资外汇登记手续；

(4) 是否能够获得境内母公司等反担保人出具的等额反担保，符合银行的授信条件。

(六) 内保外贷业务操作流程(以中国银行法兰克福分行内保外贷业务为例)

(1) 申请人与中国银行法兰克福分行公司业务部门联系，提出贷款申请并提供要求的资料；

(2) 中国银行法兰克福分行对借款人的申请材料进行审核；

(3) 中国银行法兰克福分行与相关中国银行的中国境内分行或其他商业银行联系，出具贷款意向书；

(4) 收到中国银行中国境内分行或其他商业银行开具的合格的备用信用证或担保函；

(5) 审核通过后，双方签署贷款协议；

(6) 借款人在中国银行开立贷款账户，提取贷款。

内保外贷业务操作流程如图 4-2 所示。

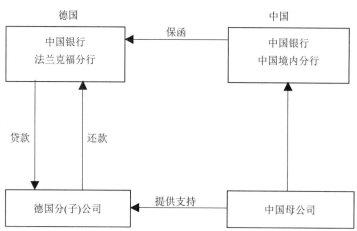

图 4-2 内保外贷业务操作流程

二、出口退税账户质押贷款

(一) 出口退税账户质押贷款的定义

出口退税账户质押贷款是指银行为满足出口企业因出口退税款未能到账而出现的短期资金需要,在对符合条件的出口企业的退税专用账户进行托管的前提下,向其提供以退入该账户的出口退税款作为还款保障的短期流动资金贷款。

(二) 出口退税账户质押贷款的对象与条件

申请人为具有法人资格的进口经营权的贸易企业和有自营进出口权或经批准可享受出口退税政策的生产企业,必须具备如下条件:

(1) 在当地工商部门注册,具有法人资格并拥有进出口业务经营权;

(2) 出口业务稳定并具有一定规模,属当地骨干外贸出口企业;

(3) 符合出口退税条件,在银行开立唯一的出口退税专业账户,并交银行托管;

(4) 资信可靠、信誉良好、财务健全,无不良信用记录,无非法逃套汇和偷骗税行为;

(5) 经营状况良好,管理水平较高。

(三) 出口退税账户质押贷款的期限

贷款期限应根据企业的生产经营情况和出口退税周期合理确定,原则上每笔贷款期限不超过该笔贷款对应的企业应退税款的计划退款期,一般为半年,最长不超过一年。

(四) 出口退税账户质押贷款的担保

(1) 以申请人的出口退税托管账户质押,也可根据申请人实际情况确定是否需要其他担保;

(2) 如申贷企业属当地企业,则每笔贷款比例原则上最高不得超过申贷企业应得退税税款(以税务部门核定的金额为准)的 70%;

(3) 如申贷企业应得退税额为超出税务部门核定的基数部分,并且不属当地退税企业,则贷款比例原则上不得高于申贷企业应得退税款的55%。

(五) 出口退税账户质押贷款业务受理

企业提出贷款申请须提供如下材料：

(1)《出口退税托管账户质押贷款申请书》；

(2) 出口许可证、出口退税登记证或出口货物退(免)税认定表等可证明企业出口退税资格的证明文件；

(3) 税务部门出具的企业应退未退出口税款的书面证明文件；

(4) 出口货物退税申报明细表及汇总表、海关出口货物报关单(出口退税联)、出口收汇核销单(出口退税联)、增值税发票或出口发票以及其他税务部门要求的必要单据，并检验原件，留存复印件。

(六) 出口退税账户质押贷款的调查与审查

银行收到申请人提供的资料后，除按照一般流动资金贷款企业调(审)查申请人资信实力外，还需重点调(审)查以下内容。

(1) 审核确认企业的出口退税资格。查验企业的出口许可证、出口货物退(免)税认定表或出口退税登记证、办税员证，以及经税务部门验证核查的企业出口退税资格。

(2) 调查了解企业资信，调查其出口的规模和稳定性，以及出口退税记录，包括有无欠税、缓税以及骗税、逃税等情况。

(3) 通过当地海关审查企业提交的海关出口货物报关单的真实性和有效性，并通过当地外汇管理部门审查企业出口收汇核销单的真实性和有效性。

(4) 根据企业《出口退税托管账户质押贷款申请书》以及税务部门有关企业应退未退税证明资料，审核企业提交的出口额和对应的应退税金额的真实性。了解企业申报进程和出口退税专户情况。

(5) 核实出口退税的真实性和有效性，并以经税务部门确认的退税金额为依据，按照一定比例核定贷款金额，每笔贷款应与明确的应收出口退税款项一一对应。

(七) 出口退税账户质押贷款的贷后管理

(1) 随时掌握和分析申请人的经营情况、出口情况，监控有无影响企业出口退税及综合还款能力的不利事项发生，监控担保人资信变化或担保物价值变化情况；

(2) 随时了解和掌握当地财政部门的出口退税政策变化，密切跟踪、了解税务部门对申请人出口退税的偿付情况，了解企业出口退税专户是否有其他开户情况，有无账户转移，有无存在退税权益被司法冻结扣收的情况；

(3) 出口退税款项到账，即视同贷款自动提前到期，会计部门应于款项到账当日扣收相应的出口退税托管账户质押贷款本息并通知业务部门；

(4) 退税款不能如期到账或到账金额不足，或根据已知情况判断退税款将不能如期到账或到账金额不足，经办人员应督促申请人按合同规定及时筹措资金，清偿银行贷款本息。

三、法人账户透支

(一) 法人账户透支的定义

法人账户透支是指银行为解决法人客户生产经营过程中的临时性资金需要，根据客户申请，事先核定账户透支额度，允许其在结算账户存款不足以支付时，在核定的透支额度内直接透支，并可随时归还的一种借贷方式。

与一般的流动资金贷款相比，法人账户透支业务的最大特点在于客户可自主地通过透支方式，随时将银行的信贷资金用于临时性资金需要，而不需要在每次透支前向银行提出贷款申请。

(二) 法人账户透支操作流程

(1) 向银行提交申请审批所需的资料。

(2) 银行的有关受理部门对客户资料的真实性、合规性、准确性进行初步调查。

(3) 对符合银行法人账户透支业务初步审查条件的客户，进行内部评估程序；对不符合条件的申请人，及时予以回复并退还有关资料。

(4) 经内部评估通过，由受理部门与客户商谈透支的期限、利率等具体事宜。

(5) 签订法人账户透支协议。

银行的信贷调查、审查部门(岗位)对法人账户透支业务除了按短期流动资金贷款要求进行调查、审查外，还要重点调查和审查以下几点：

① 客户是否符合规定的账户透支条件；

② 客户申请的透支额度是否包含在最高综合授信额度之内；

③ 提供低风险担保的，其担保条件和范围是否符合文件中规定的低风险担保方式，保证人的保证能力是否充足，质物能否随时变现。

(三) 法人账户透支业务的透支额度

法人账户透支业务的透支额度一般不超过审批日前 12 个月内客户在银行日均存款余额的 50%，确需超过时，须报上级部门审查同意。

各一级(直属)分行对客户核定的透支额度总额，一般控制在各分行年初 AA-(含)以上客户流动资金贷款余额的 20%之内，由分行申报，总行核批，随贷款限额一并下达，纳入流动资金贷款限额管理。

(四) 法人账户透支业务的透支期限

客户透支额度一般一年一定，有效期最长不超过 1 年，从透支协议生效之日起计算。透支额度在有效期内可循环使用。对符合透支条件需要连续办理账户透支业务的客户，在上一期透支额度有效期届满前须办妥下一期透支额度审批手续。

对不再续做账户透支业务的客户,透支额度有效期满后不得再发生新的透支。尚未偿还的透支款可给予1个月的宽限期。宽限期满后尚未收回的透支款作逾期处理,按不良贷款进行管理。

透支期限是客户实际透支的具体期限,最长不得超过3个月。超过3个月的透支款,作逾期处理,按不良贷款进行管理。

(五) 法人账户透支业务的透支利息

透支利息按照中国人民银行规定的1年期贷款基准利率上浮10%~30%执行。透支期限在1个月(含)以内的,透支利率上浮10%;透支期限在2个月(含)以内的,透支利率上浮20%;透支期限在3个月(含)以内的,透支利率上浮30%;透支期限超过3个月的,按照逾期贷款利率执行。账户透支按日计算计息积数,根据实际透支时间确定执行利率,利随本清。

(六) 法人账户透支业务的透支费用

透支承诺费的计算公式如下:

$$透支承诺费=核定的透支额度\times 透支承诺费年费率$$

透支承诺费年费率最高不超过0.3%,与客户签订账户透支协议后一次性收取。

(七) 法人账户透支业务的风险及其防范措施

客户有关账户发生透支,开户行会计部门应于次日上午将透支情况书面通知信贷部门,并按月将客户透支清单送交信贷部门。开户行信贷部门要根据会计部门的通知和提供的透支清单及有关资料做好贷后管理,随时掌握客户结算账户资金变化情况,发现异常情况应及时采取相应的措施控制风险发生。

针对法人账户透支业务的风险,银行应采取以下控制与防范措施。

(1) 深入调查,严格审查,切实选择好的透支对象。在选择业务对象时,银行一定要严格按照《贷款通则》的相关规定认真选择。核实透支人及保证人的条件符合基本要求后,必须对透支人及保证人的信用等级进行评估,选择资信好的客户办理业务。为了防范风险,透支对象的选择及资信评估均不能由一人操作,而应互相监督。

(2) 完善各项法律手续,防范法律风险。所有有关的法律文书,都必须由专业人士审核把关。

(3) 建立健全银行内部的法人透支账户操作流程,防止操作性风险。针对法人透支账户的办理情况,商业银行可制定一套操作流程,对业务对象的选择、资信调查、资信评级、透支额度审批、法律手续审核等制定相应规范,以建立权责分明、管理科学的管理体制。

本章小结

公司信贷业务的主要内容

	框架		主要内容
公司信贷业务	第一节 流动资金贷款	流动资金贷款的定义与种类	流动资金贷款的定义、种类
		流动资金贷款的条件	借款人申请流动资金贷款的具体条件，申请中期流动资金贷款的企业应具备的条件
		流动资金贷款操作流程	流动资金贷款操作流程
	第二节 固定资产贷款	固定资产贷款的定义与种类	固定资产贷款的定义、种类
		固定资产贷款的条件	借款人申请固定资产贷款应具备的条件
		固定资产贷款操作流程	固定资产贷款操作流程
	第三节 银团贷款	银团贷款的定义与特点	银团贷款的定义与特点
		银团贷款的组织结构	牵头行、参加行、代理行
		银团贷款操作流程	银团贷款操作流程
		银团贷款的利率与费用	银团贷款的利率与费用
	第四节 房地产开发贷款	房地产开发贷款概述	房地产开发贷款的定义、种类、对象、条件、贷款期限及贷款定价
		房地产开发贷款操作流程	房地产开发贷款操作流程
	第五节 其他信贷品种	内保外贷	内保外贷的定义、对象、条件、功能、审查重点及业务操作流程
		出口退税账户质押贷款	出口退税账户质押贷款的定义、对象与条件、贷款期限、贷款担保、业务受理、调查与审查、贷后管理
		法人账户透支	法人账户透支的定义、操作流程、业务的透支额度、期限、利率、计息和费用、法人账户透支业务的风险控制与防范

思考练习

一、名词解释

1. 流动资金贷款　　2. 固定资产贷款　　3. 房地产开发贷款

4. 银团贷款　　5. 出口退税账户质押贷款　　6. 内保外贷

7. 法人账户透支

二、单项选择题

1. 临时流动资金贷款期限是在( )以内，主要用于企业一次性进货的临时性资金需要和弥补其他支付性资金不足。
   A. 3个月   B. 5个月
   C. 4个月   D. 1个月

2. 银团贷款中，单家银行担任牵头行时，其承贷份额原则上不少于银团融资总金额( )。
   A. 15%   B. 20%
   C. 25%   D. 10%

3. 固定资产贷款是银行为解决企业( )的资金需求而发放的贷款。
   A. 固定资产投资活动   B. 流动资金需要
   C. 生产急需   D. 经营周转

4. 申请住房或商用房开发贷款，项目自有资金(指所有者权益)应达到项目预算总投资的( )。
   A. 30%   B. 20%
   C. 35%   D. 40%

5. 出口退税账户质押贷款的比例原则上不得高于申贷企业应得退税款的( )。
   A. 35%   B. 25%
   C. 55%   D. 40%

三、多项选择题

1. 流动资金贷款操作流程包括( )。
   A. 贷款申请   B. 贷款调查
   C. 贷款审查   D. 贷款评估

2. 银团贷款的组织结构中，银团成员行主要有( )。
   A. 牵头行   B. 参加行
   C. 发起行   D. 代理行

3. 银团贷款的借款人，除按贷款利率支付利息外，还需要支付各项费用，费用主要有( )。
   A. 管理费   B. 代理费
   C. 承诺费   D. 差旅费

4. 固定资产贷款按照贷款的不同用途，可分为( )。
   A. 基本建设贷款   B. 技术改造贷款
   C. 科技开发贷款   D. 商业网点贷款

5. 贷款发放和支付后还需进行贷后管理，其主要内容包括( )。
   A. 监控贷款风险   B. 检查申贷资料

C. 监测借款人的整体现金流　　　　D. 不良贷款固定资产贷款管理

四、判断题

1. 借款人申请流动资金贷款，应是经工商行政管理机关(或主管机关)核准登记注册、具有独立法人资格的企业、其他经济组织和个体工商户。（　）
2. 法人账户透支额度一般一年一定，有效期最长不超过 2 年。（　）
3. 借款人申请流动资金贷款须在银行开立基本账户或一般存款账户。（　）
4. 申请固定资产贷款的项目必须符合国家的产业、土地、环保等相关政策。（　）
5. 银团贷款的利率绝大多数采用浮动利率。（　）

五、简答题

1. 什么是流动资金贷款？申请流动资金贷款的企业应具备什么条件？
2. 什么是固定资产贷款？按照固定资产贷款的不同用途可分为哪几类？
3. 什么是出口退税账户质押贷款？
4. 在办理出口退税账户质押贷款时，银行应重点调(审)查申请人提供的哪些资料？
5. 什么是银团贷款？办理银团贷款的条件是什么？
6. 什么是房地产开发贷款？房地产开发贷款的种类有哪些？房地产开发企业应具备什么条件才能申请贷款？
7. 什么是法人账户透支业务？针对法人账户透支业务的风险，应采取什么措施予以控制与防范？

六、计算题

A 企业向银行申请流动资金贷款，银行须测算该企业的流动资金贷款合理需求量。企业的部分财务数据如表 4-2 所示。

表 4-2　企业的部分财务数据

单位：万元

科目	期初余额	期末余额
货币资金	6 000	7 000
应收账款	16 000	18 500
预付款项	4 000	5 000
存货	10 900	21 500
流动资产合计	36 900	52 000
短期借款	1 200	1 000

(续表)

科目	期初余额	期末余额
应付账款	16 500	15 000
预收账款	5 500	6 000
应交税款	1 400	1 300
一年内到期的非流动负债	4 300	3 000
流动负债合计	28 900	26 300

其他资料如下：

(1) 贷款申请年度企业的销售收入总额为 10 亿元，销售成本为 7 亿元，销售利润率约为 30%；

(2) 企业当年净利润为 7 000 万元，计划分红 2 100 万元；

(3) 企业预计第二年的销售收入年增长率为 10%；

(4) 企业未分配利润中用于营运资金周转的部分为 2 000 万元；

(5) 企业股东投资中用于营运资金周转的部分为 2 000 万元；

(6) 企业当年固定资产折旧为 800 万元；

(7) 企业近期内有一笔 500 万元的短期贷款需要归还；

(8) 企业目前主要是通过银行贷款来筹措营运资金。

要求：

(1) 估算营运资金周转次数，完成营运资金周转次数测算表(见表 4-3)。

表 4-3 营运资金周转次数测算表

科目	期初余额/万元	期末余额/万元	平均余额/万元	周转次数	周转天数
应收账款	16 000	18 500	17 250		
预付账款	4 000	5 000	4 500		
存货	10 900	21 500	16 200		
应付账款	16 500	15 000	15 750		
预收账款	5 500	6 000	5 750		

(2) 估算借款人营运资金量。

(3) 估算借款人可用自有资金。

(4) 估算新增流动资金贷款额度。

第五章

外汇贷款业务

随着"一带一路"建设的不断推进,以及在国家政策的鼓励和支持下,越来越多的企业"走出去"与世界各经济体交流融合,给商业银行发展外汇贷款业务带来了新的机遇与挑战。企业要正确选择符合企业自身发展需要的融资方案,而商业银行应积极响应和支持国家倡导的金融支持实体经济的发展战略,助力参与"一带一路"建设的行业和企业,"脱虚向实",加大对实体经济的支持力度。本章将介绍商业银行常见的外汇贷款业务。

【学习目标】
- 了解进出口信贷的定义及主要形式;
- 掌握买方信贷、卖方信贷业务的特点及操作流程;
- 了解福费廷业务的定义和福费廷业务的申请条件;
- 掌握福费廷业务的操作流程;
- 掌握保理业务的功能;
- 了解打包贷款的定义;
- 掌握打包贷款的受理原则和申请条件;
- 了解汇款融资、提货担保的定义和业务特点。

【重点与难点】
- 区分卖方信贷与买方信贷;
- 福费廷业务的特点;
- 区分国内保理业务和国际保理业务;
- 打包放款审批要点。

案例导入

中国银行出口买方信贷

某公司是国内著名的电信设备制造商,海外市场是其重要战略市场。2009年4月,中国银行为该客户的境外买方——某电信运营商提供出口买方信贷,得到客户好评。在全球金融市场流动性趋紧的情况下,出口买方信贷扩大了进口商的融资渠道,同时由于出口买方信贷有中国信保的保险,风险对价低,使得融资成本远低于海外市场商业贷款的成本,中国银行向该电信运营商提供出口买方信贷融资成为该国内电信设备制造商成功获得海外订单的重要原因。2009年以来,中国银行把支持中国企业"走出去"作为落实科学发展观的重要工作内容,并将出口买方信贷业务作为支持中国企业"走出去"的重要金融产品。

(资料来源: http://www.boc.cn/cbservice/cb2/cb22/200806/ t20080630_793.html)

第一节 进出口信贷

进出口信贷是银行信贷体系中的一个重要组成部分,是现代商业银行和政策银行经营的主要业务。科学地认识进出口信贷的基本概念和理论,对于充分发挥信贷的经济杠杆作用,合理组织和分配信贷资金,加强银行的业务经营管理,提高信贷资金的使用效益,促进社会经济和进出口贸易的发展,都具有十分重要的意义。

一、进出口信贷的定义

进出口信贷是一种国际信贷方式,是一国为了支持和扩大本国大型机械、成套设备、大型工程项目等的出口,加强国际竞争能力,以对本国企业的出口给予利息补贴并提供信贷担保的办法,鼓励本国的银行解决本国出口商资金周转的困难,或满足国外进口商对本国出口商支付货款需要的一种融资方式。进出口信贷是促进资本货物出口的一种手段。

二、进出口信贷的主要形式

进出口信贷

(一) 出口卖方信贷

出口卖方信贷是出口方银行向本国出口商提供的商业贷款。出口商(卖方)以此贷款为垫付资金,允许进口商(买方)赊购自己的产品和设备。出口商一般将利息等资金成本费用计入出口货价中,将贷款成本转移给进口商。

(1) 出口卖方信贷业务操作流程如下:

① 出口商以延期付款的方式与进口商签订贸易合同,出口大型机械设备;

② 出口商向所在地的银行借款,签订贷款合同,以融通资金;

③ 进口商随同利息分期偿还出口商的货款后,出口商再偿还银行贷款。

(2) 出口卖方信贷业务的特点如下。

① 相对于打包放款、出口押汇、票据贴现等贸易融资方式,出口卖方信贷主要用于解决本国出口商延期付款销售大型设备或承包国外工程项目所面临的资金周转困难,是一种中长期贷款,通常贷款金额大,贷款期限长。例如中国进出口银行发放的出口卖方信贷,根据项目不同,

贷款期限可长达 10 年。

② 出口卖方信贷的利率一般比较优惠。一国利用政府资金进行利息补贴，可以改善本国出口信贷条件，扩大本国产品的出口，增强本国出口商的国际市场竞争力，进而带动本国经济增长。所以，出口卖方信贷的利率水平一般低于相同条件下资金贷放市场利率，利差由出口国政府补贴。

③ 出口卖方信贷的发放与出口信贷保险相结合。由于出口卖方信贷贷款期限长、金额大，发放银行面临着较大的风险，所以一国政府为了鼓励本国银行或其他金融机构发放出口卖方信贷贷款，一般都设有国家信贷保险机构，对银行发放的出口信贷给予担保，或对出口商履行合同所面临的商业风险和国家风险予以承保。在我国，主要由中国出口信用保险公司承保此类风险。

(二) 出口买方信贷

出口买方信贷是出口国政府支持出口方银行直接向进口商或进口商银行提供信贷支持，以供进口商购买技术和设备，并支付有关费用。出口买方信贷一般由出口国出口信用保险机构提供出口买方信贷保险。出口买方信贷主要有两种形式：一是出口商银行将贷款发放给进口商银行，再由进口商银行转贷给进口商；二是由出口商银行直接贷款给进口商，由进口商银行出具担保。

(1) 出口买方信贷业务操作流程如下：

① 进口商(买方)与出口商(卖方)洽谈贸易，签订贸易合同后，买方先缴 15%的现汇定金；

② 签订合同至预付定金前，买方银行与卖方所在地的银行签订贷款协议，该协议虽然以前述贸易合同为基础，但在法律上具有相对独立性；

③ 买方银行以其借得的款项，转贷给买方，使买方以现汇向卖方支付货款；

④ 买方银行根据贷款协议分期向卖方所在地银行偿还贷款；

⑤ 买方与卖方银行间的债务按双方商定的办法在国内清偿结算。

(2) 出口买方信贷办理原则如下：

① 接受出口买方信贷的进口商所得贷款仅限于向提供买方信贷国家的出口商或在该国注册的外国出口公司进行支付，不得用于第三国；

② 进口商利用出口买方信贷，仅限于进口资本货物，一般不能以贷款进口原料和消费品；

③ 提供买方信贷国家出口的资本货物限于本国制造的，若该项货物系由多国部件组装，则本国部件应占 50%以上；

④ 贷款只提供贸易合同金额的 85%，船舶为 80%，其余部分需支付现汇，贸易合同签订后，买方可先付 5%的定金，一般须付足 15%或 20%现汇后才能使用出口买方信贷；

⑤ 贷款均为分期偿还，一般规定半年还本付息一次，还款期限根据贷款协议的具体规定执行。

(3) 出口买方信贷的申请条件如下：

① 商务合同项下进口方应支付15%的预付款；

② 贷款金额最高不超过商务合同价的80%～85%；

③ 借款人需向保险公司投保出口信用险；

④ 由借款国的中央银行或财政部出具贷款担保。

第二节 福费廷业务

福费廷业务是国际贸易结算中一种常见的中长期融资方式，主要用于大宗货物，特别是具有资本性的货物贸易，它可以改善企业流动资金状况，转移企业债务风险及消除利率风险。本节将介绍福费廷业务的定义、特点、费用等相关知识。

一起了解"福费廷"

一、福费廷业务概述

(一) 福费廷业务的定义

福费廷业务是一项与出口贸易密切相关的新型贸易融资业务产品，是指银行或其他金融机构无追索权地从出口商那里买断由于出口商品或劳务而产生的应收账款。在福费廷业务中，将国际贸易中的票据作为买卖的对象，票据原债权人出口商作为卖方通过背书转让的形式，将票据权利转让给包买银行，包买银行购买票据，支付票据款给出口商，成为票据的正当持有人。

(二) 福费廷业务的特点

福费廷业务的特点主要表现在以下方面。

(1) 福费廷业务中的远期票据产生于销售货物或提供技术服务的正当贸易，包括一般贸易和技术贸易。

(2) 福费廷业务中的出口商必须放弃对所出售债权凭证的一切权益，做包买票据业务后，将收取债款的权利、风险和责任转嫁给包买商，而银行作为包买商也必须放弃对出口商的追索权。

(3) 出口商在背书转让债权凭证的票据时均加注"无追索权"(without recourse)字样，从而将收取债款的权利、风险和责任转嫁给包买商。包买商对出口商、背书人无追索权。

(4) 传统的福费廷业务，其票据的期限一般在1～5年，属中期贸易融资。但随着福费廷业务的发展，其融资期限扩充到1个月至10年不等，时间跨度很大。

(5) 福费廷融资采取固定利率。贴现率根据进口国的综合风险系数、融资期限、融资货币的筹资成本等因素确定，通常以LIBOR加一个利差表示，LIBOR反映银行的筹资成本，利差反映银行所承担的风险和收益。

(6) 福费廷业务拥有活跃的二级市场。近年来，福费廷业务的持续增长，使得福费廷二级市场逐渐形成，进而使福费廷的交易方式日益灵活，交易金额日益增加，票据种类也不断扩大。二级市场的存在使得包买银行在出现资金短缺时，可以通过转让购入的票据来回笼资金，增加了包买银行的灵活性，这一特点也使得越来越多的银行和其他金融机构都加入提供福费廷业务的行列。

(三) 国际福费廷协会

国际福费廷协会(IFA)是福费廷业务领域最大的国际组织，其宗旨是促进福费廷业务在全球的发展，负责制定福费廷业务的惯例规则，便利成员间的业务合作。目前，该协会拥有140多家成员，主要为遍布全球的国际性银行和专业福费廷公司。

二、福费廷业务的费用

福费廷业务的报价应根据出口货物、合同金额、付款期限、市场行情和各银行资金成本等因素确定，主要包括以下几项。

(一) 贴现净额

(1) 直接贴现法。一般情况下，福费廷业务的贴现净额采用直接贴现法计算，计算公式如下：

$$贴现净额 = 面值 - 面值 \times 贴现率(年率) \times 贴现天数/360$$

式中，贴现天数为从贴现付款日(含该日)起至票据到期日(含该日)止；贴现率可参考同档次出口押汇融资利率确定。

(2) 复利贴现法。若贴现票据/单据是为了在二级市场上卖出，贴现净额也可采用复利贴现法计算。半年复利贴现法的贴现净额计算公式如下：

$$贴现净额 = 面值 / \left[\left(1 + R\% \times \frac{180}{360}\right)^n \times \left(1 + R\% \times \frac{剩余天数}{360}\right) \right]$$

式中，$R\%$为以年利率表示的半年复利贴现率；n表示以180天为一期的期数。

(二) 承诺费

福费廷业务的承诺费每月按0.5%收取，最低为人民币150元。不足一个月，按一个月计收。计费天数从签署之日起(含该日)，至银行贴现付款之日或出口商取消福费廷交易之日止(含该日)。

(三) 罚款

如果出口商不能长期向包买人交出规定的票据，出口商还要按约定缴纳一定数目的罚金。

三、福费廷业务的申请条件

福费廷业务的申请条件如下：

(1) 企业须具有法人资格和进出口经营权；

(2) 在包买商处开立本币或外币账户，与包买商保持稳定的进出口结算业务往来，信誉良好，收付汇记录正常(商业银行或银行附属机构)；

(3) 融资申请具有真实的贸易背景，贸易合同必须符合贸易双方国家的有关法律规定，取得进口国外汇管理部门的同意；

(4) 利用这一融资方式的出口商应同意进口商以分期付款的方式支付货款，以便汇票、本票或其他债权凭证按固定时间间隔依次出具，以满足福费廷业务的需要；

(5) 除非包买商同意，否则债权凭证必须由包买商接受的银行或其他机构无条件地、不可撤销地进行保付或提供独立的担保；

(6) 银行要求的其他条件。

四、办理福费廷业务的申请资料

出口商向包买商申请办理福费廷业务时，需提供下列资料：

(1) 出口商经工商局年检的企业法人营业执照复印件；

(2) 进口商情况介绍；

(3) 交货情况及进口许可证(若需要)；

(4) 信用证及其项下全部修改、贸易合同副本、全套出口单据及签字、文件真实性的证明等文件；

(5) 保函或银行本票副本及《转让书》；

(6) 银行要求的其他资料。

五、福费廷业务的操作流程

福费廷业务的操作流程如下：

(1) 签订进出口合同与福费廷合同，同时进口商申请银行担保；

(2) 出口商发货，并将单据和汇票寄给进口商；

(3) 进口商将自己承兑的汇票或开立的本票交给银行要求担保，银行同意担保后，担保函和承兑后的汇票或本票由担保行寄给出口商；

(4) 出口商将全套出口单据(物权凭证)交给包买商，并提供进出口合同、营业执照、近期财务报表等材料；

(5) 收到开证行有效承兑后，包买商扣除利息及相关费用后贴现票据，无追索权地将款项支付给出口商；

(6) 包买商将包买票据经过担保行同意后向进口商提示付款；

(7) 进口商付款给担保行，担保行扣除费用后把剩余贷款交给包买商。

📖 案例

福费廷业务的风险

案情：瑞士某汽轮机制造公司向拉脱维亚某能源公司出售汽轮机，价值 3 000 000 美元。因当时汽轮机市场很不景气，而拉脱维亚公司坚持延期付款，因而瑞士汽轮机公司找到其往来银行 ABC 银行寻求福费廷融资。该银行表示只要拉脱维亚能源公司能提供拉脱维亚 XYZ 银行出具的票据担保即可。在获悉拉脱维亚 XYZ 银行同意出保之后，ABC 银行与瑞士汽轮机公司签署包买票据合约，贴现条件是：6 张 500 000 美元的汇票，每隔 6 个月一个到期日，第一张汇票在装货后的 6 个月到期，贴现率为 9.75% p.a.，宽限期为 25 天。瑞士汽轮机公司于某年 12 月 30 日装货，签发全套 6 张汇票寄往拉脱维亚能源公司。汇票于次年 1 月 8 日经拉脱维亚能源公司承兑并交拉脱维亚 XYZ 银行出具保函担保后，连同保函一同寄给 ABC 银行。该银行于 1 月 15 日贴现全套汇票。由于汽轮机的质量有问题，拉脱维亚能源公司拒绝支付到期的第一张汇票，拉脱维亚 XYZ 银行因保函签发人越权签发保函并且出保前未得到中央银行用汇许可，而声明保函无效，并根据拉脱维亚法律，保函未注明"不可撤销"，即为可撤销保函。而此时，瑞士汽轮机公司因另一场官司败诉，资不抵债而倒闭。

分析：此案例中的包买商 ABC 银行受损基本成为定局。按照福费廷业务程序，ABC 银行在票据到期前首先向担保行拉脱维亚 XYZ 银行提示要求付款。但由于该银行签发的保函不符合本国保函出具的政策规定及银行保函签发人的权限规定而无效，并根据该国法律的规定，即便有效，因未注明"不可撤销"，该行如不愿付款，也可随时撤销保函下的付款责任。因此，ABC 银行通过第一收款途径已不可能收回款项。如果转向进口商要求付款，进口商作为汇票的承兑人，应该履行其对正当持票人——包买商的付款责任，该责任不应受到基础合同履行情况的影响。但由于拉脱维亚属于外汇管制国家，没有用汇许可，进口商也无法对外付款，因而，虽然包买商在法理上占据优势地位，但事实上从进口商处收款同样受阻。福费廷属于无追索贴现融资，即便为了防范风险，ABC 银行已与出口商瑞士汽轮机公司事先就贸易纠纷的免责问题达成协议，但由于瑞士汽轮机公司已经倒闭，从而，即使 ABC 银行重新获得追索权，也难以通过追索弥补损失。

启示：福费廷公司在签订福费廷协议、办理福费廷业务之前，一定要重视对出口商、进口商以及担保人本身资信情况和进口商所在国情况的调查。这些情况对于福费廷公司判断一笔业务的风险、确定报价，甚至决定是否接受这笔业务都具有非常重要的意义。担保人的资信尤为关键，因而在实务中，担保人通常由包买商来指定。此案中，ABC 银行也是自己指定了一家担保行，但实际上对这家担保行的资信并非特别重视。至本案发生时间，该行成立也才两年多，办理业务的时间非常短，业务经验包括业务办理程序等都不是很成熟，对于福费廷这样的复杂业务，接触更少。也正是因为此种原因，办理过程中出现了许多违反政策及业务规定的问题。

另外，本案中的包买商对进口国的相关政策、法律也不十分清楚，对基础交易情况、货物情况不是足够的了解，对客户资信也未做必要的审查和把握。还有一点很重要的是，在包买时，包买商对一些重要的单据文件，如用以了解交易背景的合同副本、用以防范进口国政策管制风险的进口及用汇许可证等，也未做出提交的规定和要求。此案中包买商的教训告诉我们，风险的发生就源自对风险的疏于防范。

（资料来源：http://www.doc88.com/p-505837323958.html）

第三节　保理业务

商业保理是一整套基于保理商和供应商之间所签订的保理合同的金融方案，包括融资、信用风险管理、应收账款管理和催收服务。保理业务分为国内保理业务和国际保理业务，其中的国内保理业务是根据国际保理业务发展而来。本节将分别介绍国内保理业务和国际保理业务的相关知识。

一、国内保理业务

保理业务知多少

（一）银行保理业务概述

保理业务19世纪起源于欧洲，是银行为贸易双方在赊销方式下产生的应收账款设计的一种连续的综合性金融服务。银行保理业务的服务内容包括应收账款融资、应收账款账户管理、应收账款催收和信用担保等。

（二）国内保理业务分类

国内保理业务可分为以下几类。

(1) 买断式保理，是指银行受让供应商应收账款债权后，即放弃对供应商追索的权利，银行独力承担买方拒绝付款或无力付款的风险。

(2) 非买断式保理，是指银行受让供应商应收账款债权后，如果买方拒绝付款或无力支付，银行有权要求供应商回购应收账款。

(3) 融资保理，是指银行承购供应商的应收账款，给予资金融通，并通过一定方式向买方催还欠款。

(4) 到期保理，是指银行在保理业务中不向供应商提供融资，只提供资信调查、应收账款催收以及销售分户账管理等非融资性服务。

(5) 承购所有应收账款的保理。

(6) 承购特定应收账款的保理。

(三) 国内保理业务的功能

国内保理业务的功能如下:

(1) 贸易融资,即企业向银行转让应收账款,提前实现销售资金回笼,获得融资便利。

(2) 销售账户管理,即银行提供应收账款账户的回收、逾期以及信用额度变化情况登记服务,协助企业进行销售账户的分户账管理。

(3) 应收账款的催收,即银行拥有专业人员和专职律师为企业提供应收账款的催收服务。

(4) 信用风险控制与坏账担保,即银行对企业在信用额度内发货所产生的应收账款提供100%的坏账担保。

(四) 国内保理业务操作流程

国内保理业务操作流程如下:

(1) 企业向银行提出保理业务申请,按规定提供申请材料,银行在尽职调查的基础上决定是否叙做保理业务,如获批准,则按照规定程序审批保理业务授信额度;

(2) 企业根据商务合同完成商品或服务交易,供应商向买方开出发票,并附带《应收账款转让通知书》,说明将发票所代表的债权转让给银行,要求买方必须直接向银行付款;

(3) 供应商在开出发票的同时将发票副本送交银行;

(4) 银行根据发票金额按事先商定的比例,向供应商提供应收账款融资服务(若企业无融资需求则无此步骤),并从中扣除所应收取的保理费用;

(5) 银行负责向买方催收账款,并向供应商提供合同规定的销售分户账管理;

(6) 待买方付款后,银行向企业支付余下的款项。

(五) 申请国内保理业务的条件

申请国内保理业务的条件如下:

(1) 必须是工商登记注册的企业单位;

(2) 在银行开立一般结算账户;

(3) 经营状况良好,近三年的销售额稳定增长,连续三年盈利;

(4) 经营的商品有相当大的市场需求,产品质量有保证;

(5) 无不良银行信用记录和商业信用记录;

(6) 符合银行规定的其他条件。

(六) 国内保理业务的优势

(1) 对于卖方来说,国内保理业务的优势如下:

① 运用保理业务,卖方能够获得无须担保、手续简便的融资;

② 采用赊销方式,提高了产品竞争力,有利于卖方对新市场和新客户的培养;

③ 采用保理业务,可借助银行了解客户的资信及销售状况,并且由于银行的介入,贷款收回的可能性大大增加;

④ 在无追索权的保理业务中，卖方不仅可以将应收账款的风险转嫁给银行，还可优化财务报表；

⑤ 对于银行提供账务管理和账款催收服务的保理业务，可减轻企业的业务负担，帮助企业节约财务费用。

(2) 对于买方来说，国内保理业务的优势如下：

① 由于是信用销售，避免了开立银行承兑汇票、申请贷款的费用及相关担保问题，并省却了烦琐的手续；

② 由于卖方给予买方一定的赊销期限，买方可以在转售货物后再付款，扩大其现有支付能力下的购买力；

③ 无须支付货款即可得到货物，减少了资金占用，降低了购货成本和财务成本；

④ 开展保理业务，有利于稳定买卖双方赊销关系，保证了买方稳定的供货来源。

📖 案例

民生银行的国内保理业务

B 公司为汽车零配件生产厂商，主要为我国几大汽车生产厂家供货，由于行业特性以及买家的强势地位，买家向 B 公司提出的付款周期为 3~6 个月，付款周期较长，公司必须补充流动资金。随着 B 公司销售收入的增加，营运资金在生产各环节中占比随之增加，造成 B 公司流动资金紧张，为保证 B 公司的正常生产经营周转，满足市场需求，该公司希望可以通过融资来满足买家的采购需求。但由于 B 公司成立时间较短，受自身的积累和融资担保影响，融资较为困难。

基于客户的情况和需求，民生银行向客户提出了国内保理解决方案。具体操作为，B 公司发货后，向民生银行提交产生的所有应收账款文件，并转让给民生银行，民生银行确认账款并向 B 公司提供融资之后，民生银行负责应收账款的管理和催收。同时，由于买家资质良好，民生银行还对这部分买家的应收账款提供信用风险担保服务，如果到期买方无力付款，民生银行将做担保付款。

民生银行的国内保理业务给 B 公司带来如下好处：

(1) 有效缓解了 B 公司的营运资金压力，加快资金周转，缩短资金回收期，增强竞争力；

(2) 买方的信用风险转由银行承担，收款有保障；

(3) B 公司将未到期的应收账款立即转换为销售收入，优化了财务报表结构；

(4) 资信调查、账务管理和账款追收等由民生银行负责，节约 B 公司的管理成本。

(5) 成本较低，手续简便，B 公司可随时根据买方需要和运输情况发货，及时把握商机。

(资料来源：https://www.jinchutou.com/p-2035979.html)

二、国际保理业务

(一) 国际保理业务概述

近 20 年来，在国际贸易结算方式上，信用证方式的贸易结算逐渐减少，而赊销(O/A) 和跟单托收承兑交单(D/A)方式项下的贸易结算不断上升。国际保理业务(international factoring)正是基于这种变化趋势发展起来的新兴结算方式，它能够提供买方信用担保、贸易融资、账务管理和收取应收账款服务，与传统贸易结算方式相比，独具优势。因此，在美国、欧盟等发达国家或地区，国际保理业务的结算量已超过信用证业务的结算量，成为主要的国际贸易结算方式。

目前，我国已跻身于世界前十大贸易国之列，出口规模逐年扩大，出口产品遍及全球，因此，国际保理业务在我国具有广阔的发展前景。国际保理业务是指在国际贸易中出口方以赊销(O/A)、承兑交单(D/A)等信用方式向进口方销售货物时，由出口保理商和进口保理商共同提供的一项集资信调查、应收账款催收与管理、信用风险承担和贸易融资等于一体的综合性金融服务。

(二) 国际保理业务的功能

在赊销(O/A)、承兑交单(D/A)等贸易方式下，出口商销售商品或提供劳务后将产生应收账款，出口商可将应收账款的债权转让给银行，由银行及相关的金融机构来承担进口商的信用风险，并提供催收货款、账务管理及资金融通服务。国际保理业务的功能如下。

(1) 风险转移。当进口商破产、倒闭或无力支付货款时，银行会在约定期限内代偿货款，帮助出口商承担信用交易风险。

(2) 催收贷款服务。出口商的账款到期时，银行会通过国外的合作金融机构提醒进口商支付货款，可节省出口商因催款所需花费的人力、时间与金钱，同时可避免出口商与进口商之间因催收货款而发生不愉快，影响后续的交易。

(3) 账务管理。通过银行的专业人员和账务管理系统，可帮助出口商完成烦琐、复杂的收款和对账工作，节省出口商的人事成本开销。

(4) 资金融通。有别于出口商在银行取得的融资额度(可能需要担保、抵押)，国际保理业务为出口商开辟了另一条取得流动资金的渠道，在不影响出口商的银行融资额度的前提下，出口商又多了一条融资渠道，让出口商的生意更加顺畅。

(三) 国际保理业务的优点

(1) 国际保理业务可以给出口商和进口商带来以下好处。

① 增加营业额。对于新的或现有的客户提供更有竞争力的 O/A、D/A 或 D/P 付款条件，以拓展海外市场，增加营业额，利用 O/A、D/A 或 D/P 优惠付款条件，以有限的资本，购进更多货物，加快资金流动，扩大营业额。

② 风险保障。进口商的财务风险转由保理商承担，出口商可以得到100%的收汇保障，单纯凭借公司的信誉和良好的财务表现而获得买方的信贷，无须抵押。

③ 节约成本。资信调查、账务管理和追收账款都由保理商处理，减轻业务负担，节约管理成本，省却了开信用证和处理繁杂文件的费用。

④ 简化手续。免除了一般单项交易的烦琐手续，在批准信用额度后，购买手续简化，进货快捷。

(2) 与其他付款方式相比，国际保理业务的好处是使出口商在避免信用风险的同时，能够提供更灵活的付款方式，增加出口商的竞争能力，如表 5-1 所示。

表 5-1 国际保理业务与其他付款方式的对比

项目	出口保理	信用证	D/P	D/A
债权信用风险保障	有	有	无	无
进口商费用	无	有	有	有
出口商费用	有	有	有	有
增加营业额	较高	较低	一般	较高

(3) 与出口信用保险相比，国际保理业务也具有一定的优势。出口保险公司一般要求出口商要将全部金额投保(即无论哪种付款方式都要投保)，在国际上，最高保险费可达全部出口金额的40%，一般来说，保险服务要比保理服务费用高得多。

另外，进口商信用风险一般由保险公司和出口商共同分担，在出现坏账时，保险公司一般只赔偿70%～90%，而且索赔手续烦琐、耗时。保理公司则承担全部信用风险。

表 5-2 国际保理业务与出口信用保险的对比

项目	出口保理	出口信用保险
最高信用保障(在批准信用额度内)	100%	70%～90%
赔偿期限(从贷款到期日起)	90 天	120～150 天
进口商资信调查和评估	有	有
财务信用风险保障	有	有
财务管理与追收	有	无
账目记录管理	有	无
提供贸易融资	有	无

(四) 出口商适合办理国际保理业务的情况

(1) 因部分海外进口商不能或不愿开出信用证，致使出口交易不能达成，限制了出口量的提高；

(2) 部分现有进口商因出口商不愿提供信用付款方式而转往其他供应商；

(3) 准备采用信用付款方式，但对海外进口商的财务信用存有疑虑；

(4) 为了更有效地拓展市场，决定在有关的海外市场聘任销售代理，因此而必须提供信用付款方式；

(5) 希望解除账务管理和应收账款追收的烦恼，避免坏账损失。

(五) 出口商向银行申请办理国际保理业务须具备的条件

(1) 具有进出口经营权；

(2) 在银行开立有人民币或外币账户；

(3) 在银行预留公章、财务印章、合同专用章和相关有权签字人印鉴;

(4) 信用品质优良,无欺诈、不按时按规定履行合同等不良记录;

(5) 出口商办理国际保理的业务应有真实贸易背景,签署合法、真实、有效的贸易合同。

(六) 出口商办理国际保理业务的操作流程

出口商办理国际保理业务的操作流程如图 5-1 所示。

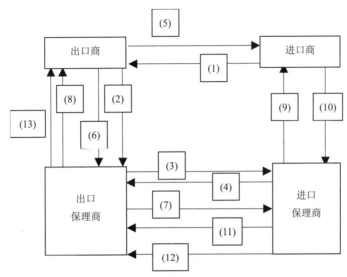

图 5-1 国际保理业务操作流程

(1) 出口商寻找有合作前途的进口商;

(2) 出口商向出口保理商提出叙做保理的需求并要求为进口商核准信用额度;

(3) 出口保理商要求进口保理商对进口商进行信用评估;

(4) 如进口商信用良好,进口保理商将为其核准信用额度;

(5) 如果进口商同意购买出口商的商品或服务,出口商开始供货,并将附有转让条款的发票寄送进口商;

(6) 出口商将发票副本交出口保理商;

(7) 出口保理商通知进口保理商有关发票详情;

(8) 如出口商有融资需求,出口保理商付给出口商不超过发票金额的 80%的融资款;

(9) 进口保理商于发票到期日前若干天开始向进口商催收;

(10) 进口商于发票到期日向进口保理商付款;

(11) 进口保理商将款项付出口保理商;

(12) 如果进口商在发票到期日 90 天后仍未付款,进口保理商做担保付款;

(13) 出口保理商扣除融资本息(如有)及费用,将余额付出口商。

(七) 出口商在办理国际保理业务时应注意的事项

(1) 国际保理业务不同于信用证以单据为依据付款,而是在商品与合同相符的前提下保理商才承担付款责任,如果由于货物品质、数量、交货期等方面的纠纷而导致进口商不付款,保理商不承担付款的风险,故出口商应严格遵守合同。

(2) 保理商承担的是信用额度内的风险担保,超额度发票的金额不予担保,因此出口商要协调好出口计划。

第四节 打包放款

打包放款是国际结算融资业务之一。当出口商完成出口合同的签订后,在货物出运前,因采购、加工、包装及运输等原因需要备货资金,可用国外来证作为贸易背景证明,向商业银行申请短期资金融通。本节将介绍打包放款的定义、受理原则、申请条件等相关知识。

一、打包放款概述

什么是打包放款

(一) 打包放款的定义

打包放款也称打包贷款,是银行在授信额度内,根据信用证受益人的申请,以信用证为控制手段,以信用证项下的出口收汇作为主要的还款来源,为其提供资金融通,用于组织出口货源的业务。打包贷款期间,受益人应将正本信用证存放银行,货物出口后,出口交单也应通过银行办理。

(二) 打包放款的受理原则

(1) 打包放款的申请人应为该信用证的受益人;

(2) 融资需求既可以打包放款解决,又可以通过一般流动资金贷款满足时,应优先发放打包放款;

(3) 打包放款只能用于该信用证项下出口商品的采购、生产或流转的资金需要;

(4) 如信用证规定允许分批装运,除非申请人需一次性采购,分批使用,分批生产,分批出运,否则,应根据申请人分批出运的计划,分批放款,以便监控贷款的使用及还款。

(三) 打包放款的申请条件

(1) 在本地区登记注册、具有独立法人资格、实行独立核算、有进出口经营权、在银行开有人民币账户或外汇账户的企业;

(2) 出口商应独立核算、自负盈亏、财务状况良好,已领取贷款证,且信用等级评定 A 级以上;

(3) 申请打包放款的出口商,应是信用证的受益人,并已从有关部门取得信用证项下货物出口所必需的全部批准文件;

(4) 信用证应是不可撤销的跟单信用证,并且信用证的结算不能改为电汇或托收等其他的结算方式,开证行应该是具有实力的大银行;

(5) 信用证条款应该与所签订的合同基本相符;

(6) 最好能找到另外的企业提供担保,或提供抵押物;

(7) 出口的货物应该属于出口商所经营的范围;

(8) 信用证开出的国家应政局稳定;

(9) 如果信用证指定了议付行,该笔打包放款应该在议付行办理;

(10) 信用证的类型不能为可撤销信用证、可转让信用证、备用信用证、付款信用证等;

(11) 远期信用证不能超过 90 天。

二、打包放款业务操作

(一) 打包放款业务受理

客户申请办理打包放款业务时应提交:

(1) 银行规定格式的打包放款申请书;

(2) 正本信用证及所有修改;

(3) 出口商务合同、国内购货合同(或生产计划)、发货安排;

(4) 如属限制出口的商品,还应提交出口许可证的复印件并查看原件。

(二) 打包放款业务的金额、期限及展期

打包放款业务的最高金额为信用证金额的 80%,期限不超过信用证有效期后的 15 天,一般为 3 个月,最长不超过半年。当信用证出现修改最后装船期、信用证有效期时,出口商不能按照原有的时间将单据交到银行那里,出口商应在贷款到期前 10 个工作日向银行申请展期,展期所需要提供的资料包括贷款展期申请书、信用证修改的正本等。

(三) 打包放款业务操作流程

打包放款业务操作流程如图 5-2 所示。

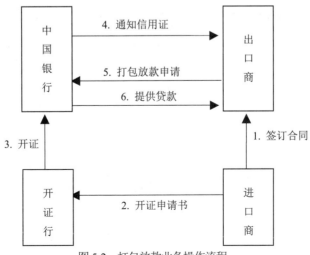

图 5-2 打包放款业务操作流程

三、打包放款审批要点

(一) 申请人基本情况

(1) 申请人近两年出口业务基本情况，包括生产经营、组织或生产出口商品的能力，资金周转情况，出口业务量，出口收汇与结汇情况；

(2) 申请人是否在外汇管理部门公布的出口收汇风险企业名单中；

(3) 申请人的签章必须与其留存在银行的预留印鉴相符；

(4) 申请人近年来在银行和他行办理的打包放款业务量和与银行的结算往来情况。

(二) 信用证项下的贸易背景

(1) 出口贸易背景的真实性，外销、内购合同的交货、付款条件是否与信用证一致；

(2) 出口商品的市场价格变动情况，市场销售有无明显的淡、旺季，交货期是否为商品销售的旺季；

(3) 出口商品生产、交货时间与信用证装船期是否能匹配，信用证是否能按时执行，贷款的期限是否为出口货物备货出口的合理期限；

(4) 出口商品是否在批准的出口经营范围之内，是否需要出口配额或是否属于限制出口商品等。

(三) 信用证及其条款

(1) 申请人提交的信用证是否真实。

(2) 信用证必须是不可撤销的跟单信用证，物权单据能否有效控制。

(3) 信用证不能有限制他行议付及不利于银行收汇的软条款。

(4) 信用证受益人的名称及地址与授信申请人是否相符；信用证的装船期、交单期、有效期是否已过期或是否与申请打包放款的发放日临近。

有下列情况之一的，除非申请人实力雄厚，具备足够的还款能力，且资信良好，否则不予办理打包放款：

① 开证行资信差，有挑剔或无故拖延付款的先例，且无银行认可的第三家银行加具保兑；

② 开证行或付款行所在地、货运目的地位于局势动荡、战乱频繁的国家或地区，或者当地发生经济危机、外汇短缺、外管较严等情况，收汇无保障的，且无银行认可的第三家银行加具保兑；

③ 信用证限制由其他银行议付、付款、承兑、延期付款，或存在含糊不清、无法履约的条款，或信用证中隐含着影响收汇安全的软条款，且信用证无法进行相应修改；

④ 经转让的信用证，转让行不承担独立付款责任的。

第五节　其他信贷品种

除了上述几种业务品种之外，还有一些信贷业务品种也是商业银行日常办理的外汇贷款业务,如提货担保、汇款融资等,本节将介绍这两种外汇贷款业务的定义、特点、申请条件、操作流程等相关知识。

一、提货担保

(一) 提货担保的定义

提货担保是指在货物先于信用证项下提单或其他物权凭证到达的情况下,为便于进口商办理提货,尽快实现销售和避免货物滞港造成的费用和损失,银行根据开证申请人的申请向船公司出具书面担保。银行在担保书中承诺日后补交正本提单,换回有关担保书。

(二) 提货担保的特点

(1) 提货担保由信用证开证银行签发或者由银行加签。对于非由银行自己开出的信用证,银行拒绝叙做信用证项下的提货担保业务。银行自己开出进口信用证后,由于正本提单的流转在自己控制下,而且银行对进口商的信用在开立信用证时已经做过全面审查,对这种信用证交易的真实贸易背景以及贷款支付环节比较有把握,从而减少了提货担保业务的风险。在担保函的形式方面,由银行加保的情形最常见。

(2) 进口商凭提单副本等文件向银行提出申请。进口商须向银行提供提货担保申请书及提货担保保函(样本)以及相关资料,如发票复印件或传真件、提单副本或正本、提单复印件或传真件或运输公司的到货通知书、箱单复印件或传真件、进口付汇核销单等。经审核查实通过后,银行将提货担保函交客户提货。

(3) 大部分银行要求进口商必须提供全额保证金,也有银行对不同信用证项下的提货担保的反担保措施加以区别对待。对即期信用证项下的提货担保,要求收取全额保证金。对远期信用证项下的提货担保,可减收保证金,视情况收取一定比例的保证金,不足部分须由申请人、担保人提供抵押(质押)或由第三人提供保证。

(三) 提货担保的申请条件

(1) 企业应具备进出口业务经营权,且资信较好;
(2) 在办理提货担保前,开证申请人须以书面形式承诺,无论单据是否存在不符点,均同意对外付款或承兑;
(3) 办理提货担保项下的信用证须由办理银行开出。

(四) 提货担保操作流程

(1) 开证申请人(进口商)向银行(开证行)提出办理提货担保业务的申请,并填写《提货担保申请书》;
(2) 开证申请人向银行提供近期财务报表、提单复印件等材料,必要时提供保证金等担保措施;
(3) 银行向签发提单的承运人或其代理人出具提货担保书;

(4) 担保提货后，一旦收到所需单据，立即凭正本提单到提货所在地将银行担保书换回并退还银行。

二、汇款融资

(一) 汇款融资的定义

汇款融资(T/T 融资)是指在汇出款项下，银行凭进口商提供的全套 T/T 汇出款手续，在进口商对外付款时向其提供的短期资金融通，并由申请人按约定还本付息的业务。

(二) 汇款融资的特点

(1) 进口商无须以自有资金支付进口汇出款项下的款项，可从银行取得短期资金融通；
(2) 银行提供最高达全部付款金额的即期融资；
(3) 融资金额一般不超过该进口合同项下货物进口报关单金额，如果进口合同中有预付条款，融资金额则为扣减预付款后的金额。

(三) 汇款融资的申请条件

(1) 进口商品必须是申请人主营范围内的商品，市场销售前景良好；
(2) 必须具有真实的贸易背景，符合国家外汇管理的有关规定；
(3) 申请人必须获得银行授予的进口汇出款融资授信额度，并在额度内提出融资申请；
(4) 申请人必须以书面形式向银行提出申请，并签订进口汇出款融资合同；
(5) 申请人必须提供融资需要的相关单证。

(四) 汇款融资操作流程

(1) 向银行提交汇出汇款项下的有效凭证、商业单据及银行要求的其他资料，并填写《汇出汇款融资业务申请书》；
(2) 银行对客户提交的资料进行审核，确定是否符合办理条件；
(3) 客户与银行办理签订贷款合同、填写借据等相关手续；
(4) 银行代客户对外支付该笔贷款。

【实训任务 5-1】

实训内容：资料搜集及金融营销。

实训角色：银行对公信贷经理。

实训过程：

(1) 学生分组登录各个银行官网。

(2) 资料搜集：每个小组登录一家银行网站，查询这家银行都有哪些外汇贷款业务，主推的外汇贷款业务是什么，办理条件、办理流程是什么，以及与其他银行相比，该银行的业务特色是什么。

(3) 每个小组选择至少两款该银行的外汇贷款品种，自行设计相应的对公客户，以银行对公信贷经理的身份向其推销本银行具有优势的外汇贷款业务。

(4) 小组PPT展示。

实训考核：

(1) 展示者的状态，对业务的熟悉程度。

(2) 小组成员的资料搜集能力。

(3) 对于业务的推销能力。

本章小结

外汇贷款业务的主要内容

	框架		主要内容
外汇贷款业务	第一节 进出口信贷	进出口信贷的定义	进出口信贷定义
		进出口信贷的主要形式	卖方信贷、买方信贷
	第二节 福费廷业务	福费廷业务概述	福费廷业务的定义、特点，国际福费廷协会
		福费廷业务的费用	贴现净额、承诺费、罚款
		福费廷业务的申请条件	福费廷业务的申请条件
		办理福费廷业务的申请资料	办理福费廷业务的申请资料
		福费廷业务的操作流程	福费廷业务的操作流程
	第三节 保理业务	国内保理业务	银行保理业务概述、国内保理业务分类、国内保理业务的功能、国内保理业务操作流程、国内保理业务的申请条件、国内保理业务的优势
		国际保理业务	国际保理业务概述、国际保理业务的功能、国际保理业务优点、出口商办理国际保理情况、出口商向银行申请办理国际保理业务须具备的条件、出口商办理国际保理业务的操作流程、出口商在办理国际保理业务时应注意的事项
	第四节 打包放款	打包放款概述	打包放款的定义、打包放款的受理原则、打包放款的申请条件
		打包放款业务操作	打包放款业务受理、打包放款业务的金额、期限及展期、打包放款业务操作流程
		打包放款审批要点	申请人基本情况、信用证项下的贸易背景、信用证及其条款
	第五节 其他信贷品种	提货担保	提货担保定义、提货担保的特点、提货担保的申请条件、提货担保操作流程
		汇款融资	汇款融资的定义、汇款融资的特点、汇款融资的申请条件、汇款融资操作流程

思考练习

一、名词解释

1. 卖方信贷
2. 打包放款
3. 买方信贷
4. 福费廷
5. 汇款融资
6. 保理
7. 提货担保

二、单项选择题

1. 买方信贷申请，商务合同项下进口方应支付(　　)的预付款。
   A. 10% B. 15%
   C. 25% D. 20%

2. 进口商在发票到期日(　　)天后仍未付款，进口保理商做担保付款。
   A. 60 B. 90
   C. 70 D. 80

3. 打包放款业务的最高金额为信用证金额的(　　)。
   A. 70% B. 50%
   C. 80% D. 60%

4. 远期信用证不能超过(　　)天。
   A. 90 B. 40
   C. 60 D. 55

5. 在国际保理业务中，(　　)于发票到期日前向进口保理商付款。
   A. 进口商 B. 进口保理商
   C. 出口商 D. 出口保理商

三、多项选择题

1. 福费廷业务的报价应根据(　　)等因素确定。
   A. 进口货物 B. 合同金额
   C. 付款期限 D. 市场行情

2. 国际保理业务的优点包括(　　)。
   A. 增加营业额 B. 安全性高
   C. 手续简化 D. 节约成本

3. 客户申请办理打包放款业务时，应提交( )。
   A. 打包放款申请书　　　　　　　B. 正本信用证
   C. 出口商务合同　　　　　　　　D. 资金安排
4. 打包放款业务的期限一般为( )。
   A. 不超过信用证有效期后的 15 天　　B. 一般为三个月
   C. 最长不超过半年　　　　　　　D. 配置资金阶段
5. 打包放款业务操作中，参与方包括( )。
   A. 进口商　　　　　　　　　　　B. 开证行
   C. 出口商　　　　　　　　　　　D. 出口保理商

四、判断题

1. 进出口信贷是促进资本货物出口的一种融资手段。（ ）
2. 买方信贷贷款金额最高不超过商务合同价的 80%～85%。（ ）
3. 出口商在背书转让债权凭证的票据时均加注"无追索权"字样，从而将收取债款的权利、风险和责任转嫁给包买商。（ ）
4. 传统的福费廷业务，其票据的期限一般在 1～5 年。（ ）
5. 出口卖方信贷的利率一般比较优惠。（ ）

五、简答题

1. 什么是进出口信贷？进出口信贷的主要形式是什么？
2. 什么是福费廷？福费廷业务有哪些特点？
3. 什么是银行保理业务？保理业务有哪些功能？
4. 什么是打包放款？打包放款的受理原则有哪些？
5. 什么是提货担保？
6. 什么是汇款融资？

第六章
客户信用分析

现代市场经济是建立在法制基础上的信用经济,高度发达的信用体系在防范金融风险、维持良好的经济秩序以及提高市场资源配置效率等方面发挥着积极作用。一般来讲,发达的市场经济国家都建立了比较完善的社会信用管理制度,而发展中国家也开始着手建立本国的社会信用体系。随着我国市场经济的成熟与发展,信用分析和管理越来越受到人们重视。本章从商业银行的角度,对不同类型客户的信用信息展开分析。

【学习目标】
- 掌握法人客户非财务因素分析的内容、程序;
- 熟练掌握资产负债表、损益表、现金流量表分析的内容;
- 熟练掌握各种财务比率的含义与判别标准;
- 了解现金流量分析的主要内容;
- 了解个人客户信用分析的主要理念。

【重点与难点】
- 财务比率指标的判别标准;
- 财务报表分析的主要理念。

案例导入

一篇文章看懂征信行业发展趋势

1999年,根据时任国务院总理朱镕基"同意个人信誉公司在上海试点"的批示,经中国人民银行银办函〔1999〕322号文批准,全国首家从事个人征信业务的机构——上海资信有限公司成立。2000年和2002年,上海资信有限公司分别出具了新中国成立以来大陆地区首份个人信用报告和首个个人信用评分。

2013年,《征信业管理条例》正式实施,我国征信业步入有法可依的时代。同年,《征信机构管理办法》颁布。

2014年,国家发布《征信机构信息安全规范》《金融信用信息基础数据库用户管理规范》等征信标准。

2018年1月,中国互金协会携8家批筹个人征信机构欲成立"信联(百行征信)",央行公示受理了百行征信有限公司(筹)的个人征信业务申请。

时至今日,我国个人征信发展20余年。随着普惠金融的迅速发展,尤其是网贷、消费金融等行业的发展,使个人征信行业蕴藏了无限的需求和潜力,也成为各行各业关注的焦点。

(资料来源: http://dy.163.com/v2/article/detail/EEHCVLAJ0517SJ9H.html)

第一节 法人客户的非财务因素分析

所谓贷款信用分析,就是商业银行对借款人偿还债务的能力与意愿进行调查分析,借以了解借款人履约还款的可靠性,从而制定正确的贷款政策,提高贷款决策的科学性,有针对性地加强贷款管理,防范信用风险。信用分析是商业银行贷款业务基本且主要的工作内容,信用分析的质量决定贷款的质量。对借款人的信用分析主要包括5个方面的内容,一般称为5C,即品德(character)、能力(capacity)、资本(capital)、担保(collateral)及经营环境(condition)。信用分析离不开对借款人的信用调查研究,因此,信用分析也称为信用调查或信用调查分析。

非财务因素分析是与财务因素分析相对应的一个概念。从国外贷款风险分类的实践来看,突出非财务因素分析是其重要内容。在我国信用体系尚不健全、财务报表粉饰过多的情况下,在贷款风险分类工作中引入非财务因素,从定性角度对法人客户进行分析,具有特殊意义。

一、行业因素分析

每个企业都处在某一特定行业中,每一个行业都有其固有的风险,在同一行业中的借款人要面对基本一致的风险。掌握了某一行业的特征、表象和风险程度,知道借款人的表现在同一行业中处于什么样的水平,就可以从行业的基本状况和发展趋势来判断借款人的基本风险。行业风险分析中考察的因素主要包括如下几个方面。

(一)成本结构

企业的固定成本在总成本中所占比重越高(即经营杠杆越高),企业产销量相同幅度的增长所导致的企业利润的增长幅度也就越大;反之,企业产销量相同幅度的下降所导致的企业利润的下降幅度也就越大。因此,一般来说,企业所在行业的经营杠杆越高,企业的风险也就越大。通过对成本结构的分析,可对借款人所在行业的风险有一个基本的判断,如表6-1所示。

表6-1 成本结构与借款人的贷款风险

行业特征	低风险	中风险	中高风险	高风险
成本结构	低经营杠杆、低固定成本、高变动成本	固定成本与变动成本平衡	固定成本略高于变动成本	高经营杠杆、高固定成本、低变动成本

(二) 行业成熟期

新兴行业的增长率高,但一般没有明确、稳定的还款来源,贷款风险相对较高;成熟行业的增长率较低,但很稳定,贷款风险一般要小于新兴行业贷款;衰退行业的销售增长额呈下降趋势,这类行业中的企业把生存放在第一位,从而贷款风险一般比较大。判断借款人行业所处的成长期,主要依据行业的销售增长率以及进入或退出该行业的企业比率。这些信息主要来源于新闻界或借款人提供的资料。在银行的信贷政策中,往往对某些行业有所侧重或限制,银行同样会对行业的发展和风险有所研究。

可根据不同的行业成熟期,来判断借款人的风险程度,如表6-2所示。

表6-2 行业成熟期与借款人的贷款风险

行业特征	低风险	中风险	中高风险	高风险
行业成熟期	成熟行业——销售和利润仍在以合理比率增长	正在成熟行业——摆脱了成长的主要问题和弱的竞争者;高度成熟行业——处于衰退的边缘	新兴行业——仍迅速成长,弱的竞争者开始退出;衰退行业——销售和利润下降	新兴行业——增长率呈爆炸性增长

(三) 行业周期

如果一个行业是周期性的,则该行业的经营能在一定程度上反映经济的趋势,随着经济的繁荣而繁荣,随着经济的萧条而萧条;如果一个行业是反周期性的,该行业的经营在萧条时期反而会比繁荣时期更好。受经济周期影响而波动幅度较大的行业,贷款的风险程度一般会较高。了解了借款人的行业周期性,就可以评价其历史上在行业繁荣和萧条中的表现,结合目前的行业周期,分析判断借款人的贷款风险,如表6-3所示。

表6-3 行业周期与借款人的贷款风险

行业特征	低风险	中风险	中高风险	高风险
行业周期性	不受经济周期的影响	销售的增长或下降较为温和,能反映经济的繁荣和萧条	销售受繁荣和萧条的轻度影响	高度周期性或反周期性

(四) 行业营利性

利润是企业长期生存的基础,如果一个行业中的大部分企业亏损,则这个行业继续存在下去的可能性就值得怀疑。当然行业的营利性是与其行业周期性密切相关的。一个从扩张到衰退期间均持续高盈利的行业,其贷款风险应该是最低的,如表6-4所示。

表6-4 行业营利性与借款人的贷款风险

行业特征	低风险	中风险	中高风险	高风险
行业营利性	从扩张到衰退期间持续盈利	在衰退期持续盈利,但低于平均水平	在扩张期略有利润,在衰退期略有亏损	在扩张期和衰退期都不盈利

(五) 对其他行业的依赖性

如果借款人所在的行业受其他行业的影响较大,说明借款人所在行业对其他行业的依赖性较大,这样,就必须分析其所依赖的行业的发展情况。以汽车制造业为例来说,如果这一行业呈现萧条的迹象,那么钢铁、玻璃和轮胎等行业的生产和销售就有下降的可能。

借款人所在行业对其他一个或两个行业的依赖性越大,贷款的潜在风险就越大;行业的供应链或顾客群越多元化,则贷款的潜在风险就越小,如表6-5所示。

表6-5 对其他行业的依赖性与借款人的贷款风险

行业特征	低风险	中风险	中高风险	高风险
对其他行业的依赖性	顾客和供应商高度多元化	顾客或供应商局限于几个行业,但没有一个占销售额的10%以上	顾客或供应商局限于少数行业,有的占销售额的20%~30%	高度依赖其他一两个行业或顾客群

(六) 产品的替代性

替代产品是指那些与某一行业的产品有相同功能或能满足相同需求的产品。如果一个行业的产品与替代产品在价格上差距较大,消费者可能会转向替代产品,对此行业贷款的潜在风险相应较大。例如当羊肉的价格明显低于牛肉价格时,人们会去买更多的羊肉。可根据产品的替代性判断借款人的贷款风险,如表6-6所示。

表6-6 产品的替代性与借款人的贷款风险

行业特征	低风险	中风险	中高风险	高风险
产品的替代性	没有替代产品或类似产品	有少数替代产品,或者转换成本高	有数种替代产品,或转换成本轻微	有许多替代产品,没有转换成本

(七) 法律政策

法律政策的变化可以对一个行业有潜在的好处，也可以使一个行业的盈利能力或生存受到威胁。同样，宏观政策如金融货币政策、税收政策、产业指导政策等，也会对借款人所在行业产生不同的影响，不利的影响将使贷款的风险更大。

(八) 经济、技术环境

通货膨胀、地区经济形势、国际金融形势、重大技术突破和进步等经济技术环境因素都会对借款人所处的行业产生影响。例如，东南亚金融危机直接影响我国的进出口企业；世界石油价格的下降可能会使化工行业重新焕发活力。技术的变革对借款人行业的产品或生产成本等的影响更是明显。例如，DVD 技术的发展使 VCD 这一过渡产品被迅速淘汰，许多企业会因此而不得不转产。

二、贷款目的与用途分析

银行在发放任何一笔贷款之前，都要先分析企业的借款理由，符合银行要求的企业借款理由主要有以下几个。

(一) 销售增长导致的借款

企业销售的增长可以帮助企业获得更多的利润，但同时它也需要更多的资金支持。由于销售增长，企业的应收账款和存货通常也会成比例地增长。如果销售增长适中，企业需要的额外现金可以由企业内部创造的利润满足，而不需要向外部筹集资金；如果销售增长非常快，额外的现金就需要从外部筹集，银行贷款就是其主要来源。

企业销售增长有两种类型：短期或季节性销售增长(1 年以内)和长期性销售增长(1 年以上)，这两种类型的销售增长都会导致借款需求。对于短期或季节性销售增长引起的借款需求，银行发放的贷款一般是为应收账款和存货增加提供临时性资金，贷款也应该是短期的，并且随着销售的下降而得到偿还。银行在发放该类贷款时，要检查至少一年的企业月销售额的情况，确定是否存在季节性增长，发放的贷款要保证银行有利润。同时，企业在产生短期或季节性借款需求时，还会由于营业投资的增加而提出借款申请。贷款是为弥补应收账款和存货的增加而提供的融资，企业的营业投资额等于净应收账款加存货减去应付账款减去应计费用，如果销售增长是长期性的，那么企业的借款需求也会持续增长。相对于未分配利润，企业的营业投资会以一个更快的速度持续增长。如果利润率没有大的变化，并且没有外界的资本输入，企业必然产生对长期贷款的需求。银行要检查最近几年企业的销售增长情况，一般情况下，销售增长率超过 10%意味着企业可能需要资金。银行发放此类贷款的期限要根据销售增长的时间、盈利水平和外界资本的可获得性而定。

(二) 营业周期减慢引起的借款

企业营业周期减慢包括存货周转减慢和应收账款回收减慢。存货周转减慢可以用存货周转次数(主营业务成本/平均存货)或存货周转期(平均存货/主营业务成本)来衡量。银行发放此类贷款的目的是为企业业务的临时性扩大或结构性转换提供资金，贷款的期限要根据存货周转减慢的原因和企业产生现金的能力而定。

应收账款回收减慢可以用应收账款周转率(销售收入净额/应收账款净额)或应收账款回收期(应收账款净额/销售收入净额)来测量，同时要检查最近的应收账款账龄分析表。银行贷款是为因回收减慢导致的应收账款增加提供资金，贷款的期限要视企业所面临的是长期问题还是短期问题而定。

(三) 固定资产购买引起的借款

固定资产购买引起的借款有两种形式：一是更新固定资产的需要而产生的借款需求；二是固定资产扩大引起的借款需求。任何一个企业都有扩大固定资产的需要，因此银行要先证明是否存在合理的固定资产扩张需求。对于前者的借款需求，银行可以用固定资产利用率(已提折旧累计额/折旧固定资产总额)和固定资产存续期(固定资产净额/折旧费)来测算。银行提供的借款通常是长期的，具体要根据借款的生利能力和资产的使用期限确定。对于固定资产扩张需求的鉴定，销售—固定资产比是一个有效的工具，它能计算每一元的固定资产带来的销售收入有多少。银行对固定资产扩张需求的贷款一般是长期的，具体期限要视借款人产生现金的时间和资产的使用期限而定。

(四) 其他原因引起的借款

由其他原因引起的借款需求常见的主要有资产增长增加的支出、债务重组增加的支出、低效经营增加的支出、股息支出或所有者提款引起的支出，以及不正常的或意外的费用支出等。

投资账户、递延费用、预付费用、无形资产以及商誉都是资产账户，它们的超常增加能够产生借款的需要。仔细审查账户，就会发现它们是否迅速增加，是否占到总资产的10%以上，是否反映了不同于企业主营业务的一个重要部分。银行要根据资产账户增加的原因确定是否贷款和贷款的期限。

对于债务重组所需贷款，银行要检查企业的资金搭配是否不当及其原因，企业申请贷款的目的是替换现存的债务还是支付费用。借款期限要视被替换债务的性质而定，并确定借款理由。对于低效经营贷款，银行要观察企业利润占销售收入比例的下降情况，确定贷款是支付费用、为生产提供资金，还是替换负债，贷款期限根据低利润的持续期长短而定。如果企业为股息支出或所有者提款而产生借款需求，银行要检查企业的股息发放率(现金股息/税后净利润)以确定是否贷款。有时，企业也会发生一次性的或意外的费用支出，如保险费、设备安装费等，银行要确认是什么原因导致企业无法支付这些费用，以确定是否应该发放贷款和贷款的期限。

银行掌握了企业的借款理由，就可以进行详细的偿还来源分析和风险分析。

三、担保分析

贷款担保是银行防范风险的重要手段。在任何时候,银行所持有的担保权益都应当大于被担保的贷款本息和执行担保所可能发生的费用,这是进行担保分析的一个基本原则。具体到贷款抵押的分析和评估,可归纳为两个方面:一个是法律的方面,即贷款抵押的合法性和有效性,包括抵押物是否真实、合法,抵押物的权属等;另一个是经济的方面,即贷款抵押的充分性和可靠性,包括抵押物的评估、抵押物的流动性、抵押物的变现价值、银行对抵押物的管理等。

(一) 抵押物占有和控制的分析

贷款抵押物必须是借款人有权处分的,法律允许转让,同时又便于监控的物品。在对贷款抵押进行分析时,首先要明确抵押物是否是借款人合法拥有和控制的,抵押物种类是否符合法律的规定,用法律、法规禁止流通的财产或者不可转让的财产设置抵押权的,要视同抵押无效。

(二) 抵押物权属的分析

银行对贷款抵押进行分析时,要注意抵押物是否确属借款人具有完全支配权的财产,使用他人的财产或与他人共有的财产未征得他人同意的,其抵押行为无效。

(三) 抵押登记分析

按照《中华人民共和国担保法》的规定,以法律规定的某些财产设定抵押权,还须进行登记,这是抵押权的公信和公示原则所要求的,其目的是保护第三人的利益。在我国实践中,银行由于种种原因,存在一些未办理抵押登记的情况,如因费用高、手续烦琐或时间紧未办理抵押登记,或借款人有意不去办理抵押登记,银行未认真核查抵押登记的有效性,等等。根据《中华人民共和国担保法》司法解释第四十九条规定,以尚未办理权属证书的财产抵押的,在第一审法庭辩论终结前能够提供权利证书或者补办登记手续的,可以认定抵押有效。当事人未办理抵押物登记手续的,不得对抗第三人。同时,第五十六条规定,法律规定登记生效的抵押合同签订后,借款人违背诚实信用原则拒绝办理抵押登记致使银行受到损失的,借款人应当承担赔偿责任。

(四) 抵押物的流动性分析

一般而言,银行所希望的是在主要还款来源之外,获得可靠的次要还款来源。因此,用作抵押的财产应该与用于还款的现金来源之间有一定的联系,可以在市场上出售,流动性好。抵押物的流动性或变现能力,是指抵押物处理时能否为市场所接受,以及接受程度如何。在借款人失去主要还款来源时,抵押物的变现能力将直接影响贷款本息的及时偿还和偿还的程度。流动性和市场状况是密切联系的,如果抵押物能够很容易地转换为现金,也就一定会有很好的市场需求。银行必须通过分析借款人提供的财务信息和有关资料,确定借款人用作抵押的财产是否有流动性,质量是否可靠。

对偿还能力稍差的借款人来说,银行必须要求其提供存款、金银等流动性强的抵押物。在正常情况下，这类抵押物能按照市场价值出售，变现时间短、费用低，也使银行感到有安全保障；相反，变现能力弱的抵押物，如库存产品、机器设备，则很难按照市场价值出售，且变现时间长、费用高，使银行感到缺乏安全保障。

(五) 抵押物价值分析

银行获得抵押物价值的途径，一是由借款人提供，银行与借款人协议，对抵押物做出合理的估价；二是聘用专业评估机构对抵押物进行评估；三是由银行进行现场检查与评估。以上三种方法结合起来使用可获得比较好的效果。银行的信贷人员都不可能是评估专家，不可能去评估所有的抵押物，而借助信誉较高的评估机构和专业评估人士，有助于银行掌握抵押物的真实价值。同时，银行通过定期检查抵押物的保管和使用情况，定期测试评估结果，避免沿用上一次发放贷款时抵押物的评估价值作为下一次放款的决策参考，确保评估结果的合理性。

(六) 抵押物评估机构的信誉分析

银行应对评估机构和评估人员的资格和声誉进行调查，内容包括：评估机构是否具备评估特定抵押物的资格；评估机构与所评估的财产是否存在资金或其他利益关系；评估机构与借款人或与银行内部人员之间的关系；评估机构所使用的评估方法是否适用于评估项目等。抵押物评估机构应具备完全的独立性和权威性，评估人员应能充分胜任评估工作，具备比较丰富的执业经验，能独立、客观、公正地进行评估工作等。

(七) 抵押率分析

处理抵押物收回贷款时，资产的估价难以形成公平价值，而是会大大低于继续使用或公开市场条件下的价格，因此银行贷款的金额不可能完全等同于抵押物的市场价值，而是要保持在抵押物价值的一定比例之内，不同类型的贷款需要不同的抵押物，抵押率也不尽相同。我国有的银行规定，抵押率最高不得超过70%。抵押率的高低也反映了银行对抵押贷款风险所持的态度，抵押率低，说明银行对抵押贷款采取比较审慎的态度；反之，则说明银行对此采取了较为宽松的态度。在设定的抵押率下，如果抵押物的价值大幅下降，不足以防范和分散贷款风险，银行应要求借款人追加抵押物或另行提供其他担保。

(八) 抵押物的变现能力分析

《中华人民共和国担保法》规定，抵押物的变现有拍卖、折价和变卖三种方式。对于抵押物的拍卖而言，通过竞买人之间的竞争机制能够比较容易地发现一个较为公平、合理的价格，但是，对抵押物的折价、变卖则不存在这样一个价格形成机制。因为银行无论是以处理抵押物的价款抵补贷款本息，还是将抵押物变卖给他人，都不存在买主与卖主之间的竞争，很容易出现折价金额或变价款畸高畸低的问题，从而要么使担保人利益受损，要么使银行的利益受损。为此，《中华人民共和国担保法》相应地做了规定，抵押物、质物折价或变卖的，应当参照市场价格。

四、经营因素分析

基于行业因素分析，可以对借款人所在行业整体的共性风险有所认识，但同一个行业中的不同企业又都有其独特的自身特点。要全面地评价借款人的还款能力和贷款风险，还需要在行业风险分析的基础上，深入了解借款人的生产经营过程，分析其自身的经营风险，具体包括以下几个方面。

(一) 总体经营特征

总体经营特征分析是判断借款人经营风险的第一步，其基本思路是，通过分析借款人的总体特征和经营策略来判断其经营风险的大小。借款人的总体特征可以从企业生产或销售规模、企业所处的发展阶段、产品多样化程度及经营策略等方面来考察。

(1) 规模。规模是一个相对数，必须与同行业的其他企业比较才有意义。相同投资的服装厂与钢铁厂的比较是没有意义的。一般情况下，规模越大，市场份额也就越大，企业经营也就越稳定，风险越小；反之，规模越小，市场份额越小，很容易被对手挤出市场，风险也就越大。但也有些小企业管理得比大企业好，盈利水平也较高。

(2) 企业所处的发展阶段。分析企业所处的发展阶段，就如同分析行业成熟期，其主要标志就是发展的速度。新兴企业发展速度快，前景较难预测，因而风险也较高；平稳发展的企业，风险相对较小。

(3) 产品多样化程度。如果产品单一、客户单一，而且产品用途少，那么企业风险就大。另外，如果企业有多种产品，但已经有个别产品不能为企业带来利润，这也蕴含着一定的风险。

(4) 经营策略。企业的经营目标是什么，是否合理？为完成目标所采取的策略是否可行？企业完成目标的可能性有多大？管理人员是否能够应付其中的风险？回答了这些问题，对企业的经营策略也就有了大致的了解。

(二) 产品分析

产品分析主要是分析产品在社会生活中的重要性和产品的独特之处。如果产品是需求稳定的常用品或必需品，如盐、小麦和牛奶等生活必需品，而且质量好，有独特之处，那么风险就低；反之，如果产品是奢侈品，如别墅等高档消费品，需求量小，替代品多，那么风险就较高。

(三) 市场分析

市场分析主要考察市场竞争的激烈程度、企业对市场价格和需求的控制能力、客户的分散程度以及销售方法等。以上各方面的不同，会导致不同程度的风险。

产品的特性与市场营销是相关的。如果产品质量好、价格便宜、供货快、竞争对手少，那么企业就应该把主要精力放在保持这些优势上；相反，如果产品的技术要求低、竞争对手多、质量或款式没有明显优势，那么企业就应该在营销上多花功夫。

(四) 采购环节分析

在对借款人采购环节中的风险进行分析时，重点是分析原材料价格风险、购货渠道风险和购买量风险。

(1) 原料价格风险。借款人如果能影响其供应商的价格，就能够很好地控制其生产成本，按计划完成生产、经营周期，获取利润，承担较低的风险；否则，可能会因原料价格过高而不能维持生产经营的连续性。

(2) 购货渠道风险。如果借款人的原材料供给渠道单一，且经常发生变化，则其生产所需的原材料供给不能得到保证，生产不能如期完成，那么对银行来说，贷款就不能及时收回。

(3) 购买量风险。借款人原材料的购买量要根据存货管理计划、生产规模来确定。供应不足会影响生产，过量的供应也会带来过高的成本。

(五) 生产环节分析

借款人生产中风险的分析重点在于分析生产的连续性、生产技术更新的敏感性，以及抵御灾难的能力、环境考虑和劳资关系等。

(1) 生产的连续性。借款人要赢得顾客的信赖，必须能够及时将产品送到顾客的手中。这要求借款人保持生产的连续性，尤其是当生产过程复杂、环节繁多时，生产的连续性更为重要，这是保障借款人及时送货的关键。

(2) 生产技术更新的敏感性。对于借款人来说，技术进步会对低成本企业带来重大影响。如果借款人不能及时采用新技术，生产效率就不能得到提高，产品成本就不能降低，就可能会失去原有的客户。

(六) 销售环节分析

对借款人销售环节的风险分析要考虑到以下内容。

(1) 销售范围。借款人是否能够将产品顺利地送到目标客户手中，是其实现利润的重要环节。如果这一环节出现故障，就会造成产品的积压，甚至报废。顾客群的过分集中、销售环节过多等也是影响借款人财务状况和还款能力的不利因素。

(2) 促销能力。借款人是否能够有效地管理其销售网络，对于推广其产品意义重大。例如，麦当劳公司对自己的销售网络有安全的控制力，有能力向顾客提供统一的质量和服务。反之，借款人对销售网络缺乏控制力，就会使不同渠道销售的产品在质量和服务方面存在较大差异，影响产品整体声誉。

(3) 销售的灵活性。产品销售过程包括包装、装载、运输、卸货、出售等环节，如果某一环节发生变化，借款人是否有灵活的对策是考察借款人销售过程风险程度的一个重要因素。

五、管理风险因素分析

管理风险重点分析借款人的组织形式、管理层的素质和管理能力、管理层的稳定性和经营思想等。

(一) 借款人的组织形式分析

借款人的组织形式是否适当，内部组织架构是否健全，是否建立了科学的决策程序、人事管理政策、质量管理与成本控制措施等，都在很大程度上影响着企业的正常运作和经营成果，并最终反映在其还款能力上。另外，借款人如果发生增资扩股、股权拆分、并购重组、联营等组织形式的变化，均可能对借款人的盈利能力、现金流量等产生有利或不利的影响。

(二) 管理层的素质和管理能力分析

对借款人管理层素质和管理能力分析主要分析管理层人员的文化程度、专业知识、年龄结构、开拓精神、团结精神、管理经验等。其中管理层的管理经验是考察的重点。一个好的借款人，其高级管理人员应具有较强的技术、营销、财务和管理方面的综合能力，有较强的处理行业风险、控制风险的经验和能力，能适应市场和环境的变化，能够预测和把握企业未来的发展方向。

(三) 管理层的稳定性和经营思想分析

借款人主要管理人员的离任、死亡和更换均会对借款人持续、正常的经营管理产生一定的影响。同样，董事会和高级行政人员在经营思想上的不统一，存在过分保守或过分冒险的经营思想或作风，过分以利润为中心，经营行为短期化或制定短期化的利润分配政策，过度分配股息等均会影响借款人的稳定性和持续的还款能力。

(四) 其他因素

其他因素如借款人的内控制度是否健全、财务管理能力的强弱、员工素质的高低、有无法律纠纷以及关联企业的经营管理状况好坏等，均会对借款人的经营管理产生影响。

六、还款意愿分析

上面所述及的各种因素，均是在借款人愿意偿还贷款的主观假定下，影响借款人的还款能力的非财务性因素。而在实际工作中，有不少借款人不是没有能力偿还贷款，而是"有钱不还"，即通常所说的"还款意愿差"，这也是一项非财务因素。所以在贷款分类中，除分析影响借款人还款能力的因素外，还必须分析借款人的还款意愿。

还款意愿的高低，可以从借款人的还款记录，包括对其他银行、供应商等债权人的还款记录情况进行判断。同时，要对还款意愿问题进行深入的分析。一般来说，还款意愿差主要是管理层的品质存在问题。诚实守信、遵纪守法是经商之道，但有的企业在经营中偷税、漏税，采用隐瞒事实等不正当的手段套取银行贷款，不与银行进行积极配合，有意拖欠银行贷款等。这主要是因为借款人管理层的法律意识较为淡薄，道德品质上存在缺陷，但也可能是借款人在经营资金方面确实暗含危机，或是银行缺乏有效的贷款监督、收贷不力，还款意愿差只不过是一种假象或结果而已。

第二节 法人客户的财务因素分析

财务分析是判断潜在借款人信用状况最为通用的技术，银行通过解读和阐释企业的财务资料，对企业的既往业绩、目前状况以及未来前景做出评价和预测。银行进行财务分析的原始资料主要是借款企业的财务报告，包括财务报表(资产负债表、利润表、现金流量表)、有关附表和财务报表附注。在确保财务报告的质量和可靠性的基础上，银行着手进行财务分析。财务分析的重要技术有财务报表分析、财务比率分析和现金流量分析。

一、财务报表分析

财务报表分析又称财务分析，是通过收集、整理企业财务会计报告中的有关数据，并结合其他有关补充信息，对企业的财务状况，经营成果和现金流量情况进行综合比较和评价，为财务会计报告使用者提供管理决策和控制依据的一项管理工作。

(一) 财务报表分析的意义

财务报表能够全面反映企业的财务状况、经营成果和现金流量情况，但是单纯通过财务报表的数据还不能直接或全面说明企业的财务状况，特别是不能说明企业经营状况的好坏和经营成果的高低，只有将企业的财务指标与有关的数据进行比较才能说明企业财务的真实状况，因此要进行财务报表分析。

(二) 财务报表分析的内容

企业的财务报告一般包括资产负债表、损益表、现金流量表、所有者权益变动表、附注五部分。资产负债表反映的是企业在某一特定日期的财务状况；利润表反映的是企业在一定会计期间的经营成果；现金流量表反映的是一定期间内企业现金(及其等价物)的流入和流出情况；所有者权益变动表反映的是构成所有者权益的各组成部分当期的增减变动情况；附注则是对前述四类报表中列示项目的文字描述或明细资料，以及对未能在这些报表中列示项目的说明。商业银行在企业财务分析中，主要的分析对象是资产负债表、损益表和现金流量表(及三者的附注)。

财务报表分析的一般程序如下。

(1) 明确分析目的，制订分析工作计划。
(2) 收集有关的信息资料。
(3) 根据分析目的，运用科学的分析方法，深入比较、研究所收集的资料。
(4) 做出分析结果，提出分析报告。

财务报表分析常用的方法有比率分析法、比较分析法和趋势分析法等。

(三) 资产负债表分析

资产负债表包括两大类：资产类与负债及所有者权益类。根据会计平衡原理，这两大类在量上必然相等。资产是由于企业过去的经济活动所形成的，目前所拥有或掌握的以货币计量，并能在今后为企业带来经济效益的经济资源。负债是企业由于过去经济活动所形成的，目前承担的能以货币计量，并将以资产、劳务或新的负债偿还的一种经济义务。所有者权益亦称产权或资本，是企业所有者对企业净资产所拥有的权益，在数量上等于企业资产减去负债后的余额。资产负债表是时点表，是企业特定时点上财务状况的静态反映。

(1) 资产项目分析。

① 货币资金。货币资金是企业以现金、银行存款和其他货币资金形式持有的货币。企业持有货币资金的目的是满足企业正常经营支付的需要。货币资金是偿还银行短期贷款的最直接资金来源，在企业可以在多家银行开户的前提下，银行作为债权人为保证贷款安全即期收回，就必须全面了解企业在各家银行开户的情况以及货币资金到期的流向。

② 各项应收账款。各项应收账款包括应收账款、应收票据、预付账款及其他应收款等。在所有资产中，应收账款的流动性仅次于货币资金，因此是偿付短期债务的主要来源。但鉴于不是所有应收账款都能按时收回，所以应对各项应收账款进行正确的分析和估价。各项应收账款分析的主要内容如下。

- 欠账情况：是集中在几个大户，还是分散到许多企业？是老客户多，还是新客户多？一般来说，客户集中的风险大于客户分散的风险，稳定的老客户风险小于不知底的新客户的风险。
- 账龄分析：即应收账款入账的时间长短。一般来说，账款被拖欠的时间越长，发生坏账的可能性就越大。对过期太久的欠款，应要求企业冲销"坏账准备"。

③ 存货。存货是指企业为销售或耗用而储存的各种流动资产，或在途、在库、在加工中的各项商品或物资的实际成本，包括商品、产成品、半成品、在产品以及各类原材料、燃料、包装物、低值易耗品等。对存货的分析主要看存货的有效期、流动性、价格的稳定性、规模的合理性和是否投保。

④ 固定资产。一般情况下，银行不需要以企业固定资产的销售作为偿还短期贷款的资金来源，但对中长期贷款和抵押贷款的分析是重点。主要分析企业是否提足折旧，如果企业没提足固定资产折旧，说明企业经营有困难，不愿加大成本；是否投保；财产效用如何；通用的财产是否容易出售；财产使用的时间等。

⑤ 长期投资。目前我国企业的长期投资有两种形式：一种是购买其他公司或企业的股票和长期债券；另一种是联营投资。对于购买的股票和债券等长期投资，银行主要分析投资的实际价值、所购有价证券的行情、信用等级和被投资公司企业的经营情况、盈利情况等，以确定对借款者偿债能力的影响程度。对于联营投资，除了要分析投资联营公司的经营管理、财务状况和产品市场竞争能力外，更要注意可能影响借款人偿债能力的财务关系和契约关系。

(2) 负债和所有者权益项目分析。

① 短期借款和一年内到期的长期借款。这两部分是企业必须在会计年度内归还的借款。贷款银行应着重分析借款企业在所有银行借款的数额和期限、还款的安排，以及抵押的资产是什么，以便了解企业对该银行偿债的各种影响。

② 各项应付款项。各项应付款项主要包括应付账款、应付票据、其他应付款及未交税金等。对于这些应付款项，应主要分析付款的时间及该企业付款的安排。因为各项应付款及上述短期借款都是企业的流动负债，需用该年度的流动资产或流动负债清偿。

③ 或有负债。或有负债是指将来可能需要承担的潜在的债务。由于企业资产项目中可能存在应收账款、应收票据等被抵押、贴现或背书转让，并且附带有追索权，或企业担保别人的债务，一些待决诉讼事项可能引起的赔偿等情况，这些情况在一定时间内都有支付的可能，即形成了潜在的债务，一旦发生，企业则须偿付。因而银行要充分估计这些或有负债，以保证银行贷款的按期收回。

④ 所有者权益。所有者权益包括实收资本、资本公积、盈余公积和未分配利润四部分。企业实力所在，是银行提供贷款时极为重要的项目。我国银行贷款制度规定，借款企业向银行贷款，必须具有一定比例的自有资金。对企业所有者权益的分析主要看其自有资金额度是否符合制度规定要求，有无虚假、抽逃部分，有些经营不善的企业往往少计一些应计的负债，从而夸大净值的数额。

(四) 损益表分析

损益表反映企业在一定会计期间内的经营成果及其分配情况，是评价企业经营管理水平、分析企业未来盈利能力的重要资料和信息来源。在对借款企业的利润表进行分析时，应重点考虑以下几个方面。

(1) 产品销售收入。产品销售收入反映企业销售产品的销售收入和提供劳务业务的收入。对产品销售收入的审查，应着重看企业有无隐瞒销售收入，变高额利润为微利，甚至亏损，或者反之，虚构销售收入，变亏损为有利润。信贷人员应将企业一个时期开出的增值税发票(或销售发票)数据与该项目数据进行核对，或者根据企业所交的产品税金和产品税率倒推本期收入，看本期销售收入是否有虚构因素，如果数据相差甚大，应进一步查明原因。

(2) 产品销售成本。产品销售成本反映企业销售产品和提供劳务等主要经营业务的实际成本。应审查产品销售成本的内容是否真实，前后期计算方法是否一致，特别要注意本期销售成本同上期或前几期相比，是否存在突增、突减的情况。发生突增的现象，很可能是企业虚增成本开支，降低利润，以达到拖欠税款、贷款的目的；突减成本，可能是为了虚增利润，使信贷人员误认为该企业经营状况良好，可以贷款。所以，信贷人员要调阅企业销售成本明细账，逐项审查，发现问题及时反映，并采取相应措施。

(3) 管理费用、财务费用。管理费用是指企业行政管理部门为管理和组织生产所发生的费用。财务费用是指企业为筹集资金而发生的各项费用。这两项费用均属于期间费用，主要审查其总量变化情况，与前期相比，差异不大，可不做深入分析；如差异很大，则要进一步查明各项目有无虚假情况，并逐项审阅明细账。

(4) 投资收益。投资收益是企业对外投资所得的收益。对该项目的审查主要看收益是否入账，有无隐瞒不报的现象。

(5) 营业外收入、营业外支出。这两项是指企业发生的，与企业生产经营无直接关系的各项收支。营业外收入大于营业外支出，则可以增加利润；反之，就会减少利润。主要审查其有无虚增、虚减现象。

在对损益表进行分析时，还要注意对表中的各项目与以前各时期对比、与同类企业对比、与企业的计划对比，从而考察企业的经营状况是否令人满意。另外，商业银行还应对借款企业财务状况变动表进行分析，这有助于银行了解企业在一定时期内营运资本的变动情况和企业的流动性状况。

(五) 现金流量表分析

借款人的现金流量主要分为三类：一是经营活动产生的现金流量；二是投资活动产生的现金流量；三是筹资活动产生的现金流量。其中，经营活动是指企业投资、筹资活动以外的所有交易和事项。投资活动是指企业长期资产的购建和不包括现金等价物范围内的投资及其处置活动。筹资活动是指导致企业资本及债务规模和构成发生变化的活动。

现金净流量＝经营活动的现金净流量＋投资活动的现金净流量＋筹资活动的现金净流量

(1) 经营活动产生的现金流量分析。审查其当期销售商品、提供劳务收到的现金、购买商品、接受劳务支付的现金是否全额入账。

如果经营活动现金流量的稳定性好、再生性好，同时可由经营活动现金流量规模大小推测融资策略：经营活动现金流量一般情况应占较大比例，说明借款人从生产经营中获得现金的能力较大，属于融资策略利润型；经营活动现金流量所占比例小，说明借款人资金主要依赖增加资本或对外借款，属于融资策略金融型。

通过流入与流出对比，推测现金适应能力。正常情况是当期经营活动现金流入首先应满足生产经营的基本支出，如购原材料与商品，支付经营费用、工资、福利费，缴纳税金等，然后才用于偿付债务或扩大投资，流入远远大于流出反映借款人成长能力和支付能力较强；流入远远小于流出说明经营活动现金适应能力差，财务困难。

通过与收入、利润对比，了解收入与利润的质量。销售所获现金流入与当期销售收入之比高，说明回款及时，借款人经营质量高；反之，说明企业经营质量差，坏账发生可能性大，必须关注其资产质量。经营活动现金与净利润之比高，说明借款人经营质量高。通过购货现金与销货成本对比，判断借款人付现成本情况：购货现金与销货成本之比大于 1，表明不仅支付了本期全部账款，且还清了前欠账款，虽现金流出多，但树立了企业的信誉；购货现金与销货成本小于 1，表明赊购多，虽节约了现金但形成偿债压力。

(2) 投资活动产生的现金流量分析。审查其是否按计划、规定用途购建固定资产，收到的投资返利是否按规定入账。

若流入大于流出：可能企业是变现了大量的固定资产，如果这些资产是闲置或多余的，这种变现对借款人的经营和理财就是有利的，否则说明借款人经营或偿债可能出现了困难，不得不靠处理固定资产来维持经营和偿还债务；也可能是由于经营困难或环境变化，企业不得不开始收缩投资战线，集中资金克服经营困难或解决其他问题；还可能是两者的结合。

若流出大于流入：可能是企业实施了投资扩张的政策，这是借款人获得新的投资、获利和发展机会的表示，但要与投资效益结合起来考察；也可能是前期的投资收益的品质较差；还可能是两者的结合。

判断投资收益质量：根据投资现金收益与投资收益的比值推测借款人投资政策的变化。投资活动现金净流出量大，反映借款人实施了投资与经营扩张政策，说明借款人可能面临新的投资和发展机遇；投资活动现金净流入量大，反映借款人实施了投资与经营收缩政策，说明借款人内部经营可能出现困难，或者调整了经营政策、对外投资出现问题等。

(3) 筹资活动产生的现金流量分析。审查其筹措的资金对企业资本及债务规模和构成产生的影响，筹资成本是否适中。

一般情况下，如果企业筹资活动的现金流入明显地大于现金流出，说明借款人吸收资本或举债的步伐加快，联系投资的净现金流量，如果投资的净现金流出也非常明显的话，则意味着借款人加快了投资和经营扩张的步伐，这可能意味着借款人有了扩大获利的机会；联系经营活动的现金净流量，如果经营活动的现金净流出明显的话，则说明吸收资本或举债的资金部分补充了经营活动的现金支出。

二、财务比率分析

财务报表的项目分析虽然可提供很多情况以说明企业的偿债能力，但各项目间都是孤立的。通过两个相互联系的项目的比率分析，更能评价企业的信用水准和经营业绩。财务比率指标有很多，因为任何有关联的两个项目都可构成财务比率指标。

(一) 偿债能力分析

公司的偿债能力包括短期偿债能力和长期偿债能力。反映短期偿债能力，即将公司资产转变为现金用以偿还短期债务能力的比率，主要有流动比率、速动比率及流动资产构成比率等。反映长期偿债能力，即公司偿还长期债务能力的比率，主要有股东权益对负债比率、负债比率、举债经营比率、产权比率、固定资产对长期负债比率等。

(1) 短期偿债能力比率，包括以下方面。

① 流动比率。流动比率也称营运资金比率，是衡量公司短期偿债能力最通用的指标，其计

算公式为

$$流动比率 = 流动资产 / 流动负债$$

流动比率越大，表明公司短期偿债能力越强，并表明公司有充足的营运资金；反之，说明公司的短期偿债能力不强，营运资金不充足。一般财务健全的公司，其流动资产应远高于流动负债，起码不得低于1∶1，一般认为大于2∶1较为合适。

② 速动比率。速动比率又称酸性测验比率，是用以衡量公司到期清算能力的指标，其计算公式为

$$速动比率 = 速动资产 / 流动负债$$

式中，速动资产=流动资产+存货，通过分析速动比率，可以得知公司在极短时间内取得现金偿还短期债务的能力。一般认为，速动比率最低限为0.5∶1，如果保持在1∶1，则流动负债的安全性较有保障。因为当速动比率达到1∶1时，即使公司资金周转发生困难，亦不致影响即时的偿债能力。

③ 流动资产构成比率。流动资产构成比率的计算公式为

$$流动资产构成比率 = 每一项流动资产 / 流动资产总额$$

分析流动资产构成比率的作用在于了解每一项流动资产所占用的投资额，弥补流动比率的不足，达到检测流动资产构成内容的目的。

(2) 长期偿债能力比率，包括以下方面。

① 股东权益对负债比率。股东权益对负债比率的计算公式为

$$股东权益对负债比率 = 股东权益 / 负债总额 \times 100\%$$

股东权益对负债比率表示公司每100元负债中，有多少自有资本抵偿，即自有资本占负债的比例。股东权益对负债比率越大，表明公司自有资本越雄厚，负债总额越小，债权人的债权越有保障；反之，公司负债越重，财务可能陷入危机，可能无力偿还债务。

② 资产负债率。资产负债率是负债总额与资产总额之比，其计算公式为

$$资产负债率 = 负债总额 / 资产总额 \times 100\%$$

资产负债率衡量借款人偿还长期债务的能力，反映了借款人总资产中由债权人提供的资金的比重，也反映了债权人权益的保障程度。对债权人来说，资产负债率越低，债权人权益保障程度越高；反之，资产负债率越高，债权人权益保障程度越低。一般来说，正常的借款人其资产负债率一般应低于75%；如果借款人的资产负债率高于100%，则说明借款人已经资不抵债，濒临破产。

③ 负债资本比率。负债资本比率是负债总额与资本之比，其计算公式为

$$负债资本率 = 负债总额 / 资本总额 \times 100\%$$

负债资本率表明资本对债权人权益的保障程度。该比率越低，表明借款人的偿债能力越强，债权人权益保障程度越高；反之，该比率越高，说明借款人的杠杆经营比率越高，偿债负担越重，风险越大。

④ 有形净值债务率。有形净值债务率是负债总额与有形净资产之比，其计算公式为

$$有形净值债务率 = 负债总额 / (资本总额 - 无形资产净值) \times 100\%$$

有形净值债务率表明有形净资产对债权人权益的保障程度，该比率越低越好。

⑤ 利息保障倍数。利息保障倍数的计算公式为

$$利息保障倍数 = (利息费用 + 税前盈利) / 利息费用 \times 100\%$$

利息保障倍数可用于测试公司偿付利息的能力。利息保障倍数越高，说明债权人每期可收到的利息越有安全保障；反之，则不然。

⑥ 或有负债比率。或有负债比率是或有负债与净资产的比率，其计算公式为

$$或有负债率 = 或有负债 / 净资产 \times 100\%$$

式中，或有负债指借款人为第三方提供的担保和商业汇票承兑。

或有负债具有不确定性，其最终可能形成企业的负债，也可能不形成借款人的负债。因此，相对于借款人净资产而言，或有负债不可过高，以免成为企业不能承受的负担。一般而言，或有负债比率必须控制在150%以下，以100%以下为最佳。

⑦ 应付账款清付率。应付账款清付率的计算公式为

$$应付账款清付率 = [1 - 应付账款年末余额 / (应付账款年初余额 + 本年应付账款贷方发生额)] \times 100\%$$

应付账款清付率用于考察借款人对年初累积及本年新发生应付账款的清付能力。应付账款长期不付，将影响借款人持续发展的能力，只有不断地对发生的应付账款进行清付，才可能获得应付款及信誉。

(二) 周转能力分析

周转能力比率又称活动能力比率，是分析公司经营效应的指标，其分子通常为销售收入或销售成本，分母则以某一资产科目构成。企业资产周转速度等有关指标反映的是资产利用的效率，表明管理人员经营管理和运用资产的能力。营运能力与偿债能力有关，在正常经营的情况下，营运能力越强，各项资产周转速度越快，表明企业用较少资金就能获得更好的经济效益。考察企业营运能力的重要指标如下。

(1) 应收账款周转率。应收账款周转率的计算公式为

$$应收账款周转率 = 销售收入 / 应收账款平均余额$$

由于应收账款是指未取得现金的销售收入，所以根据应收账款周转率可以得知公司应收账款金额是否合理以及收款效率的高低。应收账款周转率是应收账款每年的周转次数。用一年的天数即365天除以应收账款周转率，即可得出应收账款每周转一次需要多少天，即应收账款转为现金平均所需要的时间。应收账款变现平均所需时间的计算公式为

$$应收账款变现平均所需时间 = 一年天数 / 应收账款年周转次数$$

应收账款周转率越高，每周转一次所需天数越短，表明公司收账越快，应收账款中包含旧账及无价的账项越小；反之，周转率越低，每周转一次所需天数太长，则表明公司应收账款的变现过于缓慢以及应收账款的管理缺乏效率。

(2) 存货周转率。存货周转率的计算公式为

$$存货周转率 = 销售成本 / 平均商品存货$$

存货的目的在于销售并实现利润，因而公司的存货与销货之间，必须保持合理的比率。存货周转率正是衡量公司销货能力强弱和存货是否过多或短缺的指标。存货周转率越高，说明存货周转速度越快，公司控制存货的能力越强，则利润率越大，营运资金投资于存货上的金额越小。反之，则表明存货过多，不仅使资金积压，影响资产的流动性，还增加了仓储费用与产品损耗。

(3) 固定资产周转率。固定资产周转率的计算公式为

$$固定资产周转率 = 销售收入 / 平均固定资产余额$$

固定资产周转率表示固定资产全年的周转次数，反映公司固定资产的利用效率，该比率越高，表明固定资产周转速度越快，固定资产的闲置越少；反之，则不然。当然，固定资产周转率也不是越高越好，太高则表明固定资产过分投资，会缩短固定资产的使用寿命。

(4) 资本周转率。资本周转率又称净值周转率，其计算公式为

$$资本周转率 = 销售收入 / 股东权益平均余额$$

根据资本周转率，可以分析相对于销售营业额而言，股东所投入的资金是否得到充分利用。资本周转率越高，表明资本周转速度越快，运用效率越高。但如果资本周转率过高，则表示公司过分依赖举债经营，即自有资本少。资本周转率越低，则表明公司的资本运用效率越差。

(5) 资产周转率。资产周转率的计算公式为

$$资产周转率 = 销售收入 / 资产总额$$

资产周转率是衡量公司总资产是否得到充分利用的指标。总资产周转速度的快慢反映了总资产利用效率的高低。

(三) 盈利能力分析

盈利能力的分析就是通过一定的方法，判断借款人获得利润的能力，包括借款人在一定会计期间内从事生产经营活动盈利能力的分析和借款人在较长时期内稳定地获得利润能力的分析。这是对借款人盈利水平、盈利稳定性和持久性的分析的一项重要内容。

(1) 净资产收益率。净资产收益率是税后净利润与净资产年平均余额之比，其计算公式为

$$净资产收益率 = 税后净利润 / 净资产年平均余额 \times 100\%$$

其中：

$$净资产年平均余额 = (年初净资产余额 + 年末净资产余额) / 2$$

净资产收益率是把借款人一定时期的净利润与净资产相比较，表明借款人资产利用的综合效果。该指标越高，则资产的利用效率越高，说明借款人在增收节支和节约资金使用等方面取得良好的效果；反之，则说明资产的利用效率不高。

(2) 总资产报酬率。总资产报酬率是税后净利润与总资产年平均余额的比率，其计算公式为

$$总资产报酬率 = 税后净利润 / 总资产年平均余额 \times 100\%$$

其中：

$$总资产年平均余额 = (期初资产总额 + 期末资产总额) / 2$$

总资产报酬率的意义同净资产收益率基本一致，只是分母的范围有所差别。

(3) 销售利润率。销售利润率是利润总额与销售收入的比率，其计算公式为

$$销售利润率 = 利润总额 / 年销售收入净额 \times 100\%$$

销售利润率用以反映和衡量借款人销售收入的收益水平，比率越大，则经营成果越好。

(4) 营业利润率。营业利润率是营业利润总额与年销售收入之比，其计算公式为

$$营业利润率 = 营业利润总额 / 年销售收入净额 \times 100\%$$

营业利润率反映营业利润占产品销售收入净额的比重。营业利润率越高表明借款人营业活动的盈利水平越高。

(5) 成本费用利润率。成本费用利润率反映企业利润总额与成本费用总额之比,其计算公式为

$$成本费用利润率 = 利润总额 / 成本费用总额 \times 100\%$$

成本费用利润率越高,说明同样的成本费用取得的利润更多。

(四) 财务比率分析的注意事项

在财务分析中,比率分析用途最广,但也有局限性,突出表现在:比率分析属于静态分析,对于预测未来并非绝对合理可靠。比率分析所使用的数据为账面价值,难以反映物价水准的影响。在进行财务比率分析时要注意以下几点。

(1) 要将各种比率有机联系起来进行全面分析,不可单独地看某种或各种比率,否则便难以准确地判断公司的整体情况。

(2) 要审查公司的性质和实际情况,而不能仅着眼于财务报表。

(3) 要结合差额分析,这样才能对公司的历史、现状和将来有一个详尽的分析、了解,达到财务分析的目的。

(4) 所分析的项目要具有可比性、相关性,将不相关的项目进行对比是没有意义的。

(5) 对比口径的一致性,即比率的分子项与分母项必须在时间、范围等方面保持口径一致。

(6) 选择比较的标准要具有科学性,要注意行业因素、生产经营情况的差异性等因素。

三、现金流量分析

现金流量分析就是以现金流量表为主要依据,利用多种分析方法,进一步揭示现金流量信息,并从现金流量的角度对企业的财务状况和经营业绩做出评价。对企业的现金流量相关指标进行分析不仅可以考察某一时期现金流量的状况,亦可通过现金流量与资产负债及损益项目的钩稽关系识别潜在错报风险。

现金流量表将企业的现金流量归为经营活动、投资活动、融资活动的现金流量,分别反映企业当期各种活动所引起的现金流入和现金流出。

经营活动产生的现金流入主要包括销售商品和劳务所得现金、收到的租金、收到的增值税销项税额和退回的增值税税款等,现金流出主要包括购买商品和劳务所付现金、因经营租赁而支付的租金、支付给职工的现金、支付的增值税税款和所得税税款等。

投资活动产生的现金流入主要包括收回投资所得现金、获得股利或债券利息所得现金、处置资产而收回的现金等,现金流出主要包括购建固定资产等所支付的现金、权益性与债权性投资所支付的现金等。

筹资活动产生的现金流入主要包括吸收权益性投资所得现金、发行债券所得现金、借款所得现金等,现金流出主要包括偿债所付现金、分配股利或偿付利息所付现金、融资租赁所付租

金等。

上述三类活动各自的现金流入量和流出量之差为其净流量,将之加总即得到企业的净现金流量总额。

银行可以根据测算出的净现金流量,对企业支付能力进行直觉判断。如果净现金流量为正值,意味着现金流入大于现金流出,企业目前的净现金状态还具有支付能力。但是,如果净现金流量与往年相比是持续下降的,则应对企业的现金支付能力保持高度警惕,这往往是财务陷入困境的一个危险信号。如果净现金流量为负值,意味着现金流入总量小于现金流出总量,但是企业能否偿债还需进一步具体分析。

实际上,现金流量分析更为关键的是进一步分析企业净现金流量的组成元素、形成过程及其增减变化的原因。因此,银行在进行总量分析之后,还需要对现金流量进行结构分析。银行可以在企业现金流量表的基础上编制现金流入结构表、现金流出结构表和净现金流量结构表。现金流入结构表列示现金流入各组成部分占现金流入总量的百分比,现金流出结构表列示现金流出各项目占流出总量的百分比,净现金流量结构表则列示三种活动的净现金流量占现金总体净流量的百分比。银行首先应分别对三张报表进行分析,然后进行综合分析,以判断企业现金流量构成是否合理。

(1) 银行认为偿还贷款本息的最可靠来源是借款企业的经营性现金利润,所以,在现金流入构成中,来自经营活动的现金利润部分占比越高越好。银行往往用一个简单的公式作为判定借款企业还款能力的指标,即

$$来自经营活动的现金利润 / 本期到期的长期和短期债务 > 1$$

该公式表明,借款企业来自经营活动的现金利润如果能够抵补本期应该偿还的所有到期的长期和短期债务,则该企业经营基本正常,所提出的对新项目的借款要求或扩大生产的借款要求的偿还能力可信度高。

(2) 在现金流出构成中,用于非经营活动的部分越低越好。经营活动的现金流入首先要用于维持企业正常生产经营活动,若剩余部分不足以还款,企业就要变卖资产或对外融资,此时的还款来源就只能是投资活动或融资活动。

银行还可以编制企业现金流量变化表,对借款企业连续数期的现金流量进行纵向比较。银行可以采用某一时期的数据为基数,将各期数据与之对比,观察现金净流量及构成现金净流量各项目的变化情况、分析变化趋势及其原因。需要注意的是,不同行业或处于不同发展阶段的企业,其现金流量的特点各有差异,银行应对此有清楚的了解,以便确定分析重点。

由于企业内外部经营条件都处于不断变化之中,因此比较理想的现金流分析是银行不仅观察企业现金流量的历史数据,还预测企业未来的现金流量,做出动态变化的判断。首先,银行应确定影响企业未来现金流量的主要因素,包括企业内部经营管理的调整和外部经营环境的变化;其次,银行要区分哪些是短期因素,哪些是长期因素,哪些因素是企业可控的,哪些是不

可控的；最后，在此基础上，预测这些因素对未来现金流量的影响力度，得出企业未来现金流量的结构与总量变化情况，从而评价将来企业偿还贷款的可能性。

现金流量分析与财务比率分析有内在联系，银行应对两种分析中暴露的问题进行相互比较，使它们相互补充。

第三节　个人客户的信用分析

个人信用分析与企业信用分析，就分析目的和分析内容而言，理论上是一致的。从信用分析的目的来看，个人信用分析与企业信用分析是完全相同的，简单地说有两个方面：一是分析借款人的还款意愿；二是分析借款人的还款能力。从分析内容来看，企业信用分析的内容，如品德、才能、资本、担保品、经营环境等，即所谓的5C原则，也同样适用于个人信用分析。两者所不同的是，由于个人贷款金额小，客户数量非常大，除住房、汽车等部分抵押贷款外，大多数是信用贷款；还款来源依赖于个人收入，而个人收入从长期看是较为稳定的，因此，个人信用分析更侧重于借款人的品德，因为个人消费贷款能否按期偿还更多地依赖借款人的还款意愿。国外商业银行进行个人信用分析时主要采用两种方法：判断式信用分析和经验式信用分析。

一、判断式信用分析

所谓判断式信用分析，是通过对贷款申请人的财务状况进行分析，也就是对贷款申请人的资产负债进行分析，来判断贷款申请人的信用状况。

个人征信系统

判断式信用分析通常是依靠对个人财务报表的分析来进行。个人财务报表是银行用来评价个人财务状况、确定个人信用高低的最有效的工具。尽管每个人财务报表的明细内容不尽相同，但大多数财务报表都能够提供贷款申请人的资产和负债情况，列出与贷款申请人的财务活动有关的背景资料。除此之外，银行还可以从个人纳税申报表中了解贷款申请人的收入与支出。具体分析的主要内容如下。

（一）资产分析

由于贷款申请人的资产种类较多，银行受人、财、物的限制，既不可能，也没必要对个人财务报表上所有资产都进行评估，应该按照如下四个原则来确定所需评估的资产范围：一是抵押原则，即贷款申请人的资产是否可以作为银行的抵押品，贷款申请人的很多财产都不能够充当合格的抵押品，应将其排除在外；二是变现原则，贷款申请人是否有计划将资产变现来偿还贷款；三是重要性原则，贷款申请人从资产获得的收入是否是其重要的收获来源；四是比重原则，某项资产占贷款申请人总资产的比重是否超过了10%，如果超过了，银行应将其视为重要资产而进行分析。

在进行贷款申请人资产分析时，银行必须注意三个问题。

第一，价值和稳定性。作为贷款抵押品或担保品的资产价值，在贷款期间可能发生多大变化。

第二，流动性。资产是否有现成的市场，变现是否较容易。

第三，所有权和控制权。贷款申请人是否拥有并控制着这些资产，贷款申请人对资产的所有权是否真实。

(1) 流动资产分析。流动性资产具有较强的变现能力，是偿还贷款的重要来源，其内容如下。

① 现金。现金是最容易确定的资产，在将现金作为抵押品之前，信贷人员必须检查贷款申请人个人账户的平均余额，并确定该账户是否已被作为其他债务的抵押物而被留置。

② 大额可转让存单。通过与存单发行机构联系，检查大额存单的真实性。

③ 可转让证券。通常在个人财务报表中单独列入借款人的每种可转让证券及其价值，包括股票和债券两类。

(2) 不动产分析。对不动产的审查主要有以下内容。

① 不动产的所有权是否真正属于贷款申请人。

② 确定不动产价值。

除了上述流动资产和不动产外，还有其他资产，如客户的应收账款、人寿保险单及退休基金等，应根据资产分析的四原则视情况加以分析。

(二) 收入分析

对于经常性收入资料(包括工资和其他经常性收入)，银行必须依赖贷款申请人提供，但贷款申请人常常夸大其收入水平，银行进行收入分析的关键在于确定贷款申请人的所有收入来源，并通过纳税申请表、雇主咨询、资产所有权证等手段，核实收入金额的准确性及稳定性。

(三) 负债分析

在分析贷款申请人的负债项目时，银行要特别注意审查以下几点：贷款申请人是否列出其所有负债；哪些负债有资产阶级作担保；借款申请人是否存在或有负债，如对外担保等；是否存在未决诉讼；负债中有无拖欠。负债分析的主要内容如下。

(1) 信用卡分析。信用卡分析的重点在于信用卡的信贷限额以及信用卡已使用的金额。较为谨慎的贷款申请人在赊购商品时一般只使用2或3个信用卡，并按月及时还清；而缺乏谨慎态度的贷款申请人往往拥有较多的信用卡，并每月支付每张信用卡的最小限额。银行一定要分析贷款申请人所有信用卡用到最大限度时对客户财务状况的影响。

(2) 营业负债分析。重点考虑贷款余额是多少，贷款何时到期，还款来源是什么。

(3) 其他贷款和负债分析。银行要注意确定贷款申请人是否列出了其全部负债，如学费贷款、其他诈骗性贷款等。银行还要注意贷款申请人是否有偶然负债和或有负债，如贷款申请人是否对某些债务进行了担保,是否拖欠赡养费等。

(四) 综合分析

综合分析就是将从贷款申请人的财务报表中获得的每项信息有机地组织起来,从而确定潜在的抵押品或还款来源、流动性负债、所有者权益、贷款申请人的速动比率和所有者权益比率,并将这些信息作为最终发放贷款的依据。

综合分析首先根据调整后的资产负债表,将资产负债表中的项目按资产流动性强弱排序。

(1) 确定最容易变现的流动性资产或第二还款来源的资产。

(2) 确定其他可变现资产。通过对资产负债表的调整,确定客户短期债务和下一年的债务,评估贷款申请人的现金流量。

(3) 计算贷款申请人的速动比率和所有者权益与资产比率。

判断式信用分析的效果取决于信贷员估计借款人偿还债务能力和意愿的经验与信贷员的洞察力。这种评估类似于工商业贷款信用评估,信贷员必须了解借款人的特点、贷款用途、第一还款来源和第二还款来源。判断式信用分析有两个明显的不足:一是受信用分析人的主观意愿影响较大;二是烦琐、费时。

二、经验式信用分析

经验式信用分析也称为消费信用的评分体系,即建立信用评价模型,赋予影响贷款申请人信用的各项因素以具体的分值,对贷款申请人各方面的情况进行量化,然后,将这些分值的总和与预先规定的接受—拒绝临界分值比较,如果贷款申请人总分低于接受—拒绝临界分值,银行则必须拒绝借款人的贷款申请。经验式信用分析是一种非常客观的信用分析方法,可以消除贷款申请标准的主观随意性。

1914 年,David Durand 对申请贷款的消费者建立了自己的评分体系,被许多资信调查人员奉为经典。David Durand 评分体系考虑以下 9 个因素,并据以对贷款申请人的信用状况进行评分。

(1) 年龄:一般年龄越大,评分越高,但有上限。20 岁以后每年给 0.01 分,最高分为 0.3 分。

(2) 性别:一般认为女性风险比较小,得分较高。女性给 0.4 分,男性给 0 分。

(3) 居住的稳定性:每年都居住在现住所的,给 0.42 分,最高分为 0.42 分。

(4) 职业:稳定、收入高的职业给 0.55 分,不稳定、收入低的职业给 0 分,其他给 0.16 分。

(5) 就业的产业:在公共行业、政府部门和银行给 0.21 分。

(6) 就业的稳定性:每年都工作在现在的部门给 0.59 分。

(7) 在银行有账户:给 0.45 分。

(8) 有不动产:给 0.35 分。

(9) 有生命保险：给 0.19 分。

9 项总计为 2.12 分，临界分值为 1.25 分。David Durand 评分体系为许多商业银行分析消费者信用提供了新思路，也为银行进行消费贷款提供了一种量化分析的新思路。因此，许多商业银行纷纷效仿这种信用分析方法对贷款申请人进行信用分析。

信用评分的基本理论是通过观察过去的大量借款人群，银行能够识别区分优劣贷款的财务、经济基础和动机等因素，进而把优劣贷款区别开来，当然其中含有可以接受的很小的错误风险。如果经济基础或其他因素发生剧烈变化，这一假定可能就是错的，所以，好的信用评分系统要经常重新测试和修改。

信用评分系统是一种非常客观的评价方法，可以消除贷款申请标准的主观随意性。但是，信用评分系统需要运用包括多元回归或多重判别的复杂统计工具，其信息收集和定期调整的成本昂贵。更重要的是，信用评分系统缺点在于：一是统计数据采用历史值，可能完全不适合推测目前值；二是统计数据仅包括获得贷款的贷款申请人，不包括被拒绝的贷款申请人，因为被拒绝的贷款申请人信用记录无法产生。

三、判断式信用分析与经验式信用分析的比较

两种分析方法都运用了影响贷款申请人信用因素的资料，但是，经验式信用评价根据影响贷款申请人信用的每项因素与其他相关因素的统计重要性制定该项因素的权重，反映影响贷款申请人信用因素重要性的等级，而判断式信用分析更多地考虑影响贷款申请人信用各项因素重要性等级的变动，可以较好地反映贷款申请人不可量化的一些无形价值；经验式信用分析仅分析与影响贷款申请人信用状况有关的传统性因素，判断式信用分析可以分析甚至违背政府监管要求的一些因素；经验式综合影响贷款申请人信用状况的各项因素，判断式则限于人的思维能力，通常依次评价影响贷款申请人信用的各项因素。

根据判断式信用分析管理、控制授信金额及贷款损失时，对影响贷款申请人的众多国家的相关政策、标准难以统一实施和监控，但是，经验式信用分析则可以消除所有政策解释的差异性。

判断式信用分析较好地反映贷款申请人当前及未来环境变化，但是，经验式信用分析在贷款申请人当前环境显著变化时，不能根据过去的数据推断当前情况，削弱了评分结果的有效性。

许多银行实际操作时综合运用判断式信用分析和经验式信用分析，利用信用评分体系识别显然可以贷款的贷款申请人和显然不可以贷款的贷款申请人，对介于两者之间的贷款申请人采用判断式信用分析，在掌握更多信息的基础上进一步认定。

本章小结

客户信用分析的主要内容

框架			主要内容
客户信用分析	第一节 法人客户的非财务因素分析	行业因素分析	成本结构，行业成熟期，行业周期，行业营利性，对其他行业依赖性，产品的替代性，法律政策，经济、技术环境
		贷款目的与用途分析	销售增长导致的借款、营业周期减慢引起的借款、固定资产购买引起的借款、其他原因引起的借款
		担保分析	抵押物占有和控制分析、抵押物权属分析、抵押登记分析、抵押物的流动性分析、抵押物价值分析、抵押物评估机构的信誉分析、抵押率分析、抵押物变现能力分析
		经营因素分析	总体经营特征、产品分析、市场分析、采购环节分析、生产环节分析、销售环节分析
		管理风险因素分析	组织形式分析、管理层的素质和管理能力分析、管理层的稳定性和经营思想分析、其他因素分析
		还款意愿分析	还款记录分析、管理层的品质分析、其他因素分析
	第二节 法人客户的财务因素分析	财务报表分析	资产负债表分析、损益表分析、现金流量表分析
		比率分析	偿债能力分析、周转能力分析、盈利能力分析
		现金流量分析	现金流入构成分析、现金流出构成分析
	第三节 个人客户的信用分析	判断式信用分析	资产分析、收入分析、负债分析、综合分析
		经验式信用分析	信用评分系统
		判断式信用分析与经验式信用分析的比较	两种方法应综合运用

思考练习

一、名词解释

1. 贷款信用分析　　2. 财务报表分析　　3. 现金流量分析
4. 判断式信用分析　　5. 经验式信用分析

二、单项选择题

1. 按照业务特点和风险特征的不同，商业银行的客户可分为(　　)。
   A. 公共客户和私人客户   B. 法人客户和个人客户
   C. 单一法人客户和集团法人客户 D. 企业类客户和机构类客户

2. 下列各项中，不符合银行发放贷款的借款理由是(　　)。
   A. 短期销售增长导致的借款   B. 存货周转变快导致的借款
   C. 更新固定资产而产生的借款   D. 不正常的或意外的费用支出导致的借款

3. 在借款人经营性风险的分析中，首先分析的是(　　)。
   A. 产品分析   B. 市场分析
   C. 销售环节分析   D. 总体经营特征

4. 关于担保分析，下列说法错误的是(　　)。
   A. 在对贷款抵押进行分析时，首先要明确抵押物是否是借款人合法拥有和控制的
   B. 对偿还能力稍差的借款人来说，银行必须要求其提供流动性强的抵押物
   C. 评估机构与借款人或与银行内部人员之间不得存在任何形式的利益关系
   D. 我国有的银行规定，抵押率最高不得超过90%

5. 速动资产是从流动资产中扣除(　　)的部分。
   A. 净资产   B. 净利润
   C. 存货   D. 现金

三、多项选择题

1. 法人客户的非财务因素分析包括(　　)。
   A. 行业因素分析   B. 贷款目的与用途分析
   C. 担保分析   D. 经营因素分析
   E. 管理风险因素分析

2. 下列各项中，体现长期偿债能力的比率有(　　)。
   A. 流动资产构成比   B. 资产负债率
   C. 有形净资产债务率   D. 利息保障倍数

3. 下列关于财务因素分析的说法中，正确的有(　　)。
   A. 财务分析的重要技术有财务报表分析、财务比率分析和现金流量分析
   B. 周转能力比率，亦称活动能力比率，是分析公司经营效应的指标
   C. 在财务分析中，比率分析用途最广
   D. 筹资活动产生的现金流入主要包括收回投资所得现金、获得股利或债券利息所得现金、处置资产而收回的现金

4. 对个人贷款申请人进行资产分析时，银行必须注意(　　)。
   A. 价值和稳定性　　　　　　　　B. 流动性
   C. 所有权和控制权　　　　　　　D. 持有人
5. 短期偿债能力比率主要包括(　　)。
   A. 流动比率　　　　　　　　　　B. 存贷比率
   C. 现金比率　　　　　　　　　　D. 速动比率

四、判断题

1. 企业所在行业的经营杠杆越高，企业的风险也就越大。　　　　　　　　　(　)
2. 判断借款人行业所处的成长期，主要依据行业的销售增长率即可。　　　　(　)
3. 一般而言，或有负债比率必须控制在150%以下，以100%以下为最佳。　　(　)
4. 比重原则是指某项资产占贷款申请人总资产的比重是否超过了30%。　　　(　)
5. 判断式信用分析仅分析与影响贷款申请人信用状况有关的传统性因素，经验式信用分析可以分析甚至违背政府监管要求的一些因素。　　　　　　　　　　　　　(　)

五、简答题

1. 对于法人客户的非财务因素，应分析哪些方面，请简述。
2. 对比判断式信用分析与经验式信用分析两种方法。
3. 5C原则是什么？

六、计算题

1. 假定某企业2019年的税后收益为50万元，支出的利息费用为20万元，其所得税税率为35%，且该年度平均资产总额为180万元，求其资产报酬率，并评价该指标。
2. 某公司2019年税前净利润为8 000万元，利息费用为4 000万元，求该公司的利息保障倍数，并评价该指标。
3. 某公司2019年年末流动资产合计2 000万元，其中存货500万元，应收账款400万元，流动负债合计1 600万元，求该公司2019年度的速动比率，并评价该指标。

第七章
贷款风险管理

银行风险管理在过去10年发生了巨大变化。全球金融危机背景下,新出台的监管法规以及开出的罚单掀起了一波风险职能的变革浪潮,资本、杠杆、流动性和融资要求更为具体、严苛,包括《有效风险数据收集和风险报告准则》(BCBS 239)等在内的风险报告标准也有所提高,合规和行为标准的收紧也提高了非金融风险管理的重要性。业界对银行风险偏好陈述期望的提高也催生了压力测试,随后成为一种主要的监管工具。同时,银行加大了投入,强化风险文化。本章对信贷风险的影响因素和防范手段进行了详细介绍。

【学习目标】

- 了解贷款风险的特征、表现形式,基本掌握贷款风险的种类及贷款风险管理的程序;
- 掌握贷款信用风险的影响因素、信用风险的组成及贷款信用风险的控制方法;
- 了解贷款操作风险的特点、类型以及操作风险的形成原因,掌握操作风险的防范措施;
- 了解贷款风险分类的意义,牢牢掌握贷款风险分类的程序和方法,并能准确地进行分类;
- 基本掌握商业银行贷款风险防范与控制的基本措施。

【重点与难点】

- 信用风险的影响因素;
- 操作风险的成因;
- 贷款风险分类的程序;
- 贷款风险的系统管理。

案例导入

深发展15亿元贷款无法收回

2006年3月28日,深圳发展银行(以下简称深发展)原党委书记、董事长周林被深圳市公安局刑事拘留,涉嫌违法放贷。同案被拘的另有三人,均来自深发展,他们分别是深发展原行长助理、审贷会主任张宇,深发展人力资源部副总经理陈伟清,以及深发展总行公司业务部的林文聪。

这笔15亿元的贷款为期三年，于2003年7—8月，分由深发展天津、海口、北京三家分行完成出账，分别贷给首创网络有限公司(以下简称首创网络)和中财国企投资有限公司(以下简称中财投资)及下属五家企业，申报用途分别为建设全国性的连锁网吧以及"农村科技信息体系暨农村妇女信息服务体系"。

事实上，这笔资金很快即被挪用到北京市东直门交通枢纽项目中的东华国际广场商务区项目(以下简称东直门项目)上。事后证明，共有7亿~8亿元最终进入了东直门项目，其余资金去向不明。深发展在案发后，已计提高达4亿元的拨备。

2004年年底，深发展外资股东"新桥"入股后，新管理层在检查资产质量的过程中，发现这几笔贷款有发放不合内部管理程序和借款人使用贷款违规的嫌疑，并于2004年11月向公安机关报案，并获立案。

(1) 深发展采取了转授信方式，将同笔贷款分拆贷给相关公司，意在回避政策限制。三九集团副总、深圳三九汽车发展有限公司负责人陈达成带来他的东直门项目，被周林介绍给深发展的相关人员，但数次会议的结果是，上述几人对该项目的判断一致，不具备操作可能性：第一是不具备央行对房地产项目贷款的条件；第二是贷款主体不具备贷款资格；第三是项目投资金额巨大，而深发展的信贷政策受到限制；第四是用款人背景复杂，贷款发放后很难得到有效的控制。

2003年5月，行领导再次要求陈伟清必须对该项目进行操作。当时项目方提供两个公司：中财投资和首创网络，要求对这两个公司授信。最终才顺利通过审批。

(2) 提供担保的银基公司对这笔贷款提供担保亦超出上限。对于该笔贷款，深发展不同层级人员曾多次出具风险提示意见，对借款人的偿债能力、担保人的担保能力以及贷款项目本身均提出质疑。

(3) 对"一把手"的监督缺位。银行业内外能顺畅勾结犯案，监督缺位是重要原因，其中尤以对"一把手"的监管缺位为甚。知情人称："15亿元贷款的运作，在几乎所有程序上都涉嫌违规。"而这笔贷款最后竟然能通过审查，顺利贷出，当中如果没有周林的一再坚持，要求相关操作人员将不符合条件的地方进行可行化操作，是不可能实施的。

(资料来源：https://wenku.baidu.com/view/e0a5d122e009581b6ad9ebae.html)

第一节 贷款风险管理概述

要想彻底认识贷款风险，首先要认识贷款风险的概念、特征、类型和表现形式，只有从根本上了解贷款风险，才能进一步落实信贷风险管理。

贷款风险知多少

一、贷款风险的概念和特征

(一) 贷款风险的概念

风险是指不利事件发生的可能性。由于贷款的发放和收回之间存在时间间隔，而在此期间，各种因素交叉作用，会对借款人发生影响，使其不能及时足额归还贷款，进而使银行贷款遭受损失。这种在银行贷款管理过程中，由于事先无法预料的不确定因素的影响，借款人不能按照合同规定偿还本息的可能性，就是贷款风险。

从根本上说，贷款风险来源于企业经营风险，由于贷款一旦发放后，就转化为企业经营资金，企业在生产经营过程中，因种种主客观原因造成其经营的不确定性，而给企业带来了经营的风险，这些风险通过贷款又转移给银行，一旦企业经营活动不能正常进行，银行贷款本金和利息也就难以按时收回。当企业亏损严重，资不抵债无法扭转时，就会破产倒闭，银行投放在企业的贷款就无法收回或不能全部收回，最后造成信贷资金损失。

需要说明的是，贷款风险和信贷资金损失是两个不同的概念，贷款风险是信贷资金损失的可能性，而信贷资金损失是实际已经发生的损失即风险损失。信贷资金损失的可能性要转化为现实的损失需要具备一定的条件，即企业完全丧失了偿还能力，又无其他补救来源致使贷款最终无法收回。故贷款风险大，并不一定会造成损失。不造成损失，就可能带来收益，这种收益称为风险收益，风险管理的目的也正在于此，将风险的可能性降至最低点，借以避免损失的出现。

贷款风险与风险贷款是两个不同的概念。风险贷款是指已预测明知具有蒙受较大损失的可能性，也有可能获得较大收益的一种贷款种类。风险贷款专门投向高新技术开发，具有明显的高风险、高收益的特点，如我国的科技开发贷款。而贷款风险泛指所有贷款活动中蒙受损失的可能性，它是一种随机现象，当然也包括了风险贷款中的风险。因此，贷款风险和风险贷款的主要区别在于，前者主要是一种预测，有存在风险的可能性，也有不存在风险的可能性；后者是已预测明知具有较大风险的可能，但由于有高收益的诱惑，银行将其作为一种专门的贷款种类来发放和管理。

(二) 贷款风险的特征

(1) 贷款风险的客观性。信贷活动的经济基础是社会化的商品生产和流通，具有双重支付、双重归流的运动规律。由于信贷活动和经济活动充满了许多不确定性因素，直接影响信贷资金的合理配置以及借款人的有效使用，从而危及贷款安全。可见，贷款风险滋生于商品经济，它是客观存在的，是不以人的意志为转移的。

(2) 贷款风险的可变性。贷款风险的可变性是指贷款风险的质态和程度具有不断变化的特征，这种可变性来自以下几个方面。

① 来自借款人的经营风险具有可变性。由于借款人所处的社会地位、技术装备、劳动者素质和管理水平等方面存在差异，往往会改变借款人面临风险的种类和大小。

② 来自项目的建造风险也是可变的。由于通货膨胀、环境、技术、政策及国际因素的影响，贷款项目难以避免成本超支、延期竣工、中途停建等问题，从而造成贷款损失。

③ 自然因素给贷款项目带来的风险，其可变性也十分明显。由于各种自然灾害的发生、严重程度都是偶然的，并难以预测，对于各种贷款的风险影响，也是大小不一、程度不一的。

④ 金融业本身的不断改革和创新也使贷款风险具有可变性。贷款对象的多层次、贷款种类的多样化、贷款方式的变化、同业竞争的加强，以及经济运行机制的变革、金融宏观调控的强化等，无一不在改变着贷款风险的种类和程度。可见，贷款风险是随时空不断变化的动态随机变量。

(3) 贷款风险的可控性。虽然贷款风险具有客观性、可变性，但它仍是带有规律性的，如经营管理不善、资金实力不强、信用等级差的企业，贷款风险大；信贷人员素质差、管理水平低的金融企业风险较大；自然灾害严重的地区风险较大等。因而，可以依据影响贷款风险的主要因素及其影响程度，采取相应的措施和方法，对贷款风险进行认识、测定和控制，以降低贷款风险，减少贷款损失。

(4) 贷款风险的双重性。贷款风险的双重性是指贷款风险具有消极性和积极性双重功能。贷款风险有可能给银行、信用社造成经济损失，从而削弱其资金实力，降低经济效益和社会效益。但是，风险和效益是并存的，承受的贷款风险也可能带来高效益。同时，贷款风险的存在也给金融机构造成了压力和约束，有利于抑制贷款盲目扩张、粗放经营，迫使金融机构努力提高管理水平，尽力减少风险损失。

由于贷款风险具有上述特征，因此既不能盲目冒险，也不能谈"险"色变，要增强风险意识，树立风险动态观、风险量化观和风险管理观，切实防范和有效化解贷款风险。

二、贷款风险的类型和表现形式

(一) 贷款风险的类型

贷款风险从不同角度划分，有多种不同的分类方法。

(1) 根据诱发风险的原因来划分，可分为信用风险、市场风险、操作风险和其他风险。

信用风险指借款人不能或不愿按约定偿还贷款本息，导致银行信贷资金遭受损失的可能性。借款人的偿债能力和偿债意愿是决定贷款信用风险最主要、最直接的因素。影响借款人的偿债能力和偿债意愿的因素包括道德、市场、经营管理等。

市场风险是指由于利率、汇率的不利变动而使银行贷款遭受损失的可能性。由于利率是资金成本，汇率变动离不开利率，利率的波动直接导致贷款价值的变化，因此，利率风险也是银行贷款所面临的主要风险。目前在我国，利率市场化进程才刚刚起步，影响利率的因素仍不明朗，利率风险还不是主要风险。相信随着我国利率市场化进程的推进，利率风险将逐步成为贷款的主要风险。

操作风险是指由不完善或有问题的内部程序、人员、系统或外部事件所造成贷款损失的风险。

其他风险包括政策性风险、国家风险、战略风险等。政策性风险是指由于政策发生变化给贷款带来损失的可能性。国家风险是指由于借款国宏观经济、政治、社会环境的影响导致商业银行的外国客户不能偿还贷款本息的可能性。战略风险是指银行的贷款决策失误或执行不当而造成贷款损失的可能性。

目前，我国商业银行贷款风险中最主要的是信用风险和操作风险，本章将对信用风险和操作风险做重点介绍。

(2) 根据贷款风险的性质划分，可分为静态风险和动态风险。

静态风险只有风险损失，而无风险收益。静态风险源于自然灾害和意外事故，基本符合大数定律，一般可以比较准确地预测其发生概率，因而可以通过社会保险承担风险损失。例如银行在分析借款企业的信用程度和办理抵押贷款时，都要求企业进行财产(如固定资产)保险。

动态风险，由于其发生的概率和每次发生的影响力都随时间而改变，是难以计算成本和把握的，既可能有风险损失，也可能有风险收益。因此保险公司不可能对此承担风险，只能由银行的借款企业承担，一旦造成风险损失，则可能危及银行安全。

(3) 按贷款风险影响的范围来划分，可分为系统性风险和非系统性风险。

系统性风险往往和整个社会有关，它的作用范围比较广泛，通常涉及整个银行业，如政策性风险、利率风险、汇率风险等。

非系统性风险只和具体银行的贷款业务有关，它的作用范围狭小，如决策风险、信贷人员风险等。

(4) 按贷款风险的程度来划分，可分为高度贷款风险、中度贷款风险和低度贷款风险。

对于风险企业、风险项目的风险贷款，其贷款风险出现的可能性最大，所以属于高度贷款风险范畴。

对于中长期贷款，由于需求量大，贷款管理的复杂程度较高，所以一般划归中度贷款风险。一年以下的短期性和临时性贷款一般属于低度贷款风险。

(二) 贷款风险的表现形式

目前，我国商业银行贷款风险主要表现在三个方面。

(1) 贷款资产的流动性弱。表现为短贷长占，流动资金贷款不流动，固定资产贷款长期化，贷款难以正常周转。

(2) 贷款资产的安全性差。表现为贷款占用形态异常，存量不良贷款占比过高，增量预期风险不断增加，贷款损失大量产生，难以安全归流。

(3) 贷款资产的收益性低。表现为筹资成本上升，资金使用效益下降。贷款资产质量下降，说明越来越多的贷款低效或无效投入在生产流通环节，不仅难以创造价值和实现增值，反而大量沉淀流失，甚至被虚假收入上缴财政而消费。这种贷款扩大了信贷收支缺口，增大了信贷需求压力，不利于信贷资金良性循环。其结果，一是大量空投的贷款难以创造价值和增加有效供给，同时贷款又形成了购买力，自然会加剧社会供求矛盾，诱发通货膨胀；二是大量信贷资金来源于居民储蓄，贷款空投难以回收，实际上是蚕食了存款，这种状况继续下去，终将酿成支付危机。

可见，贷款质量下降，经营效益滑坡，既是金融问题，也是经济和政治问题，必须高度重视并有效管理。

三、贷款风险管理的程序

风险管理是指人们用系统、规范的方法对风险进行识别、计量和处理的过程。贷款风险管理是指商业银行运用系统、规范的方法对信贷管理活动中的各种贷款风险进行识别、计量和处理的过程。

贷款风险管理是贷款管理的一个重要内容。这是因为，贷款管理的目的在于追求最佳贷款经济效益，而要取得最佳贷款经济效益，最基本的一点就是要确保信贷资金正常周转和安全归流。这就要求必须加强对贷款配置、使用和归流各个环节的科学管理，必须重视对贷款管理活动中有可能引起信贷资金周转失灵的各种不确定性因素的分析、研究和处理，而这些正是贷款风险管理的基本内容。

贷款风险管理的程序可以概括为以下三方面。

(1) 风险识别。贷款风险识别是贷款人对贷款风险的类型和根源做出判别。一方面要正确判断风险类型，另一方面要准确寻找风险根源，两者相互联系、相互制约。不同的风险根源影响和制约着不同的风险类型，而不同的风险类型又是对不同的风险根源的归纳。因此，在识别贷款风险时，要将两者紧密联系起来进行分析和评价。

(2) 风险度量。贷款风险度量是贷款人对贷款预期风险发生的可能性以及贷款事实风险可能造成的损失规模做出的评价，也就是要度量贷款风险对贷款人的经营状况和财务成果的影响程度。风险度量在贷款风险管理中既是重点，也是难点。只有在风险识别的基础上，对贷款风险发生的可能性及其可能造成的损失进行度量，才可能采取相应的对策加以防范和化解，从而将贷款损失降到最低限度。

(3) 风险处理。风险处理是在识别和度量贷款风险之后，采取有效措施防范贷款预期风险，消除贷款事实风险。这是贷款风险管理的关键所在，必须双管齐下，同时并重，不可偏废。

第二节 贷款信用风险

贷款的信用风险是银行自从有了贷款业务就面临的主要风险之一，它能直接对银行贷款造成损失。要想有效控制该风险，需在认识信用风险的基础上，综合考虑风险影响因素和风险组成部分，从根源上解决问题。

一、贷款信用风险的概念

信用风险被定义为借款人不能按期还本付息而给贷款人造成损失的可能性。上述对信用风险的定义比较传统，立足点在于违约的实际发生，只考虑发生违约的可能性及其导致的损失的大小。随着现代风险环境的变化和风险管理技术的发展，上述定义已经不能充分反映现代银行信用风险的性质与特点。人们对信用风险的含义有了进一步的发展，开始认识到，即使违约事件没有发生，也会存在信用风险。因此，现代意义上的信用风险包括由借款人直接违约和借款人违约可能性发生变化而给银行贷款造成损失的风险。

具体地说，随着借款人信用状况的变化，相关信贷资产的实际价值也会发生变化。如果借款人信用状况恶化，还款能力下降，那么，即使还没有到违约的地步，银行实际上承受的风险却上升了。按照风险回报的基本规律，银行应该获得更高的风险补偿。在贷款合约约定了该笔贷款在生命期内的现金流的前提下，风险补偿的提高意味着这笔贷款资产的价值的下降，而对于贷款的银行而言，贷款价值的下降就是损失。

因此，信用风险的定义可以扩展为，借款人信用状况或履约能力的变化造成的贷款损失的可能性。这一理解与传统理解的最大不同在于，它并不立足于违约事件的发生，而是具有盯住市场的特点。这极大提高了银行信用风险管理的技术水平，使得银行可以在贷款发放后全程监控和把握该笔贷款给银行带来的损失的可能性，而不是只能等着到期再看。

二、影响商业银行贷款信用风险的因素

通常，影响商业银行贷款信用风险的因素有以下几个方面。

(一) 借款人的信用程度

借款人的信用程度决定了违约风险的大小，违约风险是商业银行贷款面临的信用风险的最关键因素。银行信用活动中最普遍的一种风险就是由客户的违约引起的，也就是借款人到期不能偿还贷款本息的风险。

一般而言，银行的贷款都是经过严格审查之后的决策，既有质量保证也有效率要求，但是由于贷款发生之后某种不确定性因素的影响而发生的意料之外的事件，可能影响到借款人到期偿还债务的能力，从而降低了贷款的质量，这种情况的发生往往是银行贷款业务进行之时所难以预料的。客户贷款违约风险因贷款时间不同而有所不同。一般来说，偿还期限越长，借款人的偿付能力就越不确定。即使短期贷款相对容易判断偿还能力，如果处于经济衰退时期，不做展期或其他相应调整的话，借款人最终能否保证偿还也只是一个未知数。

(二) 贷款的约束方式

商业银行对企业的贷款通常有信用贷款、担保贷款和票据贴现贷款三种。这三种贷款方式的信用风险程度是不同的，信用贷款的风险程度高于后两种贷款方式，这也是西方商业银行业务中信用贷款比重较低的原因(通常只对信用好、还款能力强和银行优惠支持的客户提供信用贷款)。在现代周期性经济的大环境下，不同的经济发展阶段、不同的宏观政策下，银行贷款方式配置的不同，对其信用活动中的风险影响存在很大差别。

(三) 贷款的集中程度

一般而言，商业银行的贷款集中程度与贷款的信用风险正相关。贷款越分散，风险越小；贷款越集中，面临的风险越大。这是因为，如果银行贷款比较集中地贷给少数几个客户和行业时，一旦这些借款人由于主观的或客观的行业方面的缘故发生了违约风险，实际的还款能力低

于预期目标时,银行由于无法将风险分散转移,只能承担机会成本的损失。贷款的集中程度是与一国的经济体制紧密联系的,市场经济国家贷款分配通常体现多元化原则,按照风险和收益状况,分散在多个客户中;而发展中国家,尤其是市场化程度较低,价格机制尚未完善的国家,主要集中在某些行业和产业。例如我国一个时期以来,绝大多数的银行贷款集中于国有企业,非国有企业仅占较小的比重。

(四) 商业银行产权制度的制约

银行贷款信用风险的大小是受其产权制度的制约的,这种影响表现在银行经营自主权的大小、贷款方式的约束程度、资金配置的效率状况、银企信用关系的性质、经营的动力机制好坏等,而这几个方面直接影响了银行在信用活动中的风险大小。例如商业银行经营自主权小,受行政干预较大,则关联贷款等业务的信用风险就大;反之,就相对小些。又如,银企之间的信用关系是契约化的有偿借贷关系,还是行政化的供给制关系,对风险大小的影响也不一样。同样,商业银行的产权制度状况,也决定了前面提到的贷款方式的约束程度。

三、贷款信用风险的组成

上面所提及的银行贷款信用风险的定义包含了几种类型的风险:违约风险、暴露风险及补偿风险,即信用风险既取决于违约行为出现的概率(违约风险),又取决于出现违约行为时可减少损失的担保,还取决于发生违约时风险暴露的大小。

(一) 违约风险

因债务人违约行为造成银行损失的可能性称为违约风险。那么,什么是违约呢?通常,违约有两种定义:一是指贷款人丧失了履行偿债义务的能力,发生违背借款契约的行为。在这种情况下,借款人如果没有按照事先约定的时间期限还款,就将被宣布发生违约行为,借贷双方会立即就偿付贷款问题进行协商,并有可能使借款人陷入破产境地。二是将违约看作纯粹的经济行为,即当借款人资产的经济价值下降到比未偿债务的价值还要低时,经济违约就会出现。此时的资产价值是折合成现值的未来预期现金流的价值,此价值随市场波动而变化,若其低于负债价值,违约行为就会发生。

如何选择违约的定义对于计算违约概率意义重大。本书选用通用的评级机构的违约定义,即当借款人超过三个月未履行债务偿付合同时,就认为其违约。由此便为后面的计算奠定了基础。

在一定时间内出现违约情况的概率即为违约概率,它是衡量违约风险的重要工具。借款人商业信誉、市场前景、公司规模、竞争能力、管理水平等系列因素,都可在很大程度上影响违约概率。违约概率无法直接测量,只能通过违约历史记录估算得出,给定时间段内违约事件发生的数目与借款样本总数之比即为违约概率。

(二) 暴露风险

暴露风险由贷款余额(即风险暴露)的不确定性产生。例如，在一些商业银行的贷款安排中，一般允许客户在需要时提取授信额度，这些额度既取决于借款人的需要，又不能超越银行规定的授信额度限制，这种不确定性导致风险暴露的不确定性，暴露风险由此形成。金融衍生工具的出现使其他类型的暴露风险也不断产生，此时的风险除来自客户行为外，市场也催生了风险的发生。金融工具的清算价值取决于市场的波动和变化，当清算价值为正时，信用风险就会产生。

(三) 补偿风险

发生违约行为时，银行能得到的补偿额是无法估测的，这就是补偿风险。补偿风险又可被细分为抵押风险、第三方担保风险和法律风险。

(1) 抵押风险。抵押一直被视为控制信用风险的普遍办法。抵押品包括现金、金融资产、房产、飞机、轮船、机器设备等。抵押风险的大小由市场决定，若因市场价格的波动使抵押物缩水，则抵押风险就会加大。

抵押品的出现使风险变成了双倍风险，原因如下：首先，抵押品的估值行为存在不确定性；其次，抵押品的价值存在不确定性。所以从本质上说，为控制风险而使用抵押品的行为，是将信用风险转化成了补偿性风险或抵押品价格风险。

(2) 第三方担保风险。通过第三方担保风险可将借款人的信用风险转变为担保人的信用风险。然而担保人也会发生信用风险，此时的违约风险表现为借款人与担保人同时违约。在此情况下，如何评估、管理担保风险，是商业银行必须考虑的问题。

(3) 法律风险。法律风险取决于违约类型，发生违约行为并不意味着借款人在将来也不会偿还债务，但违约行为会引发各种行动，如双方会进行协商谈判，若谈判后问题仍无法解决，则只好诉诸法律。在这种情况，借款人的偿付行为将取决于法律判决。最好的情况，法庭判决借款人必须以各种方式还清贷款；最不利的情况，公司破产倒闭，银行基本无法追回贷款。

四、贷款信用风险控制方法

贷款信用风险控制的主要方法包括授权管理、额度授信、流程控制、风险定价四个方面。

(一) 授权管理

商业银行实行一级法人体制，必须建立法人授权管理制度。所谓授权管理制度，是指在商业银行总行一级法人统一管理下，在法定经营范围内对有关的业务职能部门、分支机构及关键业务岗位进行授权。所谓授权，是指商业银行对其所属业务职能部门、分支机构和关键业务岗位开展业务权限的具体规定。商业银行业务职能部门、分支机构和关键业务岗位应在授予的权限范围内开展业务活动，严禁越权从事业务活动。商业银行授权应坚持如下原则。

(1) 应在法定经营范围内，对其业务职能部门和分支机构实行逐级有限授权。

(2) 应根据各业务职能部门和分支机构的经营管理水平、风险控制能力、主要负责人业绩等,实行区别授权。

(3) 应根据各业务职能部门和分支机构的经营管理业绩、风险状况、授权制度执行情况及主要负责人任职情况,及时调整授权。

(4) 业务职能部门和分支机构超越授权,应视越权行为性质和所造成的经济损失,追究主要负责人及直接责任人相应的责任,实现权责一致。主要负责人离开现职时,必须要有上级部门做出的离任审计报告。

(二) 额度授信

额度授信是商业银行依据自身的信用风险战略、信贷政策、对客户的内部评级结果、客户承担债务的能力、银行自身的风险承受能力和客户的资金需求情况等,核定客户一定时期内的授信额度(包括综合授信额度和分项授信额度),以确定银行可以接受的风险程度。设置授信限额应坚持统一授信原则。商业银行各级业务职能部门及分支机构必须在规定的授信额度内对各地区和客户进行授信。商业银行额度授信的原则如下。

(1) 应根据不同地区的经济发展水平、经济和金融管理能力、信贷资金占用和使用情况、金融风险状况等因素,实行区别授信。

(2) 应根据不同客户的经营管理水平、资产负债比例情况、贷款偿还能力等因素,确定不同的授信额度。

(3) 应根据各地区的金融风险和客户的信用变化情况,及时调整对各地区和客户的授信额度。

(4) 应在确定的授信额度内,根据当地及客户的实际资金需要、还款能力、信贷政策和银行提供贷款的能力,具体确定每笔贷款的额度和实际贷款总额。授信额度不是计划贷款额度,也不是分配的贷款规模,而是商业银行为控制地区和客户风险所实施的贷款额度标准。

(三) 流程控制

(1) 客户调查与评价。客户调查与评价即商业银行首先收集客户的有关资料和信息,然后运用科学的评价方法,对客户一定经营时期内的偿债能力和信誉进行定量和定性分析,从而对客户的信用等级做出真实、客观、公正的综合评判。银行内部评级分析所必需的最低信息要求应包括客户的市场竞争力、财务状况、偿债能力、管理水平和发展前景等。

(2) 项目评估。项目评估指商业银行运用一定的技术手段,并咨询相关的行业专家和技术专家,对借款人的大额投资项目进行评估。评估内容包括客户的基本资料、投资项目的可行性和必要性、项目各项配套资金的筹集落实情况、项目的预期收益与风险、项目担保者的担保能力及其他相关情况,并提出项目评估报告。

(3) 信贷审批。信贷审批银行信贷投放的决策环节包括参谋咨询和主审决策。参谋咨询机构依据其他相关部门提供的评级结果、评估结论、授信限额、银行的信用风险战略、政策和其他资料,对各类信贷业务进行审查,向信贷主审批人提供参谋意见和决策建议。信贷主审批人在充分考虑参谋咨询机构所提供的正、反两方面的意见的基础上,依据所掌握的各种风险信息,进行综合分析和判断,并结合自身的经验,做出是否放贷的最后决策。

(4) 贷后检查与风险监测。贷后检查与风险监测指商业银行通过实地跟踪检查或利用风险管理信息系统和其他相关的技术手段,连续地对借款人的资信状况进行监测,以及对银行各项信贷业务组合的整体构成及其质量进行监测,了解借款人还款能力的变化情况以及分析信贷组合的风险暴露,并及时发出预警信号。

(5) 风险处置。风险处置指商业银行采取各种措施对已发生风险或存在潜在风险的信贷项目进行风险规避、寻求风险补偿或资产保全,包括债权转让、依法清收、抵押物处置和资产证券化等。

(6) 评价与反馈。评价与反馈指商业银行根据一定时期内所有信贷项目的投放与风险信息,对上述各决策环节的风险管理情况和执行效果进行总结和评价,并进行信息反馈,以作为进一步调整和完善信用风险战略与政策的参考。

(四) 风险定价

对贷款定价是银行放款时一项较困难的工作,银行希望收取足够高的利息以确保补偿银行的资金成本以及所承担的风险,但同时贷款利率也不能高到失去好的客户。我国商业银行贷款定价体系现正由统一定价向自主定价过渡,实行有管制的浮动利率体系。目前采用的贷款定价方法是在中国人民银行规定的贷款基准利率的基础上,对贷款价格进行上下浮动,浮动的幅度要在中国人民银行指定的区间之内。为了适应利率市场化的需要,商业银行应该建立一套更科学、合理的贷款定价体系,以提高其盈利能力和市场竞争能力。

第三节 贷款操作风险

除了贷款信用风险,贷款过程中的操作风险也对银行贷款构成威胁。本节将对贷款操作风险进行详细讲解。

一、贷款操作风险的概念及特点

贷款的操作风险是指由不完善或有问题的内部程序、员工和信息科技系统,以及外部事件所造成贷款损失的风险。本定义所指操作风险包括法律风险,但不包括策略风险和声誉风险。贷款操作风险是银行业金融机构面临的诸多风险中的一类,与信用风险、市场风险等并列。操作风险在于银行内部控制及公司治理机制的失效,这种失效状态可能因为失误、欺诈,未能及时做出反应而导致银行贷款损失,如银行信贷员从事职业道德不允许的或风险过高的贷款业务。操作风险的其他方面还包括信息技术系统的重大失效或诸如火灾等灾难事件。

在我国,商业银行贷款操作风险的表现形式主要有:员工方面表现为内部欺诈、失职违规;贷款内部流程方面表现为内部流程不健全、流程执行失败、控制和报告不力、文件或合同缺陷、担保品管理不当、与客户纠纷等;系统方面表现为信息科技系统和一般配套设备不完善;外部事件方面表现为外部欺诈、自然灾害等。

与贷款信用风险相比，贷款操作风险存在明显的特点。

(1) 风险的内生性。贷款操作风险中的风险因素很大比例上来源于银行的贷款业务操作，除自然灾害、恐怖袭击等外部事件引起的操作风险损失外，贷款操作风险大多是在银行可控范围内的内生风险。而贷款信用风险不同，它们更多的是一种外生风险。

(2) 风险与收益的对应关系不同。对于贷款信用风险来说，一般原则是信用风险高则收益高，信用风险低则收益低，存在风险与收益的对应关系。但贷款操作风险不同，银行不能保证因承担贷款操作风险而获得收益，而且在大多情况下，贷款操作风险损失与收益的产生没有必然的联系。

(3) 操作风险的多样性。贷款操作风险主要来源于内部程序、员工、科技信息系统和外部事件，而贷款信用风险主要来源于客户方面，即主要来源于银行的外部。

(4) 风险与业务规模大小不存在对应关系。贷款规模大的商业银行受到操作风险冲击的可能性最大，但并不一定规模大的银行贷款操作风险一定就大，还要考虑内部操作系统的稳健、控制程序和技术安全等多个方面。

二、贷款操作风险必须重视的问题

贷款的信用风险可以根据贷款的违约率、贷款损失率等有关因素估计可能给银行造成的损失。贷款的操作风险与信用风险不同，贷款操作风险不能像信用风险那样确定给银行造成的具体损失，但银行发生的一些大案表明银行贷款操作风险是不容忽视的问题，银行必须加以重视，如表 7-1 所示。

表 7-1　中国银行业部分重大操作风险事件

年份	案发单位	损失原因	直接损失
2001	中国建设银行长春支行	内外勾结贷款、票据诈骗	损失 3.28 亿元
2002	中国银行开平支行	三任行长监守自盗，作案 9 年，窃取资金	损失 40 亿元，约 4.83 亿美元
2002	中国农业银行贵州荔波县支行、中国工商银行贵州省分行瑞金支行	内外勾结，票据诈骗	骗取资金 1.28 亿元，后有 600 万元未追回
2003	中国建设银行广东省珠海市分行丽景支行、中国工商银行河南省分行经纬支行	内外勾结，票据诈骗	骗取资金 1.3 亿元，其中 6 000 万元未追回
2005	中国建设银行吉林省分行原朝阳支行、铁路支行	内外勾结贷款、承兑汇票的诈骗	骗取资金 3.28 亿元
2005	中国银行北京分行	内外勾结，以烂尾楼重复抵押骗取贷款	骗取贷款 6.4 亿元

(续表)

年份	案发单位	损失原因	直接损失
2005	中国农业银行包头市分行汇通支行、东河支行	内外勾结，骗取贷款	骗取贷款 1.15 亿元
2005	中国光大银行广州越秀支行	内外勾结骗贷	骗取贷款 9 500 万元，后有 4 865 余万元没能追回
2005	中国银行黑龙江分行河松街支行	内外勾结，票据诈骗	损失约 10 亿元
2006	中国银行黑龙江分行双鸭山四马路支行	内外勾结，汇票诈骗	诈骗金额 9.146 亿元，尚有 4.325 亿元未收回

三、贷款操作风险的类型

根据《新巴塞尔协议》的定义分析，贷款操作风险按风险类型可以分为四种，分别为人员因素风险、内部流程风险、系统风险和外部事件风险。

(一) 人员因素风险

商业银行所面临的操作风险绝大多数都与人员因素有关。人员因素引起的操作风险是指由于银行内部员工的行为不当(包括无意行为和故意行为)，人员流失或关系到员工利益的事件发生从而给银行贷款带来损失的情况。人员因素涵盖了所有与信贷有关的银行内部事件引起的操作风险，具体包括内部欺诈、员工失职违规、知识技能匮乏、核心雇员流失等。

(1) 内部欺诈。商业银行内部信贷人员所具有的信息、身份优势为其进行违法活动提供了可能，而且由于银行信贷人员的"内部人"身份，使得银行信贷人员内部作案更加难以防范。由银行信贷人员违法行为导致的贷款操作风险主要是骗贷。从我国的情况来看，商业银行员工违法行为导致的贷款操作风险主要集中于内部人作案和内外勾结作案两种。

(2) 员工失职违规。商业银行内部信贷人员因没有按照内部信贷人员守则、贷款业务流程及管理规定操作或者办理贷款业务造成的风险，主要包括因过失、未经授权的信贷业务以及超越授权的活动。各商业银行完成股改上市后，在发展业务的冲动和各分支机构考核的沉重压力下，很有可能造成基层分支机构以越权放款或化整为零、短贷长占、借新还旧等方式规避上级行的监管，追求片面的信贷业务余额增长，忽略长期风险的控制。这种操作风险是由信贷主管人员及业务人员在业务操作过程中造成的，难以事先预测且具有非故意行为的特征，因而更加难以防范。

(3) 知识、技能匮乏。商业银行信贷人员由于知识、技能匮乏而给商业银行造成的风险，主要有以下三种行为模式。

① 在工作中，自己意识不到缺乏必要的信贷知识，按照自己认为正确而实际错误的方式工作。

② 意识到自己缺乏必要的信贷知识，但由于颜面或其他原因而不向管理层提出或者声明其

无法胜任某一工作的情况。

③ 意识到本身缺乏必要的信贷知识,并进而利用这种缺陷。

在前两种情况下,有关人员按照他认为正确的方式工作,如果他们负责信贷管理工作,可能会给商业银行贷款带来很大的风险,而第三种情况属于欺诈,肯定会造成银行的现实损失。

(4) 核心雇员流失。信贷方面的核心雇员具备商业银行一般员工不普遍具备的知识,或者主要人员能够快速吸收商业银行信贷方面的知识。这些人员掌握商业银行大量的技术和关键信息,他们的流失将给商业银行带来不可估量的损失。核心雇员流失体现为关键人员依赖的风险,包括缺乏足够的后援,相关信息缺乏共享和文档记录,缺乏岗位轮换机制。

(二) 内部流程风险

流程因素引起的操作风险是指由于商业银行业务流程设计不合理或者流程没有被严格执行而造成损失的风险。流程因素分为业务流程设计不合理和没有严格执行流程,主要表现为以下两个方面。

(1) 文件、合同缺陷。对于商业银行来说,合同或者文件可能存在着以下几个方面的法律风险。

① 合同文本滞后的风险。商业银行所使用的合同文本常常是由其事先印制好的。银行一旦采用就是一个持续、恒定的过程,一般不会轻易改变。这期间如果国家对法律做出调整和修改,旧有的合同文本就会产生一种严重的滞后现象,使合同文本中的许多条款内容不适应新的法律规定,金融机构如果不能及时加以更换,就会使采用合同的过程布满"陷阱"。

② 内容设置违法的风险。依据《中华人民共和国合同法》(以下简称《合同法》)的规定,借贷双方当事人在签订借款合同时,应当自觉遵循自愿、公平、诚实信用、守法和尊重社会公德的原则,合理地确定借贷双方的权利义务。但金融机构在借贷实践中,往往容易出现过于强调保护自身利益而忽略借款人或其他相关人的利益保护,违反自愿、公平等合同基本原则,利用自身有利地位,将意志强加于借款人或其他相关人的利益的现象,从而产生影响借款合同效力的风险。《合同法》规定:"采用格式条款订立合同的,提供格式条款的一方应当遵循公平原则确定当事人之间的义务,提供格式条款的一方免除其责任、加重对方责任、排除对方主要权利的,该条款无效。"由此可见,合同条款如果违反借款人的真实意思表示,以致双方权利义务严重失衡时,借款人可以依法要求确认其无效。这种情况一经发生,必然要对贷款人债权的实现构成一种严重的威胁。

③ 不履行告知义务的风险。《合同法》规定:"借贷双方在缔约中,贷款人对格式贷款合同中免除或限制自己责任的条款应当采取合理的方式提请对方注意,并按照对方的要求,对该条款予以说明。"这一规定明确告诉人们,贷款人在使用格式贷款合同时,必须遵守一项法定的告知义务,即对那些"宽己严人"的免责条款必须以合理的方式向借款人进行提示和说明。这里的所谓合理方式主要指以能引起借款方注意,提醒强调和吸引对方注意力的方式。通常可采取要求借款人签字、个别告知或对这些条款以更醒目的字体、字号标明注意事项、填写说明

书等。提醒借款人注意必须在合同签订之前提出,否则,该类条款不产生约束力。由此可见,贷款人在签订格式借款合同前,如果违反《合同法》规定,不向借款人履行告知义务,必将给自己带来非常严重的后果。

④ 条款含义不清的风险。在处理合同纠纷时,如果借贷双方对格式合同的条款含义发生分歧,即合同条款存在两种以上的解释,人民法院或者仲裁机构将依据《合同法》的规定做出不利于提供格式条款一方即贷款人一方的解释。法律之所以这样规定,是由格式借款合同的性质所决定的,因为格式借款合同是由贷款人一方预先拟定,又未与借款人预先协商,因此,法律要保护处于相对弱势地位一方,即借款人一方的利益。

(2) 错误监控、报告。贷款错误监控、报告是指商业银行贷款监控、报告流程不明确、混乱,负责监控、报告的部门的职责不清晰,有关数据不全面、不及时、不准确,造成未履行必要的汇报义务或者对外汇报不准确。银监会督促各商业银行加强公司治理机制,完善内部报告流程和信息披露工作。各商业银行在贷款监督、报告的流程、频率和路线方面出现问题,造成决策层或管理层不能及时发现并监督整改,形成的损失较难统计,但是应当形成有效的跟踪和反馈机制。

(三) 系统风险

银行业是一个高度依赖电子化系统的行业,系统的良好运转是保证银行正常运营和发展的基本条件,系统因素给银行带来的操作风险也不容忽视。系统因素引发操作风险的情况可以分为数据、信息质量问题,违反系统安全规定,系统设计开发的战略风险,系统的安全稳定性等。对于基层分支机构来说,数据、信息质量问题是最主要的系统风险。银行贷款业务的开展是建立在充分获取客户信息的基础之上的。银行必须首先获取客户的完整信息,然后才能分析评估,决定是否放贷。这就要求银行确保客户信息以及经营管理信息的真实性、安全性和有效性。数据的丢失将给银行带来巨大损失。

(四) 外部事件风险

银行贷款的经营是处于一定的政治、经济和社会环境中的,经营环境的变化以及外部事件都可能影响银行的经营活动和风险状况。外部事件引起银行操作风险的范围非常广泛,可以分为外部欺诈、外部突发事件和外部经营环境的不利变化。外部事件引起的操作风险中最主要的是外部欺诈。外部人员的蓄意骗贷行为是给银行造成贷款损失最大、发生次数最为频繁的操作风险之一。外部人员精心设计的骗局有时令银行防不胜防。由于外部欺诈不易预测,银行只有加强内部控制来积极防范风险。

近年来,随着贷款操作风险的频繁发生以及损失数额的不断增大,商业银行开始重视对操作风险的管理。然而从我国情况来看,贷款操作风险至今没有得到足够重视。例如,针对金融诈骗案的频繁发生,很多银行加强了稽核监督,然而并没有将此类案件划归操作风险范畴。银行不能从整体上把握其操作风险,也就不能对其准确计量。

四、贷款操作风险的形成原因

贷款的操作风险是商业银行基层面临的主要风险之一,要达到防控贷款操作风险的目的,必须了解贷款操作风险的形成原因。

(一) 员工的素质问题

近年来,商业银行的信贷业务发生了很大的变化。很多信贷员的经营理念、政策水平、专业知识和操作技能等很多方面已经远远不能够适应新的形势,而且工作忙、学习时间不足、学习内容的滞后更是加大了人员方面的风险。不仅如此,少部分信贷人员工作责任心不强、疏忽大意,甚至放弃和滥用职责所造成的风险损失屡见不鲜。

(二) 贷款"三查"制度流于形式

贷款"三查"制度是在长期的信贷管理过程中形成的有效的贷款管理制度,然而在目前实际贷款管理过程中并没有得到很好的贯彻执行。有的信贷人员对借款人、保证人的资信状况,担保能力等缺乏深入的调查研究,不能准确地掌握借款人、保证人的经济效益和信用程度。例如,某些调查报告只是信贷人员根据贷户的一面之词而写来应付检查的。对借款人、保证人(单位)在其他金融机构有不良贷款的贷户仍然发放贷款;审查贷款不严格,重形式轻内容,对不符合产业政策的项目仍然发放贷款等;贷后检查不及时,在实际工作中,许多到期贷款因为信贷人员催收不到位,造成了贷款超过了诉讼时效,无法起诉。由于贷款"三查"制度流于形式,导致贷款出现风险难以控制。

(三) 缺乏科学的可行性分析和项目评估

无论经营哪一种业务,事先都必须进行可行性分析,预测其经营的后果及可能产生的风险。商业银行发放固定资产贷款时,除企业必须做出可行性分析的书面报告以外,还应进行深入、细致的贷款项目评估。目前,商业银行在审查贷款项目时,虽然表面上进行了可行性分析,项目评估,但实际上相当一部分是在走形式,项目评估缺乏准确性、科学性,由此而做出的贷款决策可能产生较大风险。不仅如此,甚至有些商业银行根本不进行项目评估,单凭决策者的主观经验决策贷款,这就更有可能产生贷款风险。

(四) 贷款信息不灵

商业银行任何一项经营决策,必须依靠及时、准确的信息,才能做出贷与不贷的科学决策。至于贷多贷少,期限长短,则要通过企业的生产经营和财务资金方面的信息来判断。如果信息不准、不灵敏、反馈不及时,往往导致贷款决策失误,发生风险损失。

(五) 监督机制乏力

目前,商业银行的监督检查机制不健全,缺乏有效的监督机制,商业银行现有的稽核部门发挥的作用有限。

五、防范贷款操作风险的措施

(一) 加强员工素质教育

防范贷款操作风险最为首要的问题是加强员工教育,不断提高员工的政治素质和业务技能。

(1) 加强政治素质教育,使员工树立正确的世界观、人生观、价值观,不断提高辨别是非的能力,站稳政治立场。

(2) 加强风险防范教育,不断提高员工防范风险的能力。

(3) 加强职业道德教育,制定岗位道德规范,把履行职责、清正廉洁作为重要内容,认真组织学习,逐条进行落实,以此规范员工的行为。

(4) 加强法制教育,组织学习法律知识,增强员工反腐倡廉和遵纪守法的自觉性。

(5) 加强业务技能培训,使员工更加明确岗位职责、操作规程和各项规章制度,掌握岗位工作所需的基本技能和技巧,不断改进工作方法,提高分析问题和解决问题的能力。

(6) 充分发挥员工的敬业精神。在岗员工要尽职、尽责、尽心、尽力,团结一致,取长补短,爱岗敬业。

(二) 制定明确而具体的贷款管理程序和操作规程

加强操作风险管理,让制度真正落实到位。进一步创新内部管理制度,提高员工执行规章制度的意识,让制度管人、约束人,用制度规避操作风险,使其不能为、不敢为,只有这样,才能有效地杜绝操作风险。要定期对关键岗位工作人员进行强制休假,坚决执行定期轮岗和岗位交流制度,做到问题早发现、风险早预防。建立和完善分层次、分行业、分种类的信贷管理规章制度和办法,明确各层面的信贷管理职责和权限,确保每一笔贷款从发放、使用到收回各个环节都有据可依,人人都按规定程序操作,最大限度地避免贷款发放、管理、使用中可能出现的随意性。

(三) 加强信息的收集,做好信贷档案管理

多角度、多渠道地收集各种信息,为贷款的发放积累足够的信息基础。信贷档案是贷款管理过程的详细记录,一套完整的信贷档案可以有效地把好贷款出口关,可以有效防范规避借款人的经营风险,可以为信贷风险预警提供有效依据,还可以为贷款收回以及贷款责任追究提供良好的依据。

(四) 建立贷款责任追究机制

加大对违规违纪案件的责任追究力度,确保信贷人员能够严格地按照信贷管理程序和信贷管理要求去发放和管理贷款,真正做到"包放、包收、包效益"。同时将信贷管理质量纳入对信贷人员的考核,与效益工资挂钩,充分调动了信贷管理人员的积极性。

(五)加大监督检查力度,强化信贷"亮账"制度

对信贷检查和信贷"亮账"中存在的问题认真纠改,并注意研究形成各类问题的原因,及时总结信贷管理中的经验教训,举一反三,积极堵塞各种漏洞。

第四节 贷款风险分类

信贷资产风险分类是商业银行按照风险程度将信贷资产划分为不同档次的过程,其实质是根据债务人正常经营状况和担保状况,评价债权被及时、足额偿还的可能性。

一、贷款风险分类的含义

贷款风险分类是银行的信贷分析和管理人员、银行监管官员或其他有关人员,综合能够获得的全部信息,并运用最佳判断,根据贷款的风险程度对贷款质量做出评价。贷款风险分类不仅是分类的结果,实际上也包括了分类的过程。

中国人民银行从1998年5月开始试行《贷款风险分类指导原则》,并于2001年12月修订后正式发布。指导原则采用贷款风险分类方法,按风险程度,将贷款划分为正常、关注、次级、可疑和损失五类,亦称五级分类。五级分类各档次分别定义如下。

(一)正常类贷款

借款人不仅正常履行合同,按时足额还本付息,并且无论是从借款人本身还是从外部环境,都没有理由怀疑贷款的本息不能按时偿还。

(二)关注类贷款

贷款的本息偿还仍然正常,但是发生了一些可能会影响贷款偿还的不利因素。这些因素目前对贷款的偿还尚未构成实质影响,然而如果这些因素继续下去,则有可能使贷款发生损失。

(三)次级类贷款

贷款的缺陷已经很明显,借款人依靠其正常经营产生的现金流量已经无法偿还贷款,即使通过重新融资也不能归还全部贷款本息,按照审慎的会计制度,贷款本金或利息拖欠超过90天,一般要划分为次级类贷款。

(四)可疑类贷款

可疑类贷款具备次级类贷款的所有特征,只是程度更加严重。即使履行担保,贷款本息也肯定要发生损失。由于存在一些影响贷款偿还的重大不确定性,例如贷款正在重组或者诉讼等原因,对损失的程度尚难以确定,故为可疑类贷款。从期限上考察,贷款本息逾期180天以上的,至少要划分为可疑类贷款。

(五) 损失类贷款

无论采取什么措施和履行什么程序，贷款都注定要全部损失；或者虽然经过大量努力能够收回极少部分，但其价值已微乎其微，已经没有意义将其作为银行的资产在账面上保留。贷款逾期360天以上，就应当划分为损失类贷款。

上述贷款风险分类方法，是将贷款的质量和风险与借款人的生产经营、财务状况、市场环境、抵押品、信用记录等多种因素紧密地联系起来，能客观地评价借款人清偿能力的高低和贷款风险的程度，具有较强的综合性、技术性和专业性。其最大的特点就在于使银行通过贷款风险分类，及时发现借款人存在的问题，并在贷款风险出现以前进行监测与控制，有利于银行的信贷管理。

二、贷款风险分类的意义

银行进行贷款风险分类的必要性和意义主要体现在以下几点。

(一) 贷款的特性决定贷款没有市场价格

银行的其他资产，例如有价证券，可以按照市场价格定值。但是一般情况下，一家持续经营的银行，贷款因客户和项目的差异而不同质，很难对其标准化。银行贷款在绝大多数情况下没有可观察到的统一市场价格，这一点与股票、外汇等其他有价证券具有根本的区别。即使是破产清算的银行，对于不同质的贷款，也无法按照一定的标准、程序、方法对贷款逐笔分类。

(二) 贷款风险分类是银行稳健经营的需要

商业银行承担金融中介职能，把储蓄转化为投资，具有与生俱来的风险。银行吸收公众存款，到期必须足额支付，否则会触发挤兑。但是银行发放的贷款到期却不一定能够收回，这是因为借款人偿还贷款的能力具有不确定性，因此贷款从发放之日起，就伴随着倒账的风险。商业银行要在风险中生存发展，必须稳健经营，而稳健经营的前提是不仅要化解已经发生的风险，而且还要及时识别和弥补那些已经发生但尚未实现的风险，即内在风险。各国金融危机的教训，尤其是2007年爆发的全球金融危机表明，合理的贷款分类方法，是银行稳健经营不可缺少的前提条件。贷款风险分类除了帮助识别贷款的内在风险以外，还有助于发现信贷管理、内部控制和信用文化中存在的问题，从而有利于银行改善信贷管理水平。

(三) 贷款风险分类是金融审慎监管的需要

金融监管当局要对金融机构实行有效监管，必须有能力通过非现场体系，对金融机构的信贷资产质量进行连续监控，并通过现场检查，独立地对金融机构的信贷资产质量做出评估，而这些都离不开贷款风险分类的标准和方法。除此之外，监管当局还有必要对金融机构的信贷政策、程序、管理、控制做出评价。这其中包括对金融机构的贷款风险分类制度、程序、控制，以及贷款风险分类的结果是否连贯可靠做出评价，没有这些，监管当局的并表监管、资本监管，流动性的监控等都失去了基础。

(四) 贷款风险分类标准是利用外部审计师补充金融监管的需要

外部审计师是帮助金融机构防范金融风险不可缺少的力量。英国银行监管当局按照法律的规定，经常委托外部审计师检查金融机构。我国在目前金融监管人员严重缺乏的情况下，利用外部审计师的力量补充金融监管的不足，尤其有重要意义。即使将来银行监管人员充足了，外部审计师在银行监管方面的作用也不会消失。对于申请上市的银行来说，证券监管当局规定必须由认可的审计机构对其财务状况做出审计，并按照审慎会计准则和五级分类的标准，披露不良资产、准备金和资金充足状况。综上所述，建立一套统一规范的贷款风险分类方法，有助于保证信贷资产质量审计的质量。

(五) 不良资产的处置和银行重组需要贷款风险分类方法

对于商业银行拍卖或批量出售的不良资产，潜在的投资者需要做出尽职调查，对资产质量做出评估，才能做出投资决策，当一家金融机构出现了问题，需要对其重组的时候，潜在的投资者首先需要了解银行的净值，为此也要对被重组银行做出尽职调查。所有这些都需要利用贷款分类的理念、标准和方法，以风险为基础的贷款分类方法，为不良资产评估提供有用的理论基础和方法。

三、贷款风险分类的程序

贷款风险分类涉及面广、实践性强，在一个不断变化、充满了不确定性因素的客观世界里，影响贷款偿还的原因不仅众多，而且易变。因此，贷款风险分类的方法不可能公式化、简单化，贷款风险分类的结果是否准确，在很大程度上取决于信用分析人员及分类人员的经验、知识和判断能力。一般而言，贷款风险分类应遵循以下程序。

(一) 收集并填写贷款分类的基础信息

贷款信息是否充分、可靠，直接影响到贷款风险分类结果的准确性。因此，分类人员首先必须阅读信贷档案，注意收集有利于分析、判断借款人偿还可能性的重要信息。必要时，可有针对性地对借款人及其关联客户、有关管理部门等进行现场调查或查询，然后根据要求逐一填列到贷款分类认定表中。贷款风险分类认定表需要的基础信息一般应包括以下内容。

(1) 借款人的基本情况，一般包括以下内容。

① 借款人的名称、地址、营业执照、贷款卡及在中国人民银行信贷登记咨询系统的流水账单、税务登记证、特殊行业生产经营许可证、业务经营范围和主营业务、公司章程、法定代表人身份有效证明等。

② 组织结构、高级管理人员，以及附属机构情况。

③ 借款人经营历史、信用等级，以及保证人的基本情况。

(2) 借款人和保证人的财务信息，包括以下内容。

① 借款人的资产负债表、损益表、现金流量表、外部审计报告、借款人的其他财务信息。

② 保证人的资产负债表、损益表、现金流量表、外部审计报告及其他财务信息。

(3) 重要文件，包括以下内容。

① 法律文件，包括借款合同、借款借据、抵押合同、担保书、董事会决议、合同附加条款、关系人放款合同、股权证明、保险合同、租赁转让协议，以及其他法律文件。

② 信贷文件，包括借款申请书、贷款调查报告、贷款审批报告、承诺函、贷款检查报告、备忘录、催款通知书、还款记录，以及其他信贷文件。

(4) 往来信函。往来信函包括与其他银行的咨询信函，信贷员走访考察记录及备忘录等。

基础信息收集以后，分类人员需要将重要信息与分析、数据、比率以及各种相关的资料分别记录在《贷款分类认定表》上。《贷款分类认定表》有两张，需要填写的内容大约有60多个项目。第一张是主表，主要填写贷款的基本信息、贷款分类的不利因素及最后分类理由的综述。第二张表是附表，是支持分类结果的有关抵押物情况，借款人、担保人的连续三期财务信息分析等。《贷款分类认定表》应按借款合同逐笔填写，一份借款合同填写一份报告表。填写《贷款分类认定表》贯穿贷款分类过程的始终，有的银行以备忘录的形式概括对贷款的分析和分类结果，但备忘录包含的信息与报告表的内容是一致的。

(二) 初步分析贷款基本情况

分类人员应根据收集、整理的基础信息进行审查、分析，对贷款正常与否做出初步判断。分析的重点是审查贷款合同约定的用途、还款来源与贷款的实际运用、归还是否一致；贷款期限是否与资产转换周期相匹配；借款人能否正常还本付息，是否出现了不利于贷款偿还的因素等。

(1) 分析贷款目的。贷款的合同用途与实际用途是否一致，是判断贷款正常与否的基本标志，因为贷款一旦被挪用，就意味着将产生更大的风险。而贷款用途与借款人资金需求有关，在贷款分类中，对借款人资金需求进行分析，对于正确判断解贷款的内在风险很有帮助。

(2) 分析还款来源。通常来说，借款人的还款来源不外乎现金流量、资产转换、资产销售、抵押品的清偿、重新筹资，以及担保人偿还等。由于这几种来源的稳定性和可变现性不同，成本费用不同，风险程度也就不同。由于在分类中，判断借款人约定的还款来源是否产生收益需要一个时间过程，而在这个过程中存在很多变数，通常变数越多面临的风险也就越大，因此需要进一步确定目前的还款来源是什么，与合同约定的是否一致，进而判断贷款的偿付来源主要来自哪个渠道，风险是高还是低。

(3) 分析资产转换周期。资产转换周期是银行信贷资金由金融资本转化为实物资本，再由实物资本转化为金融资本的过程。资产转换周期的长短，一般应该是银行确定贷款期限的主要依据，有些贷款逾期就是因为借款合同比资产转换周期短。

(4) 查验还款记录。还款记录对于贷款分类的确定具有特殊作用。一方面，还款记录直截了当地说明，贷款是在正常还本付息，还是发生过严重拖欠或被部分注销，贷款是否经历重组，本息逾期的时间,是否已经挂账停息,以及应收未收利息累计额。这些信息对贷款分类无疑是必要的。没有还款记录或还款记录完全正常,有还款记录并且还款记录不正常,信贷人员可以很快地对贷款做出基本判断。另一方面,还款记录还是判断借款人还款意愿的重要依据。因为一个人的意愿往往不可以直接观察到,而只能根据历史记录的事实推断。

(三) 确定还款可能性

评估贷款归还的可能性应考虑的主要因素按性质大体可归纳为财务、现金流量、抵押品和担保评估、非财务因素及综合分析等方面。

(1) 财务分析。在贷款的分类中,借款人的经营状况是影响其偿还可能性的根本因素,其财务状况的好坏是评估偿债能力的关键。通过财务分析,可以评价企业资本收益率能力、企业财务稳健性、是否具有清偿债务的能力,以及企业未来的发展前景如何等,从而对贷款分类做出较准确的判断。

(2) 现金流量分析。贷款风险分类主要考察借款人的内在风险程度,即贷款偿还的可能性,这主要取决于借款人的还款能力。还款能力的主要标志是借款人的现金流量是否充足,即来自经营活动的现金流量是否能够偿还贷款本息。

(3) 抵押品和担保评估。在对借款人的现金流量和财务进行分析之后,信贷人员对借款人的第一还款来源和还款能力有了清楚的认识。但是当借款人的财务状况出现恶化、借款人不按照借款合同履行义务时,就要分析抵押和担保状况,抵押和担保作为借款人的信用支持为贷款的偿还提供了第二还款来源。但是,信用支持不能取代借款人的信用状况,抵押和担保只是保证偿还的一种手段,在还款来源上绝不能依赖抵押品和担保。取得了抵押品或担保,如果不能如期还款,即便是再好的抵押品也不会使一桩交易变好,它不能取代贷款协议的基本安排,也不一定能够确保贷款得以偿还,它只能是降低风险,而不能完全消除风险。

(4) 非财务因素分析。除了上述财务因素和抵押担保状况对还款可能性会产生很大影响外,其他一些非财务因素如行业环境、企业管理、还款意愿、银行信贷管理等都会对还款能力产生影响。通过对非财务因素进行分析,能够帮助信贷分析人员进一步判断贷款偿还的可能性,使贷款分类结果更加准确。

(5) 综合分析。进行各种信用分析时,信贷人员必须明了每种分析方式的优点和局限性。因此,在确定还款可能性时,最主要的是对影响还款可能性的所有因素进行综合分析。从借款人偿还贷款本息情况、财务状况、信用支持状况等方面进行综合考察、多维分析,并将各种分析结果进行比较,差异较大的要进一步研判,最终形成对借款人偿还贷款可能性的基本判断和总体评价。

(四) 确定贷款风险分类结果

通过以上各种因素的分析,银行可以掌握大量的信息,并且对贷款偿还能力与偿还可能性有了一定的分析与判断,因此,在这个基础上,按照贷款风险分类的核心定义,比照各类别贷款的特征，如表 7-2 所示，银行就可以对贷款得出最终的分类结果。

表 7-2　各类贷款的主要特征

风险分类	主要特征
正常类贷款	借款人有能力履行承诺，并且对贷款的本金和利息进行全额偿还
关注类贷款	(1) 净现金流减少； (2) 借款人销售收入、经营利润在下降，或净值开始减少，或出现流动性不足的征兆； (3) 借款人的一些关键财务指标低于行业平均水平或有较大下降； (4) 借款人经营管理存在较严重的问题，借款人未按规定用途使用贷款； (5) 借款人的还款意愿差，不与银行积极合作； (6) 贷款的抵押品、质押品价值下降； (7) 银行对抵押品失去控制； (8) 银行对贷款缺乏有效的监督等
次级类贷款	(1) 借款人支付出现困难，并且难以按市场条件获得新的资金； (2) 借款人不能偿还对其他债权人的债务； (3) 借款人内部管理问题未解决，妨碍债务的及时足额清偿； (4) 借款人采取隐瞒事实等不正当手段套取贷款
可疑类贷款	(1) 借款人处于停产、半停产状态； (2) 固定资产贷款项目处于停缓状态； (3) 借款人已资不抵债； (4) 银行已诉诸法律来回收贷款； (5) 贷款经过了重组仍然逾期，或仍然不能正常归还本息，还款状况没有得到明显改善等
损失类贷款	(1) 借款人无力偿还，抵押品价值低于贷款额； (2) 抵押品价值不确定； (3) 借款人已彻底停止经营活动； (4) 固定资产贷款项目停止时间很长，复工无望等

注：表中只对各类特征做了提示性的归纳，在实际贷款的发放过程中，影响某些贷款偿还的特征可能远比列举的复杂。

四、不同类别贷款的风险分类

在具体分类时，对于需重组的贷款，银团贷款，政府保证贷款，违规贷款，表外信用替代项目，国际贸易融资，国债、货币质押类贷款，承兑汇票贴现等，由于贷款的种类、用途及性质的不同，在分类时应从其不同的风险程度角度进行考虑和判断。

(1) 重组贷款。对于需要重组的贷款，一般来说，贷款只有在发生偿还问题后才需要重组。银行应对重组贷款予以密切监督。在分析需重组的贷款时，重点应放在借款人的还贷能力上。

由于借款人不能满足最初商定的还款条件,往往需冲销一部分本金或减免部分利息。在这种情况下,贷款分类时,不能把保留的账面余额都归为次级类贷款。

(2) 银团贷款。对于银团贷款,贷款风险还是应该注重借款人的经营风险,根据借款人的经营状况,依据一般贷款标准进行分类。但是银团贷款的牵头行在贷款的合同与协议安排方面负有管理的责任,如果合同与协议的约定本身不利于贷款偿还,那么,这样的贷款至少为关注类贷款。

(3) 政府保证贷款。关注政府保证的贷款,在银行发放的许多贷款中,尤其是对国有借款人或某些关系国计民生的重要借款人的贷款,都是由政府部门提供保证的。实际操作中,在某些情况下,政府保证的贷款并没有理论上那样可靠,在预算紧张的情况下,政府可能无法获得额外的资金以履行其保证责任,银行花费许多精力后仍然会无济于事,因此,银行在发放由政府保证的贷款时,仍要保持谨慎。

(4) 违规贷款。关于违规贷款,违规行为使贷款的风险放大了,影响贷款的正常偿还,而且有的违规行为引发的风险已非常严重,因此,即使贷款的偿还从目前看有充分保证,但存在着法律执行风险的问题,这样的贷款至少为关注类贷款。

(5) 表外信用替代项目。关于表外信用替代项目,包括贷款承诺、商业信用证、备用信用证、担保、承兑汇票等,也可以参照贷款风险分类的原理和方法对其进行风险分类。一般情况下,一旦表外业务出现了垫款,形成了信用证垫款,这样的项目至少为次级类贷款。

(6) 国际贸易融资。国际贸易融资包括进口押汇、出口押汇、打包放款、票据贴现等项业务,由于贸易融资本身的特殊性质,贸易融资项下的风险等级划分是不同的,应根据相应特点进行分类。

(7) 国债、货币质押类贷款。国债、货币质押类的贷款如果质押手续完备有效且质物足值,就等同于有充分的还款保证,可视作正常类贷款。如果质押手续完备有效,质物不足值、分类时可进行拆分,足值部分属正常类贷款,不足值部分属次级类贷款。如果质物足值,质押手续存在瑕疵,就为关注类贷款。如果质押手续存在严重缺陷,足以构成质押无效的,至少为次级类贷款以下。

(8) 承兑汇票贴现。承兑汇票贴现的分类可综合考虑承兑人、贴现申请人及贴现担保人的条件等情况,执行贷款分类标准。凡具有合法商品交易背景、票据真实、贴现手续完备有效、背书完整有效但超出银行允许范围的银行承兑汇票,为关注类贷款。如果承兑银行经营状况不佳,出现流动性困难,贴现手续不完全、有重大缺陷并足以造成不能顺利收款的,可分为次级类贷款。

第五节 贷款风险的防范与控制

贷款风险的防范与控制是个系统工程,涉及面广、层次性强,必须依据控制论和系统工程原理,建立、健全贷款风险管理机制,实现贷款风险管理的系统化、制度化、规范化,才能有效地防范与控制风险。

一、建立贷款风险管理部门，明确贷款风险管理责任

商业银行为了确保贷款风险管理的实现，应设立履行贷款风险管理职能的专门部门，由该部门具体执行董事会与高级管理层制定的贷款风险管理政策，制定并实施识别、监测和控制贷款风险的制度、程序与方法，行使贷款日常风险管理职责。风险管理部门还要负责指导和监督业务管理层及分支机构的风险管理活动，在全行范围内对信用风险、市场风险、操作风险等各类风险进行持续的监控。

不同的组织结构和风险管理制度安排下，风险管理部门设置也呈现出不同的模式。有的银行由风险管理部与其他部门共同执行风险管理职能，如目前的中国银行。有些银行采取事业部模式，将风险管理部门设置在各个事业部内部，如在个人金融部、公司金融部、资金营运部下分别设置风险管理部门。还有的银行在总行层面设立一个与其他业务部门平行的独立风险管理部门，其下再分别设立管理不同风险的二级风险管理部门，如中国建设银行。中国建行银行设立的"矩阵型管理模式"实施以纵向的"报告线"为主、以横向的"报告线"为辅的二维风险报告制度，使贷款风险管理得到全面的贯彻落实。

除贷款风险管理部门以外，商业银行还应设立全行系统垂直管理、具有充分独立性的内部审计部门，内部审计部门应配备具有相应资质和能力的审计人员，应有权获得商业银行的所有贷款经营、管理信息，并及时进行审计。

二、完善信贷风险分析评价机制

建立和完善科学、有效的信贷风险分析评价机制是确保实施正确决策的前提和基础。

(1) 建立和完善自身的业务经营风险分析体制，即建立一套以分析企业还款能力及企业信用状况为核心的资产风险分析指标体系，通过不间断地分析信贷统计月报、信贷管理月报、业务状况表、损益表及收息月报表，查找经营管理中存在的问题及可能发生的潜在风险，针对存在的问题和管理中的漏洞及时采取有效的防范措施加以解决。

(2) 建立和完善涉足行业及开户企业信用的分析评价机制。一是对涉足行业进行分析，就是在分析国家当前的经济运行情况及相关政策导向的基础上，结合行业所处的经济周期，分析投入资金需求量、风险度等，以确定贷款投向及控制贷款额度；二是对开户企业进行信用分析评价，即建立和完善一套定量与定性相结合的信用评定体系，通过分析企业会计报表及相关的业务经营活动，对企业的经营状况及信用程度进行量化评级，根据评定结果来确定和控制贷款发放的额度、方式及期限，有效抑制借款人投资膨胀欲望，从源头上防范信贷风险。

三、完善信贷风险决策机制

把好贷款审批关，正确选择贷款投向是新增贷款风险管理的关键。按照内部控制的"不相

容岗位分离"原则,建立"信贷制度制定权""贷款发放执行权"和"风险贷款处置权"三权分立的贷款决策组织结构,建立和完善相对独立的风险调查制约系统、风险审查制约系统、风险审批制约系统和风险检查制约系统。一是要根据贷款行的实际情况,对权、责、利进行合理划分,明确各级人员处理某项业务的权力,建立和完善科学、有效的贷款审批制度,合理确定贷款审批权限;二是坚持实行三权分立的贷款决策机制,客户部门应严格进行贷前调查,信贷管理部门应根据客户部门提供的调查资料进行审查,贷款审批委员会负责对通过审查的项目进行审批,风险部门负责不良贷款的清收、处置工作;三是建立贷款集体审批制度,对全行的重大经营决策、大额贷款的发放进行集体研究,充分发挥集体审批的优势,减少贷款风险发生的频率。

四、建立贷款风险的控制机制

贷款风险的控制就是在风险发生之前或发生之时采取一定的方法和手段,以减少风险损失或制止风险损失继续发生的过程。贷款风险的控制机制包括贷款风险回避、贷款风险分散、贷款风险转移、贷款风险抑制等。

(一) 贷款风险回避

贷款风险回避是一种事前控制,指贷款决策者考虑到风险的存在,主动放弃某些贷款业务,拒绝承担该贷款业务风险。对银行来说,拒绝风险大的贷款是控制风险的方法之一,但是有时候在回避风险时也就放弃了获得收益的机会。所以应当在权衡收益和风险之后,对于极不安全的借款对象或项目采取回避态度。如果客户信誉低下、获利来源不稳定等,即使利率很高,也不宜向其发放贷款,因为再高利率的允诺也可能只是空头支票,到期后本息都不可能收回。

(二) 贷款风险分散

风险分散的原理在于减少各项贷款风险的相关性,使风险贷款组合的总风险程度最小,其基本途径是实现贷款资产结构的多样化。对贷款资产结构多样化最常用的手段是贷款数量分散化、授信对象多样化、贷款利率分散、银行信贷资产期限分散化,以及不同币种之间的贷款的分散化。

(三) 贷款风险转移

贷款风险转移是一种事前控制,即在风险发生之前,通过各种交易活动把可能发生的风险转移给其他人承担,从而保证银行贷款的安全。贷款风险转移的途径主要有三种。

(1) 向借款客户转移。一方面,采用适当提高贷款利率或浮动利率的方法把可能引起的风险转嫁给借款人;另一方面,通过要求借款人提供相应的抵押物或质物的方式,把贷款的风险转移给借款人。

(2) 向保证人转移,即以第三者的资信作担保来转移银行贷款风险。

(3) 向保险机构转移。一方面,要求借款人对其拥有的财产向保险公司投保作为贷款的保证条款；另一方面，在信贷保险基金建立以后，可以采取直接向保险公司投保的方式，完成风险的转移。

现代商业银行在金融创新中总结出了很多风险转移的途径，如一揽子贷款证券化、直接出售贷款等。

(四) 贷款风险抑制

贷款风险抑制是指银行发放贷款后，采取各种积极措施以减小风险可能造成的破坏程度，银行应定期对借款人的财务状况、经营情况进行贷后检查，及时发现问题、及时解决问题，使风险在实际发生之前消灭或减少。或者在不能避免风险时，采取事后的补救手段，如追加保证人、提供新的抵押物或质物、减少贷款、停止发放未发放的贷款，甚至收回已发放的贷款。

五、建立贷款风险预警机制

贷款风险的预警机制是通过建立一系列的贷款监测制度，通过对借款人各方面情况的观察、记录和分析，及时发现贷款风险的信号，并迅速反馈到有关部门，尽快采取相应的补救措施，减少贷款风险造成的损失。

贷款风险的早期预警信号主要是有关财务状况的预警信号、有关经营者的预警信号、有关管理状况的预警信号，以及有关担保状况的预警信号等四个方面。

(1) 有关财务状况的预警信号有现金水平下降、应收账款的回收速度减慢、应收账款相对于总资产增加、应收账款分布集中、存货激增、固定资产超常增加或超常减少、负债水平的提高、销售水平提高但利润下降，以及坏账损失的增加等。

(2) 有关经营者的预警信号有：企业最高领导者发生变化；企业发生重大人事变动；领导层不团结，职能部门矛盾尖锐，不互相配合；冒险兼并其他企业或投资于不熟悉的行业；投机心理太重，风险过大；职工情绪对立，干劲不足等。

(3) 有关管理状况的预警信号有：借款人业务的性质发生变动；存货陈旧，数额巨大且杂乱无章；设备更新缓慢，缺乏关键产品生产线；财务记录和经营控制混乱等。

(4) 有关担保状况的预警信号有：保证人没有保证资格；保证人没有能力代偿贷款本息；保证人拒绝代偿贷款本息；超过保证时效；抵押物未办理抵押登记；抵押物难以处置；抵押物价值不足；抵押物被转移、变卖；抵(质)押物所有权有争议；抵(质)押物流动性差；抵(质)押物实际保管人管理不善；抵(质)押物市场价值与评估价值拉大；抵(质)押物变现价值与评估价值拉大；抵(质)押物保险过期。

借款人出现风险预警信号，可能危及贷款安全时，贷款人应协同管理，及时采取相应措施，清除种种风险因素，保全贷款债权。

六、建立贷款风险补偿机制

贷款风险补偿机制是通过建立一系列的风险基金，当贷款发生风险损失时，用该基金进行弥补。贷款风险补偿机制是一种事后控制措施，对于确保银行经营安全意义重大。

贷款风险的补偿机制是通过以下措施实现的。

(一) 按规定比例提取呆账准备金

由于种种原因，商业银行总有一部分贷款无法收回，形成损失。因此，建立贷款呆账准备金制度就显得至关重要。中国人民银行颁布的《贷款五级分类指导》明确规定，商业银行在税前利润中提取并留存的资金储备，其目的在于弥补贷款的固有损失。及时足额提取准备金，避免贷款损失因准备金不足而对资本金过度侵蚀，是银行持续、稳健经营的重要保证。

(二) 保持充足的资本金比例

当银行遭遇贷款风险，提用了呆账准备金后，仍不足以弥补贷款风险损失时，就只能采用被动的、最后的解决办法——动用资本金冲抵这部分损失了。银行资本金最重要的功能之一就是作为弥补呆账损失的最后准备，为其安全提供物质保障，即在资产的风险损失和银行的安全之间发挥缓冲带的作用。可以说，资本金就是银行风险防范与控制的最后一道屏障。

(三) 按规定报批核销损失贷款

商业银行不仅要按规定比例及时、足额提取呆账准备金，还应当规定损失类贷款冲销的适当时限。对贷款的冲销要建立严格的、授权明确的审批制度，对关系人、关联企业的贷款冲销更应严格审批。同时需要明确的是，贷款的冲销并不是贷款人对贷款债权的放弃，而只是内部账务的一种处理，应根据"账销案存"的原则继续追偿。

本章小结

贷款风险管理的主要内容

框架		主要内容
贷款风险管理	第一节 贷款风险管理概述	风险特征：客观性、可变性、可控性、双重性
		风险类型：信用风险、市场风险、操作风险、其他风险
		表现形式：资产的流动性弱、安全性差、收益性低
		管理程序：风险识别、风险度量、风险处理
	第二节 贷款信用风险	影响因素：借款人信用、约束方式、集中度、产权制度约束
		风险组成：违约风险、暴露风险、补偿风险
		控制方式：授权管理、额度授信、流程控制、风险定价
	第三节 贷款操作风险	特点：内生性、多样性、风险与收益无关、风险与规模无关
		类型：人为因素、内部流程风险、系统风险、外部事件
		成因：素质低、"三查"流于形式、分析不科学、信息不实、监督乏力
		防范措施：加强教育、规范程序、信息管理、责任追究、加强监督

(续表)

框架		主要内容
贷款风险管理	第四节 贷款风险分类	种类：正常类、关注类、次级类、可疑类、损失类
		意义：稳健经营需要、审慎监管需要、不良资产处置、重组需要
		程序：收集信息、分析情况、确定还款可能性、确定分类结果
	第五节 贷款风险的防范与控制	建立风险管理部门
		完善信贷分析机制
		完善贷款决策机制
		建立风险控制机制：风险回避、风险分散、风险转移及风险控制
		建立风险预警机制
		建立风险补偿机制：及时足额提取损失准备金、保持充足的资本金、及时核销损失贷款

思考练习

一、名词解释

1. 风险　　　　2. 信用风险　　　3. 市场风险
4. 操作风险　　5. 风险管理　　　6. 正常类贷款
7. 关注类贷款　8. 次级类贷款　　9. 可疑类贷款
10. 损失类贷款

二、单项选择题

1. 影响商业银行贷款信用风险的因素不包括(　　)。
   A. 借款人的信用程度　　　　B. 贷款金额的多少
   C. 贷款的约束方式　　　　　D. 贷款的集中程度

2. 根据《新巴塞尔协议》的定义分析，贷款操作风险不包括(　　)。
   A. 人员因素风险　　　　　　B. 内部流程风险
   C. 系统风险　　　　　　　　D. 内部事件风险

3. 贷款风险的控制机制不包括(　　)。
   A. 风险回避　　　　　　　　B. 风险分散
   C. 风险抑制　　　　　　　　D. 风险吸收

4. 下列各项中，属于管理状况的预警信号的是(   )。
   A. 企业最高领导者发生变化   B. 抵押物价值不足
   C. 存货陈旧，数额巨大且杂乱无章   D. 存货激增

5. 为了确保贷款风险管理的实现，商业银行应该采取(   )措施。
   A. 必须设立全行系统垂直管理、具有充分独立性的内部审计部门
   B. 必须设立与其他业务部门平行的独立风险管理部门
   C. 必须设立"矩阵型管理模式"，实施以纵向的"报告线"为主、以横向的"报告线"为辅的二维风险报告制度
   D. 设立履行贷款风险管理职能的专门部门，制定并实施贷款风险管理政策，识别、监测和控制贷款风险的制度、程序和方法

三、多项选择题

1. 我国商业银行贷款风险主要反映在(   )等方面。
   A. 贷款资产的流动性弱   B. 贷款资产的安全性差
   C. 贷款人信用差   D. 贷款资产的收益性低

2. 贷款信用风险控制方法有(   )。
   A. 授权管理   B. 额度授信
   C. 流程控制   D. 风险定价

3. 下列有关贷款分类的说法中，错误的有(   )。
   A. 贷款逾期300天以上，就应当划分为损失类贷款
   B. 贷款本息逾期180天以上的，至少要划分为可疑类贷款
   C. 按照审慎的会计制度，贷款本金或利息拖欠超过90天，一般要划分为次级类贷款
   D. 次级类贷款是指贷款的本息偿还仍然正常，但是发生了一些可能会影响贷款偿还的不利因素，尚未构成实质影响

4. 贷款分类的基础信息包括(   )。
   A. 借款人的基本情况   B. 借款人和保证人的财务信息
   C. 法律文件和信贷文件   D. 往来信函

5. 下列关于不同类别贷款风险的描述中，正确的有(   )。
   A. 在分析需重组的贷款时，重点应放在借款人的还贷能力上
   B. 对于银团贷款，贷款风险还是应该注重借款人的经营风险
   C. 对国有借款人或某些关系国计民生的重要借款人的贷款，都是由政府部门提供保证的，非常可靠
   D. 关于违规贷款，不仅影响到贷款的正常偿还，还存在法律执行风险的问题

四、判断题

1. 根据诱发风险的性质可分为信用风险、市场风险、操作风险、其他风险。   (   )
2. 银行在分析借款企业的信用程度和办理抵押贷款时，都要求企业进行财产(如固定资产)保险，这是规避动态风险的行为。   (   )
3. 当借款人超过一个月未履行债务偿付合同时，就认为其违约。   (   )
4. 给银行造成贷款损失最大、发生次数最为频繁的操作风险之一是内部欺诈。   (   )
5. 三权分立的贷款决策组织结构中，三权是指"信贷制度制定权""贷款发放执行权"和"风险贷款处置权"。   (   )
6. 资本金就是银行风险防范与控制的最后一道屏障。   (   )

五、简答题

1. 区分贷款风险与风险贷款。
2. 什么是信用风险？
3. 银行的风险管理部门都有哪些职责？
4. 商业银行如何建立风险补偿机制？

第八章

不良贷款管理

银监会公布的银行业运行数据显示,截至 2018 年 5 月末,商业银行不良贷款余额为 1.9 万亿元,不良贷款率为 1.9%,与 2018 年第一季度末相比,不良贷款余额和不良贷款率均出现一定幅度回升。而银监会此前公布的数据显示,2018 年第一季度末,我国商业银行不良贷款率为 1.75%,不良贷款余额为 1.77 万亿元。两个月的时间内,我国银行业不良贷款率上升 0.15 个百分点,不良贷款余额增加 1 300 亿元。

业内专家认为,不良贷款出现较大程度"双升",与不良贷款认定标准趋严密切相关。近期,由于监管部门不断加大对商业银行不良贷款处置的督促力度和不良违规出表的打击力度,加快了不良贷款的真实暴露。本章将介绍不良贷款的界定条件及管理手段。

【学习目标】
- 了解不良贷款的成因,基本掌握不良贷款监控考核的目的、意义、范围和不良贷款的处置方式;
- 掌握不良贷款清收的原则以及常规清收和依法清收的方法;
- 了解不良贷款重组的原因,掌握贷款重组的方法、流程及应注意的问题;
- 了解抵债资产的条件;
- 基本掌握商业银行贷款风险防范与控制的基本措施。

【重点与难点】
- 不良贷款的成因、清收、重组、以资抵债、贷款风险的防控。

案例导入

红花岗农商银行成功清收不良贷款典型案例分析

借款情况:借款人谌某于 2008 年 2 月 2 日在红花岗农商银行长沙路支行办理个人消费贷款 40 万元,贷款期限 24 个月,月利率 10.71‰;抵押物位于遵义市红花岗区内沙路沙河小区旱桥 73 号,房屋用途是营业房,房屋权属为第三人曹某所有;该笔贷款 2010 年 2 月 1 日形成逾期后一直未归还。

清收措施：

（一）电话实地，两措并举。该笔贷款从 2010 年 2 月 1 日逾期未还，于 2013 年移交到特殊资产管理中心进行清收，清收人员坚持给借款人打电话，询问逾期原因，关注还款意愿，督促其归还贷款。在多次电话催收无果后，银行客户经理来到借款人家中。当时借款人家中并无异样，清收人员对其进行劝导：晓之以理——跟客户讲明不还款的利害关系；动之以情——表示充分理解客户的实际情况；导之以利——个人诚信被践踏，今后的经营，贷款申请将受到严重影响；施之以法——有针对性地进行施压，明确表态，如若不及时还款，银行采取法律程序，对其提起诉讼。一番说服工作下来，客户一直迂回应对，并未明确做出还款承诺。

（二）跟踪信息，查明实情。通过观察客户的表现，清收人员察觉到，借款人肯定隐瞒了一些情况。于是，充分调动信息渠道，通过第三方了解到客户涉嫌非法民间融资 500 多万元，债务巨大，已无还款能力。当清收人员准备好材料再次前往客户家中催收时，已是人去楼空，通过邻居打听到客户及其妻子已分别到广东、浙江躲债。

（三）调整目标，施压担保。鉴于客户无力偿还贷款，对其催收无望的情况，清收人员立即将催收目标转向第三方抵押人曹某，通过预留电话和地址，顺利地联系上了曹某。同时将清收工作委托给律师进行，由律师向曹某详细说明其作为担保人负有的担保责任，如果借款人未能正常归还债务，有义务代为偿还，否则将付诸法律，处置其抵押房产。在法律的威慑下，曹某表示愿意配合，但一定要见到借款人将还款一事说清楚。

（四）追究责任，维护债权。2013 年 7 月份，银行对借款人正式提起了诉讼，诉讼定于当年 9 月份开庭，但由于借款人涉及民间借贷纠纷，被迫推迟。为了尽快收回逾期贷款，清收人员与律师多方协商沟通，决定把担保人纳入中国人民银行征信管理系统和法院黑名单系统，使其无法买房、贷款、乘坐飞机、高铁、入住星级酒店等，给担保人生活、工作带来极大的影响。

2016 年 6 月 1 日，担保人曹某归还贷款本息 95.86 万元，其中本金 40 万元，利息 55.86 万元，结清该笔贷款。至此，为期 3 年多的催收工作宣告结束。

（资料来源：http://www.zunyiba.cn/Article_Show.asp?ID=8806）

第一节 不良贷款概述

长期以来，不良贷款在专业银行贷款中已经占有相当大的比重，不良贷款问题不仅严重制约着银行发展，而且已成为中国经济发展中的一大隐患，已到了非解决不可而又很难解决的地步。认识不良贷款和分析不良贷款的成因对促进中国银行业务经营具有十分重要的意义。

一、不良贷款的定义及分类

不良贷款是指债务人未按原贷款协议按时偿还本金或利息，或债务人已有迹象表明其不可能按原贷款协议按时偿还本金或利息的贷款。不良贷款不是有问题贷款或受批评贷款，通常有问题贷款或受批评贷款是指按贷款风险程度不同进行分类以后，除正常类贷款以外的关注、次级、可疑和损失四类贷款。不良贷款仅指不能按照贷款协议或合同规定的日期或其他可接受方式归还的后三类贷款，从这点来看，不良贷款与有问题贷款不是同一个概念。

我国对不良贷款的分类主要包括两种情况：一种是传统的不良贷款分类；另一种是按贷款风险分类的不良贷款分类。

(一) 传统的不良贷款分类

传统的不良贷款分类是指我国 1996 年颁布的《贷款通则》中的分类。《贷款通则》中，不良贷款指逾期贷款、呆滞贷款和呆账贷款。

(1) 逾期贷款，指借款合同约定到期(含展期后到期)未归还的贷款(不含呆滞贷款或呆账贷款)。

(2) 呆滞贷款，指按财政部有关规定，逾期(含展期后到期)超过规定年限以上(一般指 2 年)仍未归还的贷款，或虽未逾期或逾期不满规定年限但生产经营已终止，项目已停建的贷款(不含呆账贷款)。

(3) 根据财政部《关于国家专业银行建立贷款呆账准备金的暂行规定》(财商字第 277 号文)，呆账贷款包括以下种类。

① 借款人和担保人依法宣告破产，进行清偿后，未能还清的贷款。

② 借款人死亡，或者依照《中华人民共和国民法典》的规定，借款人宣告失踪或宣告死亡，以其财产或遗产清偿后，未能还清的贷款。

③ 借款人遭受重大自然灾害或意外事故，损失巨大且不能获得保险补偿，确实无力偿还的部分或全部贷款，或者以保险清偿后，未能还清的贷款。

④ 经国务院专案批准核销的贷款。

(二) 按贷款风险分类的不良贷款分类

按贷款风险分类，将次级、可疑和损失三类的贷款合称不良贷款，以此作为反映商业银行贷款质量存在问题的严重程度，判断商业银行贷款质量总体状况的主要指标。这三类不良贷款的主要特征已在前文做了详尽的论述，不再赘述。

二、不良贷款的成因

商业银行不良贷款形成原因比较复杂，既有银行内部的原因也有一些外部客观原因。

(一) 内部原因

从银行自身来看，不良贷款形成的原因归纳起来可以概括为以下几个方面。

(1) 贷款风险识别和筛选机制不健全，反映了银行缺乏健全的信贷政策或银行信贷人员贷款时缺乏对风险的判断力，主要表现在以下方面。

① 对新的、资本不充足的，而且尚未开发的业务进行融资。

② 贷款不是基于借款人的财务状况或贷款抵押品,而是基于对借款人成功地完成某项业务的预测。

③ 在对借款人的资信程度及偿还能力产生怀疑的情况下,发放贷款过分倚重第二还款来源(如抵押物)。

④ 贷款用于投机性的证券或商品买卖。

⑤ 贷款的抵押折扣率过高,或抵押品的变现能力很低。

⑥ 异地贷款、多头贷款过多,缺乏有效的监控。

⑦ 贷款已存在潜在风险时,没能及时采取果断措施。

⑧ 贷款已明显出现问题,却疏于催收或未能迅速采取有效措施清收,或不再过问,使贷款造成损失等。

(2) 银行信贷管理体制不合理,表现在以下方面。

① 贷款集中程度过高。贷款过分集中于某一借款人、某一行业、某一种类贷款,致使贷款风险相对集中,贷款金额超过借款人的还款能力而无力偿还。

② 在贷前信用分析阶段,获得的贷款信息不完全,贷款项目评估质量不高。依据不完全的信息、质量低下的贷款项目评估决策贷款,必然会形成一定的不良贷款。

③ 在贷款的审批阶段,未严格把握贷款审批条件。

④ 贷款发放后的日常监督管理不力。由于一些银行在贷款管理中存在"重放、轻收、轻管"的思想,贷后对贷款的监督管理不及时、不到位,致使一些贷款成为不良贷款。

⑤ 信贷人员缺乏专业知识、素质低。部分信贷人员缺乏必要的信用评估、财务分析知识和经验,发放贷款时又没有充分听取必要的劝告而发放调查不充分、信贷资料有缺陷、抵押物变现力差、不足值的贷款。

⑥ 内部交易。

(二) 外部原因

不良贷款形成的外部原因主要有以下几个方面。

(1) 借款企业经营机制不健全,经营管理不善。由于一些借款企业经营机制不健全,经营管理不善,缺乏市场观念、竞争意识,形成高负债、低效益、软约束、超分配的局面,致使企业经营困难,甚至倒闭,给银行造成损失,形成大量不良贷款。

(2) 难以全面掌握企业真实的财务状况。现代企业关系错综复杂,关联交易多,企业真实的财务状况很难全面掌握。尤其是集团法人客户内部关联交易的复杂性和隐蔽性,使得商业银行很难及时发现风险隐患并采取有效控制措施。加之企业集团内部成员连环担保十分普遍,使得信用风险通过贷款担保链条在企业集团内部循环传递、放大,贷款实质上处于无担保状态,导致大量的不良资产。

(3) 企业信用度低,道德风险较高。目前无论是企业征信体系还是个人征信体系都不完善,对借款人的约束乏力,因此会有一部分企业不讲信用,即使有偿还能力,也不愿意还贷款。更有甚者，一些不法企业会编造一些假资料故意骗贷。银行贷款面临较大的道德风险，由此会形成一定量的不良资产。

(4) 中介机构提供的资料缺乏可信度。随着银行贷款业务量加大，银行业务人员显现不足，为了解决人员不足的问题，同时也为了增强贷款相关资料的真实性，进一步保证贷款的安全性，银行往往通过中介机构对借款人的有关情况进行调查或评估。然而一些中介机构不具备这方面的能力或不全面履行其义务，致使其提供的资料虚假，银行以中介机构提供的虚假资料作为决策的主要参考发放贷款，必然会形成不良贷款。

(5) 同行业过度竞争。由于资金过剩，各家银行盲目地竞相追逐大户，非理性降低贷款条件和下浮贷款的利率，这将放大信贷的风险、利率的风险。一旦某贷款大户出现问题，参与贷款的各家银行无不受此牵连，形成大量的不良资产。

(6) 借款人遭受不可抗拒力影响。各种自然灾害，如地震的出现，山洪的暴发，飓风的骤起，久旱无雨、农作物遭病虫害侵袭等。借款人遭受不可抗拒因素影响，直接影响其收入，影响贷款的归还，致使贷款成为不良贷款。

(7) 其他方面的原因。

① 政策因素。由于宏观经济政策缺乏连续性，经济波动的频率高、幅度大，使信贷扩张和收缩的压力相当大，在宏观紧缩、经济调整时期，往往形成大量贷款沉淀。

② 行政干预因素。主要表现为地方政府压，地方财政挤，迫使银行发放大量贷款。贷款行为行政化直接削弱了贷款产生经济效益的基础，形成不良贷款。

③ 国际因素。国际贸易、信贷、利率、汇率变化，使一些外贸企业经营受阻，效益滑坡，无法及时足额偿还贷款本息，使其沦为不良贷款。

三、不良贷款的监控和考核

(一) 不良贷款监控和考核的目的、意义与范围

为了进一步完善商业银行资产负债管理体系，加强贷款风险管理，及时、真实地反映信贷资产的质量，提高信贷资金的流动性、安全性、效益性，商业银行普遍都在全行实施了不良贷款的监控考核制度。

不良贷款监控是以提高信贷资产质量为目的，通过设立一组简明易行的指标，对不良信贷资产的总量、结构及其变化定期进行监控考核的一项管理制度。

不良贷款监控和考核的适用范围，包括各项人民币贷款及外汇贷款，不包括委托贷款及投资业务。

不良贷款的监控和考核实行系统管理，纳入各行资产负债管理体系。在各行行长及资产负债管理委员会领导下，由授信、会计、风险资产管理、计划、稽核等部门分工负责，组织实施。

(二) 不良贷款的考核与奖惩

(1) 商业银行总行一般要对各分、支行的信贷资产质量进行定期考核。

考核指标为贷款逾期率、贷款呆滞率、贷款呆账率，如交通银行总行要求其分支机构贷款逾期率不高于6%，贷款呆滞率不高于3%，贷款呆账率不高于0.25%。各银行会对信贷资产质量好的分、支行进行表彰奖励；对信贷资产质量差，管理不善的分、支行通报批评，要求限期改正或实行必要的惩罚措施。

(2) 按总行要求，各分、支行一般也都建立相应的不良贷款考核和奖惩制度，落实到信贷部门和人员。

对工作认真、管理严格、指标完好的部门和人员，给予精神和物质奖励；成绩卓著的部门和人员，在评选先进或晋级提职时优先考虑。对贷款管理不善或收回不力的部门和人员，问题贷款占比指标过高，要进行批评教育；对玩忽职守、不负责任造成信贷资金损失的人员，要扣发奖金或给予必要的行政处分，不宜担任信贷工作的人员要调离信贷岗位；对以贷谋私、贪污渎职等造成资金重大损失的部门和人员，要依法追究刑事责任，还要追究领导责任。

(三) 不良贷款监控和考核的组织领导

不良贷款监控和考核工作是商业银行资产负债管理体系中的一个重要组成部分，在各行行长领导下，由各行资产负债管理委员会统一组织执行。

(1) 实行分级管理办法。总行负责全行不良贷款监控和考核工作，并对各管辖分行、直属分行实施监督、检查和指导；各管辖分行负责全辖的不良贷款监控考核工作，并对所属分、支行实施监督、检查和指导。

(2) 建立报表制度。商业银行各级分、支行一般都要按季分本、外币编制《信贷资产监控考核汇总表》及《呆滞、呆账贷款明细表》，并附文字说明，逐级汇总上报商业银行总行。上述报表由信贷部门编制，并与会计、统计数字核对相符，经稽核部门审核，由主管行长签章后上报。

各级商业银行资产负债管理委员会一般至少每半年召开一次会议，对信贷资产质量进行分析检查，研究改进措施，并将分析结果和改进措施写出书面报告，报上级行。

四、不良贷款的处置方式

商业银行对不良贷款进行监控和考核后，要在深入分析不良贷款成因的基础上，有针对性地采取以下方式化解不良贷款。

(一) 清收

对于借款人尚存在一定的偿还能力，或是银行掌握部分第二还款来源时，银行可尝试通过催收、依法诉讼等手段进行清收。

(二) 重组

对于借款人经营、管理或是财务状况等方面存在问题而形成的不良贷款，银行可尝试对借款人、担保条件、还款期限、借款品种、借款利率等进行恰当的重组，重新组合和安排借款要素、改善借款人财务状况、增强其偿债能力，使重组后的贷款能够降低银行的信用风险，从而改善银行的贷款质量。这需要银行进行更多的尽职调查，以确保重组的必要性、重组方案的合法合规性和重组后的实际效果，有效防范企业逃废银行债务。

(三) 以资抵债

以资抵债是指因债务人(包括借款人和保证人)不能以货币资产足额偿付贷款本息时，银行根据有关法律、法规或与债务人签订以资抵债协议，取得债务人各种有效资产的处置权，以抵偿贷款本息的方式。以资抵债是依法保全银行信贷资产的一种特殊形式。

(四) 核销

对于通过各种方式均无法实现回收价值的不良贷款，银行应该在完善相关手续的前提下予以核销。

随着我国不良资产交易市场、不良资产评估市场的不断发展，银行将有更多、更合理的途径和方式转移与化解不良贷款。

第二节 不良贷款的清收

随着金融行业经营风险性增大，商业银行原有不良贷款逐渐暴露，目前，我国绝大多数商业银行都面临着强化不良贷款管理的紧迫任务。强化不良贷款的清收，减轻不良贷款的沉重负担事关银行的兴衰成败。

一、不良贷款清收的原则

在不良贷款清收中，要坚持责权利相结合原则、责任明确原则、先易后难原则、分类施策原则和能收必收原则。

(一) 责权利相结合原则

责权利相结合原则指对不良资产清收人员要实现责任、权利、义务相对应，调动不良资产清收人员的工作积极性。

(二) 责任明确原则

责任明确原则指对不良贷款要坚持谁放谁收原则，即谁是发放人，谁就是主要责任人，谁就要承担清收任务。通过明确责任，增强压力和动力。

(三) 先易后难原则

先易后难原则指在不良贷款的清收工作中，要分析清收的难易程度，据此，按先易后难的顺序进行清收。

(四) 分类施策原则

不良贷款产生的原因是复杂多样的，同时，企业的情况也各有不同，因此，在清收管理中，必须进行分类排队、区别情况、对症下药，只有这样才能收到清收的实际效果。

(五) 能收必收原则

在不良贷款的清收工作中，为了将贷款损失减少到最低程度，要不分大小，对贷款本息尽力、尽量予以收回。

二、不良贷款的清收准备

贷款清收准备主要包括债权维护及财产清查两个方面。

(一) 债权维护

资产保全人员或信贷营销人员至少要从以下三个方面认真维护债权。

(1) 妥善保管能够证明主债权和担保债权客观存在的档案材料，如借款合同，借据，担保合同，抵、质押登记证明等。

(2) 确保主债权和担保权利具有强制执行效力，主要是确保不超过诉讼时效，保证责任期间，确保不超过生效判决的申请执行期限。

(3) 防止债务人逃废债务。向人民法院申请保护债权的诉讼时效期通常为 2 年。诉讼时效一旦届满，人民法院不会强制债务人履行债务，但债务人自愿履行债务的，不受诉讼时效的限制。诉讼时效从债务人应当还款之日起算，但在 2 年期间届满之前，债权银行提起诉讼、向债务人提出清偿要求或者债务人同意履行债务的，诉讼时效中断；从中断时起，重新计算诉讼时效期(仍然为 2 年)。

保证人和债权人应当在合同中约定保证责任期，双方没有约定的，从借款企业偿还借款的期限届满之日起的 6 个月内，债权银行应当要求保证人履行债务，否则保证人可以拒绝承担保证责任。

(二) 财产清查

清查债务人可供偿还债务的财产，对于清收效果影响很大。对于能够如实提供经过审计财务报表的企业，财产清查相对容易一些。但是，债务人往往采取各种手段隐匿和转移资产。为了发现债务人财产线索，需要查找债务人的工商登记和纳税记录。有些债务人还没有完全停止经营活动，往往会采取各种手段包括互联网向其客户做正面宣传，例如营业收入和资产实力等，从债务人对自己的正面宣传中，往往能够发现一些有价值的财产线索。

三、常规清收

不良贷款的清收途径主要包括常规清收和依法清收两种。

常规清收包括直接追偿、协商处置抵(质)押物、委托第三方清收等方式。

(1) 直接追偿，主要是指信贷营销人员通过正常的行政手段清收贷款。一是依据借款合同，冻结借款人在本行开立的存款账户，所有的款项只汇入不汇出，以从该账户扣款归还贷款本息，直至贷款全部还清为止，或主动从借款人在其他金融机构中的存款账户中扣收款项。二是根据借款保证合同，向借款保证人追索，要求其承担连带责任，在规定的期限内履行其义务，偿还合同项下借款人到期应偿付的贷款本息和费用或其所保证的金额。

(2) 协商处置抵(质)押物，是指借款人确实没有偿还贷款的能力，愿意以抵(质)押物偿还贷款，经双方协商处置抵(质)押物收回贷款。协商处置抵(质)押物的方式主要有两种：一种是经银行同意抵押人或出质人主动寻找抵押物或质物的购买人，将其变现资金偿还银行贷款；另一种是借款人将抵(质)押物或其他财产折价抵偿贷款。

(3) 委托第三方清收，是指商业银行将不良贷款委托社会上的中介服务机构代为清收。委托第三方清收要支付一定的费用。

常规清收需要注意以下几点。

第一，要分析债务人拖欠贷款的真正原因，判断债务人短期和中长期的清偿能力。

第二，争取政府和主管机关的支持，使债务人迫于压力尽力偿还贷款。

第三，要从债务人今后发展需要银行支持的角度，引导债务人自愿还款。

第四，要将依法收贷作为常规清收的后盾。

四、依法清收

采取常规清收的手段无效以后，要采取依法收贷的措施。

(一) 依法收贷的途径

(1) 申请支付令。根据民事诉讼法的规定，债权人请求债务人给付金钱和有价证券，如果债权人和债务人没有其他债务纠纷的，可以向有管辖权的人民法院申请支付令。债务人应当自收到支付令之日起15日内向债权人清偿债务，或者向人民法院提出书面异议。债务人在收到支付令之日起15日内既不提出异议又不履行支付令的，债权人可以向人民法院申请执行。可见，如果借款企业对于债务本身并无争议，而仅仅由于支付能力不足而未能及时归还的贷款，申请支付令可达到与起诉同样的效果，但申请支付令所需费用和时间远比起诉少，实际上，对于目前大多数依法收贷案件，银行选择申请支付令最为简便易行。

(2) 提起诉讼(起诉)。对无抵押或质押又不愿还款的，或虽有保证，保证人拒不履行连带偿付责任的，或抵押、质押品处置所得款项不足以偿还贷款，借款人又不愿提供新的还款来源的，可提起诉讼，以通过法律占有并出售属于债务人的财产作为还款来源。起诉书递交法院后，先由法院决定是否受理、立案，立案后审判员进行调查，根据事实，依照法律做出决定。人民法院审理案件一般应在立案之日起6个月内做出判决。银行如果不服地方人民法院第一审判决的，有权在判决书送达之日起15日内向上一级人民法院提起上诉。

(二) 依法清收要注意的问题

(1) 申请财产保全。银行在依法收贷的纠纷中应申请财产保全。申请财产保全有两方面作用：一是防止债务人的财产被隐匿、转移或者毁损灭失，保障日后执行顺利进行；二是对债务人财产采取保全措施，影响债务人的生产和经营活动，迫使债务人主动履行义务。但是，申请财产保全也应谨慎，因为一旦申请错误，银行要赔偿被申请人固有财产保全所遭受的损失。财产保全分为两种：诉前财产保全和诉中财产保全。顾名思义，诉前财产保全，指债权银行因情况紧急，不立即申请财产保全将会使其合法权益受到难以弥补的损失，因而在起诉前向人民法院申请采取财产保全措施；诉中财产保全，指可能因债务人一方的行为或者其他原因，使判决不能执行或者难以执行的案件，人民法院根据债权银行的申请裁定或者在必要时不经申请自行裁定采取财产保全措施。

(2) 申请强制执行。对于下列法律文书，债务人必须履行，债务人拒绝履行的，银行可以向人民法院申请执行：

① 人民法院发生法律效力的判决、裁定和调解书；
② 依法设立的仲裁机构的裁决；
③ 公证机关依法赋予强制执行效力的债权文书。

此外，债务人接到支付令后既不履行债务又不提出异议的，银行也可以向人民法院申请执行。

申请执行应当及时进行。申请执行的法定期限，双方或者一方当事人是公民的为一年，双方是法人或其他组织的为 6 个月。申请执行期限，从法律文书规定履行期间的最后一日起计算；法律文书规定分期履行的，从规定的每次履行期间的最后一日起计算。

(3) 申请债务人破产。当债务人不能偿还到期债务而且经营亏损的趋势无法逆转时，应当果断申请对债务人实施破产。尤其对于有多个债权人的企业，如果其他债权人已经抢先采取了法律行动，例如强制执行债务人的财产，或者债务人开始采取不正当的手段转移财产，此时债权银行应当考虑申请债务人破产，从而达到终止其他强制执行程序、避免债务人非法转移资产的目的。

申请企业破产的条件，有关法律规定并不相同，《中华人民共和国企业破产法》第二条规定："企业法人不能清偿到期债务，并且资产不足以清偿全部债务或者明显缺乏清偿能力的，依照本法规定清理债务。企业法人有前款规定情形，或者有明显丧失清偿能力可能的，可以依照本法规定进行重整。"第七条规定："债务人有本法第二条规定的情形，可以向人民法院提出重整、和解或者破产清算申请。"《中华人民共和国公司法》第一百八十七条规定："清算组在清理公司财产、编制资产负债表和财产清单后，发现公司财产不足清偿债务的，应当依法向人民法院申请宣告破产。"

📖 知识拓展

诉讼时效的计算

向人民法院申请保护债权的诉讼时效期间通常为 2 年。诉讼时效从债务人应当还款之日起算，不同情况有不同的计算方法：

(1) 有期限的债权，从期限届满日的第二天起计算。例如，一般银行信贷合同规定的贷款期限满期之日的次日就是诉讼时效起计之日。

(2) 附有条件的债权，从条件具备之日的次日开始计算。有抵押或担保的贷款是附有条件的债务。当附带的前提条件满足后，债权人就可以行使权力，债务人也应履行义务。债务人此时不履行义务的，债权人就可以起诉。

(3) 分期履行的债务，从任何一次应履行而未履行债务的次日计算时效。例如，分期偿还的贷款，无论以前历次履行的程度多好，只要有一次未按期履行义务，都可以对违约方起诉。

第三节 不良贷款的重组

当不良贷款的发生已经不可避免，如何维护债权和减少损失就变得极其重要，银行可以通过对无力偿还的贷款机构实施重组达到自我保护的目的。但具体实施过程中，个别机构会通过不正当操作，披着贷款重组的外衣，达成其他不正当目的。这就需要在正确认识贷款重组的基础上，制定可行方案并端正操作流程。

一、贷款重组的概念

贷款重组是指在借款人发生及预见其可能发生财务困难或借款人、保证人发生资产重组，致使其不能按时偿还银行贷款的情况下，银行为维护债权和减少损失，在切实加强风险防范的前提下与借款人达成修改贷款偿还条件的协议，对借款人、保证人、担保方式、还款期限、适用利率、还款方式等要素进行调整。贷款重组是对《贷款通则》的一种突破，银监会鼓励商业银行在风险可控的条件下，对公司治理完善、信用记录良好、有市场竞争力的企业给予信贷支持，支持银行对其实施贷款重组。特别是针对暂时受金融危机的影响而经营困难的外向型小企业，允许银企双方根据企业生产规律、建设周期和进度、信用记录及违约记录，来重新设定贷款品种、利率和贷款期限。

贷款重组固然有缓解企业的资金压力、维护社会稳定、保全银行债权等诸多好处，但如果认识发生偏差，也会被不正当地运用。由于不良贷款余额及比率是考核银行信贷资产质量的重要指标，某些银行为了应付考核要求，可能会通过贷款重组，将不良贷款显现的时间延后，达到本期不良贷款余额及比率下降，至少不增加的目标。

二、贷款重组的原因

贷款重组的原因主要有以下四个方面。

(一) 借款人无力偿还到期贷款本息

在激烈的市场竞争中，一些企业因自身经营管理不善或受外部经济、金融、社会、法律环境等不利因素的影响，盈利能力下降，甚至发生经营亏损，资金周转困难，难以按时偿还到期贷款本息。

(二) 贷款银行出于保全资产的动机

在大多数情况下，贷款银行深知申请执行借款人抵押物或破产对己并非有利，首先是抵押物变现存在困难，各项变现费用支出、价值损耗折扣难以估计。即使借款人进入破产程序，也会因为诉讼费用高、清算时间长、过程复杂、执行难度大等，需要耗费大量人力、物力、财力，不可能如数收回贷款本息。出于保全资产的目的，贷款银行往往同意做出部分让步，以最大限度地维护债权、控制风险、减少损失。

(三) 政府对经济结构调整、干预的保护行为

一定时期内，政府为了进行经济结构的调整、减轻企业负担、促进经济增长，同时为了维护社会的稳定、避免激化矛盾，特别是地方政府从保护地方经济利益的角度出发，经常牵头组织企业的债务重组，对银行做工作。借款人上级主管单位通常也会申请外部整顿，促成借款人和贷款银行达成和解协议。由于政策导向的影响和经营环境的限制，银行不得不牺牲局部利益，引发了重组贷款的大量产生，这种情况最为典型的就是许多地方实行的"债转股"。

(四) 部分金融监管行为导致贷款重组

由于某些特定时期的特殊原因，金融监管当局做出的监管决策可能导致贷款重组，如中国人民银行进行企业账户清理、多头贷款清理、银行资产证券化试点等过程中，由于期限要求，借款人一时难以筹措到足额资金还贷，或者由于发行证券对银行资产进行组合包装的需要等，都引发了部分重组贷款的产生。

三、贷款重组的主要情形及必备条件

(一) 贷款重组的主要情形

对下列情况的贷款，可以进行贷款重组。

(1) 借款人或保证人进行资产重组或经营管理体制发生重大变化，致使其不能按期偿还贷款本息，需要通过贷款重组落实银行债权。

(2) 由于国家政策调整使借款人出现财务困难，不能按期还款。

(3) 国际市场或项目实施环境突变，项目执行受阻，使借款人不能按期还款。

(4) 由于企业项目执行情况发生变化,借款人原定生产经营计划发生变化,导致暂时还款困难。

(5) 不可抗力、意外事故影响借款人按期还款。

(6) 银行认为可以进行贷款重组的其他原因。

(二) 贷款重组的必要条件

贷款重组必须符合以下基本条件。

(1) 借款人具有还款意愿,无逃废银行债务的记录。

(2) 借款人生产经营活动基本正常,通过贷款重组有望在近年内逐步走出困境,具有一定的偿还贷款的能力。

(3) 借款人能够按时支付利息或虽未按时支付利息但能够在贷款重组时还清全部欠息,或除此之外尚能偿还部分本金。

(4) 未发生影响借款人偿债能力的诉讼。

四、贷款重组的申请资料

借款人申请贷款重组应提交以下资料。

(1) 贷款重组申请报告,主要包括以下内容。

① 借款人近两年生产经营情况和财务状况。

② 项目执行及贷款使用情况。

③ 资产重组或经营管理体制变化的详细情况。

④ 不能按时还款的主要原因。

⑤ 对今后三年生产经营及财务状况的预测。

⑥ 偿还贷款的计划和资金来源安排。

⑦ 担保落实情况等。

(2) 其他资料,主要包括以下内容。

① 表明贷款重组原因的各项证明文件。

② 借款人、保证人近两年财务报表。

③ 保证人对重组贷款提供担保的书面承诺,抵(质)押财产的权属证明、评估报告。

④ 银行认为需要的其他材料。

五、贷款重组的重组方案

贷款重组方案应包括以下基本内容。

(一) 贷款重组条件和效果的评估

通过审查借款人提供的资料和项目具体情况,对该项贷款是否符合贷款重组基本条件,重组能否对借款人生产经营和财务状况产生积极影响,能否维护银行债权、促进贷款回收等进行客观评价和分析预测,为贷款重组决策提供依据。

(二) 降低风险的措施

降低风险的措施主要有以下几点。

(1) 将贷款转移给具有良好资信和清偿能力的新借款人。

(2) 增加或更换担保人,改变担保方式。

(3) 接受借款人以实物资产抵偿部分贷款。

(4) 其他降低风险的措施。

(三) 贷款结构的调整

贷款结构的调整主要包括以下内容。

(1) 贷款期限的调整。

(2) 贷款偿还的安排。

(3) 重组贷款的适用利率。

(4) 其他事项。

六、常用的贷款重组的方法及流程

(一) 常用的贷款重组方法

贷款重组方法有很多,但常用的信贷重组的方法主要有以下几种。

(1) 展期。展期,即延长还款期限。展期的条件一般包括:不可抗力的影响;市场变化以及国家政策影响等暂时不能偿本付息。应该提及的是,展期不能超过一次,短期贷款的展期不应超过原贷款期限,中长期贷款不应超过原贷款期限的一半,同时最长不能超过三年。

(2) 借新还旧。借新还旧,又称再融资贷款,即银行发放新贷款偿付原有旧贷款。借新还旧的条件一般包括:不可抗力的影响;企业因产权制度变革、兼并重组等原因需要进行债务转移;抵押担保等方式改变需要重新签订贷款合同。展期贷款是不良贷款重组的重要方法,然而它可能给银行带来不利影响,如占用银行资金、影响资金周转、贷款利率可能受到损失等。

(3) 追加或调换担保方式。当贷款风险变大,或者原来担保不足以补偿可能发生的贷款损失时,银行应要求借款人追加新的担保或者转换担保以增加对贷款本息的保障程度。

(4) 贷款转让。贷款转让是信贷资产二级市场发展初期的主要形式,贷款转让的方式主要有以下几种。

① 债务更新。债务更新是一种简单的贷款转让形式,因为它终止初始贷款人(称为贷款卖方)与债务人之间的借款合同,再由贷款买方与债务人之间按原合同条件订立新合同替代原合同,这样初始的债权债务关系发生了变更。由于更新债务要求获得借款人的许可,因此不适用于大额贷款交易。

② 债务转让。贷款卖方将待转让贷款项下的债权转让给买方。债权转让的实现方式可以使用单独的转让协议，或是买方在贷款文件上替代卖方成为签名者。贷款权利的转让以书面形式通知债务人，如无贷款转让的书面通知，债务人享有终止债务支付的法定权利。

③ 从属参与。贷款卖方与债务人间的原合同继续保持有效，贷款也不必从卖方转移给买方，而是由卖方向买方发行贷款出售契约或参与证。买方须依靠卖方收取本息，买方与借款人之间没有法律关系。

(5) 资产证券化。按照美国证券交易委员会(SEC)的定义，资产证券化是指将企业(卖方)不流通的存量资产或可预见的未来收入构造和转变成为资本市场上可销售和流通的金融产品的过程。在该过程中，存量资产被卖给特设交易载体(special purpose vehicle，SPV)，然后由SPV向投资者发行资产支持证券以获取资金。信贷资产证券化就是以银行的信贷资产为资产证券化的对象。

将商业银行的信贷资产进行证券化，无论是对银行本身，还是对宏观经济以及相关市场的发展都是非常有利的。信贷资产证券化可以增强商业银行资产的流动性，解决商业银行短存长贷的矛盾；信贷资产证券化可以降低商业银行的经营风险；信贷资产证券化可以提高商业银行的资本充足率和资本收益率；信贷资产证券化有利于房地产业的快速发展；信贷资产证券化有利于商业银行加大对大型基本建设项目提供贷款支持；信贷资产证券化有助于微观信用基础的建立；信贷资产证券化有利于债券市场、保险市场和中介市场的发展。

鉴于信贷资产证券化的种种好处和资产证券化在国际范围内广泛发展所展示的旺盛的生命力，我国商业银行要想在进一步的深化改革中发挥更大的作用，在与外资银行的竞争中立足并发展，开展信贷资产证券化业务是必需的，对有关问题进行研究是十分有意义的。

(二) 贷款重组的流程

贷款重组的流程如表 8-1 所示。

表 8-1 贷款重组的流程

重组的成本收益分析	重组方案			
	设定重组的方向	重大内容的计划	最长期限	最高金额
检查贷款能否进行重组	(1) 拨回准备金； (2) 集中于核心业务； (3) 降低成本； (4) 加大营销(商业计划)	(1) 定义要达到的有约束力的透明结果； (2) 经营目标； (3) 财务目标	(1) 定义进行重组的最长期限； (2) 随后返回至标准化服务或移交至清收流程	(1) 定义重组方案中的最大信贷金额； (2) 如果该金额在使用后重组不成功，随后返至标准化服务或移交至清收流程
任务区的目标	重组流程的目的是什么	使用什么手段来评估重组	应使用何种时间跨度、重组流程	需要哪些其他资源

贷款重组流程一般包括以下三个步骤。

(1) 成本收益分析。在成本收益分析中，重组成功的可能性(包括发生的概率)要与重组给商业银行带来的成本相权衡，特别是当重组需要商业银行进一步发放贷款时，必须仔细审查给商业银行带来的进一步风险。

(2) 准备重组方案。重组方案应该包括以下五个方面。

① 基本的重组方向。

② 重大的重组计划(业务计划和财务计划)。

③ 重组的时间约束。

④ 重组的财务约束。

⑤ 重组流程每阶段的评估目标。

(3) 磋商和谈判。与债务人磋商和谈判，并就贷款重组的措施、条件、要求和实施期限达成共识。贷款重组主要包括但不限于以下措施。

① 调整信贷产品，包括从高风险品种调整为低风险品种、从有信用风险的品种调整为无信用风险的品种、从项目贷款调整为周转贷款、从无贸易背景的品种调整为有贸易背景的品种、从部分保证的品种调整为100%保证金的业务品种或贴现。

② 减少贷款额度。

③ 调整贷款业务的期限(贷款展期或缩短信贷产品期限)。

④ 调整贷款利率。

⑤ 增加控制措施，限制企业经营活动。

在实施贷款重组的过程中，应该定期检查债务重组是否按重组计划实施，并对重组流程的阶段性目标的实现与否进行评估。评估结果要报告给相关决策人员，由相关人员据此对所重组贷款的下一步行动做出决策。

七、贷款重组应注意的问题

商业银行为了降低客户违约风险导致的损失，而对原有贷款结构(期限、金额、利率费用、担保等)进行调整、重新安排、重新组织的过程。贷款重组应注意以下几个方面的问题。

(1) 是否属于可重组的对象或产品。通常，商业银行都对允许或不允许重组的贷款类型有具体规定。例如，许多商业银行不允许对标准化的产品进行重组，在这方面应严格执行相关规定。

(2) 为何进入重组流程。对此应该有专门的分析报告并陈述理由。

(3) 是否值得重组，重组的成本与重组后可减少的损失孰大孰小。必须对将要重组的客户进行细致、科学的成本收益分析。

(4) 一般应对抵押品、质押物或保证人重新进行评估。

> **📖 知识拓展**
>
> **贷款重组与重组贷款的区别**
>
> (1) 概念不同。贷款重组是指在借款人发生及预见其可能发生财务困难或借款人、保证人发生资产重组，致使其不能按时偿还银行贷款的情况下，银行为维护债权和减少损失，在切实加强风险防范的前提下，与借款人达成修改贷款偿还条件的协议，对借款人、保证人、担保方式、还款期限、适用利率、还款方式等要素进行调整；根据《贷款风险分类指导原则》规定，重组贷款，是指银行由于借款人财务状况恶化，或无力还款而对借款合同还款条款做出让步的贷款。
>
> (2) 贷款重组是操作过程，重组贷款是操作结果。
>
> (3) 重组前的贷款可称为被重组贷款，重组后的贷款就是重组贷款。被重组贷款经过贷款重组，就变为重组贷款。

第四节 以资抵债

以资抵债是指因债务人(包括借款人和保证人)不能以货币资产足额偿付贷款本息时，银行根据有关法律、法规或与债务人签订以资抵债协议，取得债务人各种有效资产的处置权，以抵偿贷款本息的方式。它是依法保全银行信贷资产的一种特殊形式。

一、以资抵债的条件及抵债资产的范围

(一) 债务人以资抵债的条件

对债务人实施以资抵债，必须符合下列条件之一。

(1) 债务人因资不抵债或其他原因关停倒闭、宣告破产，经合法清算后，依照有权部门判决、裁定以其合法资产抵偿银行贷款本息的。

(2) 债务人故意"悬空"贷款、逃避还贷责任，债务人改制，债务人关闭、停产，债务人挤占挪用信贷资金等其他情况出现时，银行不实施以资抵债信贷资产将遭受损失的。

(3) 债务人贷款到期，确无货币资金或货币资金不足以偿还贷款本息，以事先抵押或质押给银行的财产抵偿贷款本息的。

(二) 抵债资产的范围

抵债资产应当是债务人所有或债务人依法享有处分权，并且具有较强变现能力的财产，主要包括以下几类。

(1) 动产，包括机器设备、交通运输工具、借款人的原材料、产成品、半成品等。

(2) 不动产，包括土地使用权及其建筑物及其他附着物等。

(3) 无形资产，包括专利权、著作权、期权等。

(4) 有价证券，包括股票和债券等。

(5) 其他有效资产。

下列资产不得用于抵偿债务，但根据人民法院和仲裁机构的法律文书办理的除外。

(1) 抵债资产本身发生的各种欠缴税费，接近、等于或超过该财产价值的。

(2) 所有权、使用权不明确或有争议的。

(3) 资产已经先于银行抵押或质押给第三人的。

(4) 依法被查封、扣押、监管的资产。

(5) 债务人公益性质的职工住宅等生活设施、教育设施和医疗卫生设施。

(6) 其他无法或长期难以变现的资产。

二、抵债资产的接收

商业银行在取得抵、质押品及其他以物抵贷财产(下称抵债资产)后，要按以下原则确定其价值。

(1) 借、贷双方的协商议定价值。

(2) 借、贷双方共同认可的权威评估部门评估确认的价值。

(3) 法院裁决确定的价值。

在取得抵债资产过程中发生的有关费用，可以在按以上原则确定的抵押品、质押品的价值中优先扣除，并以扣除有关费用后的抵押品、质押品的净值作为计价价值，同时，将抵债资产按计价价值转入账内单独管理。

商业银行在取得抵债资产时，要同时冲减贷款本金与应收利息。抵债资产的计价价值与贷款本金和应收利息之和的差额，按以下规定处理。

(1) 抵债资产的计价价值低于贷款本金时，其差额作为呆账，经总行批准核销后连同表内利息一并冲减呆账准备金。

(2) 抵债资产的计价价值等于贷款本金时，作为贷款本金收回处理，其表内应收利息经总行批准核销后冲减呆账准备金。

(3) 抵债资产的计价价值高于贷款本金但低于贷款本金与应收利息之和时，相当于贷款本金的数额作为贷款本金收回处理；超过贷款本金的部分作为应收利息收回处理，不足应收利息部分经总行批准后冲减呆账准备金。

(4) 抵债资产的计价价值等于贷款本金与应收利息之和时，作为收回贷款本金与应收利息处理。

(5) 抵债资产的计价价值高于贷款本金与应收利息之和时，其差额列入保证金科目设专户管理，待抵债资产变现后一并处理。

三、抵债资产的管理

(一) 抵债资产的管理原则

抵债资产管理应遵循严格控制、合理定价、妥善保管、及时处置的原则。

(1) 严格控制原则。银行债权应首先考虑以货币形式受偿，从严控制以物抵债。受偿方式以现金受偿为第一选择，债务人、担保人无货币资金偿还能力时，要优先选择以直接拍卖、变卖非货币资产的方式回收债权，当现金受偿确实不能实现时，可接受以物抵债。

(2) 合理定价原则。抵债资产必须经过严格的资产评估来确定价值，评估程序应合法合规，要以市场价格为基础合理定价。

(3) 妥善保管原则。对收取的抵债资产应妥善保管，确保抵债资产安全、完整和有效。

(4) 及时处置原则。收取抵债资产后应及时进行处置，尽快实现抵债资产向货币资产的有效转化。

(二) 抵债资产的管理内容

抵债资产的管理主要涉及抵债资产的保管、抵债资产的处置等内容。

(1) 抵债资产的保管。银行要按照有利于抵债资产经营管理和保管的原则，确定抵债资产经营管理主责任人，指定保管责任人，并明确各自的职责。

银行在办理抵债资产接收后应根据抵债资产的类别(包括不动产、动产和权利等)、特点等决定采取上收保管、就地保管、委托保管等方式。在抵债资产的收取直至处置期间，银行应妥善保管抵债资产，对抵债资产建立定期检查、账实核对制度。银行要根据抵债资产的性质和状况定期或不定期进行检查和维护，及时掌握抵债资产实物形态及价值形态的变化情况，及时发现影响抵债资产价值的风险隐患并采取有针对性的防范和补救措施。每个季度应至少组织一次对抵债资产的账实核对，并做好核对记录。核对应做到账簿一致和账实相符，若有不符的，应查明原因，及时报告并据实处理。

(2) 抵债资产的处置。抵债资产收取后应尽快处置变现，应以抵债协议书生效日，或法院、仲裁机构裁决抵债的终结裁决书生效日，为抵债资产取得日，不动产和股权应自取得日起 2 年内予以处置；除股权外的其他权利应在其有效期内尽快处置，最长不得超过自取得日起的 2 年；动产应自取得日起 1 年内予以处置。银行处置抵债资产应坚持公开、透明的原则，避免暗箱操作，防范道德风险。抵债资产原则上应采用公开拍卖的方式进行处置，选择拍卖机构时，要综合考虑拍卖机构的业绩、管理水平、拍卖经验、客户资源、拍卖机构资信评定结果及合作关系等情况，择优选用。拍卖抵债金额 1 000 万元(含)以上的单项抵债资产应通过公开招标方式确定拍卖机构。抵债资产拍卖原则上应采用有保留价拍卖的方式。确定拍卖保留价时，要对资产评估价、同类资产市场价、意向买受人询价、拍卖机构建议拍卖价进行对比分析，考虑当地市场状况，拍卖付款方式及快速变现等因素，合理确定拍卖保留价。不适合拍卖的，可根据资产的实际情况，采用协议处置、招标处置、打包出售、委托销售等方式变现。采用拍卖方式以外的其他处置方式时，应在选择中介机构和抵债资产买受人的过程中充分引入竞争机制，避免暗箱操作。

抵债资产收取后，原则上不能对外出租。因受客观条件限制，在规定时间内确实无法处置的抵债资产，为避免资产闲置造成更大损失，在租赁关系的确立不影响资产处置的情况下，可在处置时限内暂时出租。银行不得擅自使用抵债资产。确因经营管理需要必须将抵债资产转为自用的，视同新购固定资产办理相应的固定资产购建审批手续。

四、抵债资产管理的检查和考核

(一) 抵债资产管理的检查

银行应当对抵债资产收取、保管和处置情况进行检查，发现问题及时纠正。在收取、保管、处置抵债资产的过程中，有下列情况之一者，应视情节轻重进行处理；涉嫌违法犯罪的，应当移交司法机关，依法追究法律责任。

(1) 截留抵债资产经营处置收入的。

(2) 擅自动用抵债资产的。

(3) 未经批准收取、处置抵债资产的。

(4) 恶意串通抵债人或中介机构，在收取抵债资产的过程中故意高估抵债资产价格，或在处理抵债资产的过程中故意低估价格，造成银行资产损失的。

(5) 玩忽职守，怠于行使职权而造成抵债资产毁损、灭失的。

(6) 擅自将抵债资产转为自用资产的。

(二) 抵债资产管理的考核

建立抵债资产管理考核制度，年度待处理抵债资产的变现成果可以采用以下两个指标进行考核。

(1) 待处理抵债资产年处置率，计算公式如下：

$$待处理抵债资产年处置率 = 一年内已处理的抵债资产总价(列账的计价价值) / 一年内待处理的抵债资产总价(列账的计价价值) \times 100\%$$

(2) 待处理抵债资产变现率，计算公式如下：

$$待处理抵债资产变现率 = 已处理的抵债资产变现价值 / 已处理抵债资产总价(原列账的计价价值) \times 100\%$$

> 📖 **知识拓展**

以物抵债所涉及税种

以物抵债是债务人、担保人或第三人以实物资产或财产权利作价抵偿金融企业债权的行为。以物抵债涉及的税种主要有如下几种。

(1) 所得税：超过债权不返还部分，持有环节的收益、处理抵债资产的收入征收所得税。
(2) 契税：获得土地、房屋等抵债资产的所有权时，应缴纳契税。
(3) 印花税：取得抵债资产、出租抵债资产、转让抵债财产征收印花税。
(4) 房产税：通过抵债方式获得了抵债房地产的所有权，应按规定缴纳房产税。
(5) 土地使用税：获得的土地使用权应缴纳土地使用税。
(6) 土地增值税：取得国有土地使用权、地上的建筑物及其附着物时征收土地增值税。
(7) 车船使用税：拥有并且使用抵债的车船时，缴纳车船使用税。

第五节 呆账贷款的核销

呆账贷款的核销简称呆账核销，是指银行经过内部审核确认后，动用呆账准备金将无法收回或者长期难以收回的贷款或投资从账面上冲销，从而使账面反映的资产和收入更加真实。健全的呆账核销制度是会计审慎性和真实性原则的要求，是客观反映银行经营状况和有效抵御金融风险的重要基础。

1988 年，银行开始根据财政部规定计提呆账准备金，从而逐步建立起呆账核销制度。2001 年 5 月，财政部发布《金融企业呆账准备提取及呆账核销管理办法》，并于 2008 年进行了修订。目前各家商业银行根据修订的《呆账核销管理办法》制定自己的呆账贷款的核销办法。

一、呆账的认定

(一) 呆账的认定条件

发布的财政部《呆账核销管理办法》规定，呆账是指商业银行承担风险和损失，符合认定的条件，按规定程序核销的债权和股权资产。

(1) 债权或者股权呆账认定条件。商业银行经采取所有可能的措施和实施必要的程序之后，符合下列条件之一的债权或者股权可认定为呆账。

① 借款人和担保人依法宣告破产、关闭、解散或撤销，并终止法人资格，商业银行对借款人和担保人进行追偿后，未能收回的债权。

② 借款人死亡，或者依照《中华人民共和国民法典》的规定宣告失踪或者死亡，商业银行依法对其财产或者资产进行清偿，并对担保人进行追偿后，未能收回的债权。

③ 借款人遭受重大自然灾害或者意外事故，损失巨大且不能获得保险补偿，或有保险赔偿后，确实无力偿还部分或者全部债务，商业银行对其财产进行清偿和对担保人进行追偿后，未能收回的债权。

④ 借款人和担保人虽未依法宣告破产、关闭、解散、撤销，但已完全停止经营活动，被县级及县级以上工商行政管理部门依法注销、吊销营业执照，金融企业对借款人和担保人进行追偿后，未能收回的债权。

⑤ 借款人和担保人虽未依法宣告破产、关闭、解散、撤销，但已完全停止经营活动或下落不明，未进行工商登记或连续两年以上未参加工商年检，金融企业对借款人和担保人进行追偿后，未能收回的债权。

⑥ 借款人触犯刑律，依法受到制裁，其财产不足归还所借债务，又无其他债务承担者，金融企业经追偿后确实无法收回的债权。

⑦ 由于借款人和担保人不能偿还到期债务，金融企业诉诸法律，借款人和担保人虽有财产，经法院对借款人和担保人强制执行超过2年以上仍未收回的债权；或借款人和担保人无财产可执行，法院裁定执行程序终结或终止(中止)的债权。

⑧ 商业银行对债务诉诸法律后，经法院调解或经债权人会议通过，并与债务人达成和解协议或重组协议，在债务人履行完还款义务后，商业银行无法追偿的剩余债权。

⑨ 对借款人和担保人诉诸法律后，因借款人和担保人主体资格不符或消亡等原因，被法院驳回起诉或裁定免除(或部分免除)债务人责任；或因借款合同、担保合同等权利凭证遗失或丧失诉讼时效，法院不予受理或不予支持，金融企业经追偿后仍无法收回的债权。

⑩ 由于上述①~⑨项原因借款人不能偿还到期债务，金融企业依法取得抵债资产，抵债金额小于贷款本息的差额，经追偿后仍无法收回的债权。

⑪ 开立信用证、办理承兑汇票、开具保函等发生垫款时，凡开证申请人和保证人由于上述①~⑩项原因，无法偿还垫款，商业银行经追偿后仍无法收回的垫款。

⑫ 按照国家法律、法规规定具有投资权的金融企业的对外投资，由于被投资企业依法宣告破产、关闭、解散或撤销，并终止法人资格的，金融企业经清算和追偿后仍无法收回的股权。被投资企业虽未依法宣告破产、关闭、解散或撤销，但已完全停止经营活动，被县级及县级以上工商行政管理部门依法注销、吊销营业执照，金融企业经清算和追偿后仍无法收回的股权。

⑬ 商业银行经批准采取打包出售、公开拍卖、转让等市场手段处置债权或股权后，其出售或转让价格与账面价值的差额。

⑭ 金融企业因案件导致的资产损失，经公安机关立案2年以上，仍无法收回的债权。

⑮ 经国务院专案批准核销的债权。

(2) 信用卡呆账认定条件。经采取所有可能的措施和实施必要的程序之后，符合下列条件之一的信用卡透支款项可认定为呆账。

① 持卡人和担保人经依法宣告破产，财产经法定清偿后，未能还清的透支款项。

② 持卡人和担保人死亡或经依法宣告失踪、死亡，以其财产或遗产清偿后，未能还清的款项。

③ 经诉讼或仲裁并经强制执行程序后，仍无法收回的透支款项。

④ 持卡人和担保人因经营管理不善。资不抵债，经有关部门批准关闭，被县级及县级以上工商行政管理部门依法注销、吊销营业执照，商业银行对持卡人和担保人进行追偿后，未能还清的透支款项。

⑤ 涉嫌信用卡诈骗(不包括商户诈骗)，经公安机关正式立案侦查1年以上，仍无法收回的透支款项。

⑥ 余额在2万元(含2万元)以下，经追索2年以上，仍无法收回的透支款项。

(3) 助学贷款(含无担保国家助学贷款)呆账认定条件。经采取一切可能的措施和实施必要的程序之后，符合下列条件之一的助学贷款(含无担保国家助学贷款)可认定为呆账。

① 借款人死亡，或按照《中华人民共和国民法典》的规定宣告失踪或宣告死亡，或丧失完全民事行为能力或劳动能力，无继承人或受遗赠人，在依法处置其助学贷款抵押物(质押物)及借款人的私有财产，并向担保人追索连带责任后，仍未能归还的贷款。

② 借款人经诉讼并经强制执行程序后，在依法处置其助学贷款抵押物(质押物)，并向担保人追索连带责任后，仍无法收回的贷款。

③ 贷款逾期后，在商业银行确定的有效追索期限内，对于有抵押物(质押物)以及担保人的贷款，商业银行依法处置助学贷款抵押物(质押物)和向担保人追索连带责任后，仍无法收回的贷款；对于无抵押物(质押物)以及担保人的贷款，商业银行依法追索后，仍无法收回的贷款。商业银行应本着实事求是的原则，自主确定有效追索期限，并报主管财政部门备案。

(二) 不得作为呆账核销的情况

下列债权或者股权不得作为呆账核销。

(1) 借款人或者担保人有经济偿还能力，未按期偿还的金融企业债权。

(2) 违反法律、法规的规定，以各种形式逃废或者悬空的金融企业债权。

(3) 行政干预逃废或者悬空的金融企业债权。

(4) 金融企业未向借款人和担保人追偿的债权。

(5) 其他不应当核销的金融企业债权或者股权。

二、呆账核销的申报与审批

呆账核销必须按照严格的认定条件，提供确凿的证据，严肃追究责任，逐户、逐级上报、审核和审批对外保密，账销案存。

(一) 呆账核销的申报

呆账发生后，能够提供确凿证据、经审查符合条件的，按随时上报、随时审核审批、及时转账的原则处理,不得隐瞒不报、长期挂账和掩盖不良资产。申报核销贷款呆账,必须提供相关材料。

(1) 核销申请材料。核销申请材料包括呆账核销申报表(金融企业制作填报)及审核、审批资料,债权、股权发生明细材料,借款人(持卡人)、担保人和担保方式,被投资企业的基本情况和现状,财产清算情况等。

(2) 债权证明材料。借款合同、借据、担保合同,经办行(公司)的调查报告,报告的内容包括呆账形成的原因,采取的补救措施及其结果,对借款人(持卡人)和担保人具体追收过程及其证明,抵押物(质押物)处置情况,核销的理由,债权和股权经办人,部门负责人和单位负责人情况,对责任人进行处理的有关文件等。

(3) 其他相关材料,包括以下内容。

① 债权或者股权呆账核销需要的相关材料。借款人破产、关闭、解散的,提交破产、关闭、解散证明,撤销决定文件,县级、区级以上工商行政管理部门注销证明和财产清偿证明;借款人死亡、失踪的,提交死亡或失踪证明、财产或者遗产清偿证明;借款人遭受重大自然灾害、意外事故的,提交重大自然灾害或者意外事故证明、保险赔偿证明和财产清偿证明;借款人被吊销、注销营业执照的,提交县级及县级以上工商行政管理部门注销、吊销证明和财产清偿证明;借款人2年未年检或下落不明的,提交县级及县级以上工商行政管理部门查询证明和财产清偿证明;借款人触犯刑律,依法受到制裁,其财产不足归还所借债务,又无其他债务承担者的,提交法院裁定证明和财产清偿证明;

依法收贷,强制执行2年以上未收回或无财产可执行的,法院裁定执行程序终结或终止(中止)债权的,提交强制执行证明或法院裁定证明;依法收贷,与债务人达成和解协议或重整协议,在债务人履行完还款义务后,金融企业无法追偿剩余债权的;提交法院裁定证明、金融企业和债务人签订的和解协议以及债务人还款凭证;借款人和担保人诉诸法律后,被法院驳回起诉或裁定免除(或部分免除)债务人责任;法院不予受理或不予支持,商业银行经追偿后仍无法收回的债权,提交法院驳回起诉的证明,或裁定免除债务人责任的判决书、裁定书或民事调解书;因权利凭证遗失无法诉诸法律的,提交台账、贷款审批单等旁证材料、追索记录、情况说明以及商业银行法律事务部门出具的法律意见书;因丧失诉讼时效无法诉诸法律的,提交商业银行法律事务部门出具的法律意见书;商业银行依法取得抵债资产,抵债金额小于贷款本息的差额,经追偿后仍无法收回债权的,提交抵债资产接收、抵债金额确定证明及其他相关证明。

被投资企业破产、关闭、解散的,提交被投资企业破产、关闭、解散证明,撤销决定文件、县级及县级以上工商行政管理部门注销、吊销证明和财产清偿证明;被打包出售、公开拍卖、转让等市场手段处置债权或股权后,核销其出售转让价格与账面价值的差额的,提交资产处置方案、监管部门批复同意处置方案的文件,出售转让合同(或协议)、成交及入账证明和资产账面价值清单。

商业银行因案件导致的资产损失,经公安机关立案2年以上,仍无法收回的债权,提交公检法部门出具的法律证明材料;经国务院专案批准核销的债权,提交国务院批准文件。

② 核销信用卡透支需要提供的资料。核销持卡人和担保人经依法宣告破产，财产经法定清偿后，未能还清的透支款项，提交法院破产证明和财产清偿证明；核销持卡人和担保人死亡或经依法宣告失踪、死亡，以其财产或遗产清偿后，未能还清的款项，提交死亡或失踪证明和财产或遗产清偿证明；核销经诉讼或仲裁并经强制执行程序后，仍无法收回的透支款项，提交诉讼判决书或仲裁书和强制执行书证明；持卡人和担保人因经营管理不善，资不抵债，被工商行政管理部门依法注销、吊销营业执照，商业银行对持卡人和担保人进行追偿后，未能还清的透支款项，提交有关管理部门批准持卡人关闭的文件和工商行政管理部门注销持卡人营业执照的证明；核销涉嫌信用卡诈骗(不包括商户诈骗)，经公安机关正式立案侦查 1 年以上，仍无法收回的透支，提交公检法部门出具的法律证明材料；核销余额在 2 万元(含)以下，经追索 2 年以上，仍无法收回的透支款项，提供追索记录，包括电话追索、信件追索和上门追索等原始记录，并由经办人和负责人共同签章确认。

③ 核销助学贷款需要提供的资料。核销借款人死亡、失踪、伤残的助学贷款，提供法院关于借款人死亡或失踪的宣告，或公安部门、医院出具的借款人死亡证明，或司法部门出具的借款人丧失完全民事行为能力的证明，或县级以上医院出具的借款人丧失劳动能力的证明，或对助学贷款抵押物(质押物)处置和对担保人追索的情况。

核销借款人经诉讼并经强制执行程序后，在依法处置其助学贷款抵押物(质押物)，并向担保人追索连带责任后，仍无法收回的贷款；应提供法院判决书或法院在案件无法继续执行时做出的法院终结裁定书；对助学贷款抵押物(质押物)处置和对担保人追索的情况。

核销贷款逾期后，商业银行采取一切可能的措施依法追索，仍无法收回的贷款，商业银行应本着实事求是的原则，自主确定有效追索期限，并报主管财政部门备案，应提供银行确定有效追索期限报主管财政部门备案的文件；对抵押物(质押物)处置情况和对担保人追索记录。

申报核销无担保国家助学贷款的，应提供对债务人的追查记录，无须提供对助学贷款抵押物(质押物)的处置和对担保人追索情况的材料。

(二) 呆账核销的审批

各级分支行发生的呆账，要逐户、逐级上报，上级行接到下级行的核销申请，应当组织有关部门进行严格审查并签署意见，由总行审批核销。

对于小额呆账，可授权一级分行审批，并上报总行备案。总行对一级分行的具体授权额度根据内部管理水平确定，报主管财政机关备案。一级分行不得再向分支机构转授权。

呆账核销审查要点：呆账核销理由是否合规；银行债权是否充分受偿；呆账数额是否准确；贷款责任人是否已经认定、追究。对符合条件的呆账经批准核销后，做冲减呆账准备处理。对上述经批准核销的呆账表内应收利息，已经纳入损益核算的，无论其本金或利息是否已逾期，均做冲减利息收入处理。

除法律、法规和《呆账核销管理办法》的规定外，其他任何机构和个人包括债务人不得干预、参与银行呆账核销运作。

三、呆账核销的管理

(一) 建立呆账责任认定和追究制度

每核销一笔呆账，必须查明呆账形成的原因，对确系主观原因形成损失的，应明确相应的责任人，包括经办人、部门负责人和单位负责人。特别要注意查办因决策失误、内控机制不健全等形成损失的案件。对呆账负有责任的人员，视金额大小和性质轻重进行处理。涉嫌违法犯罪行为的移交司法机关。

商业银行要完善呆账核销授权机制，明确股东大会、董事会和经营管理层职责，要按照有关会计制度和核销的有关要求，健全呆账核销制度、规范呆账核销程序，及时核销已认定呆账，并防范虚假核销。

商业银行总行必须按照呆账发生和呆账核销审批的有关情况建立呆账责任人名单汇总数据库，以加强呆账核销的管理。

(二) 建立呆账核销责任追究制度

对呆账没有确凿证据证明，或者弄虚作假向审核或审批单位申报核销的，应当追究有关责任人的责任，视金额大小和性质轻重进行处理。虚假核销造成损失的，对责任人做出撤职或降级(含)以上级别的处分，并严肃处理有责任的经办人员。涉嫌违法犯罪的由司法机关依法处置。

呆账责任人不落实而予核销的，应当追究批准核销呆账的负责人的责任。

对应当核销的呆账，由于有关经办人、部门负责人和单位负责人的责任原因而不核销、隐瞒不报、长期挂账的，应对有关责任人进行处理或者处罚。

商业银行应及时向各监管部门报告责任追究工作，对违规违纪行为，必须在认定责任人后2周内进行处理，处理结果在1周内书面向各监管部门报告。

对已被商业银行处理的责任人，金融企业应视情节轻重，限制内部任用；对责任人继续任职或录用的商业银行，监管部门将予以重点检查，以防范风险。

商业银行对呆账认定和核销过程中发现的各类违规违纪行为，不追查、不处理或隐瞒不报的，一经发现，监管部门将依照有关法规给予处罚。

(三) 建立呆账核销保密制度

商业银行按照规定核销呆账，应当在内部进行运作，做好保密工作。已核销的呆账进行"账销案存"处理，建立呆账核销台账并进行表外登记，单独设立账户管理和核算，并按国家档案管理的规定加强呆账核销的档案管理，有关情况不得对借款人和担保人披露。

任何单位和个人未经国务院批准，一律不得对外披露商业银行内部呆账核销安排和实际核销情况。金融企业实际呆账核销金额按国家规定对外披露。工作人员必须保守商业银行的商业秘密。

(四) 建立呆账核销后的资产保全和追收制度

除法律、法规规定债权与债务或投资与被投资关系已完全终结的情况外，金融企业对已核销的呆账继续保留追索的权利，并对已核销的呆账、贷款表外应收利息以及核销后应计利息等继续催收。

(五) 建立呆账核销的检查制度

审批核销呆账的总行应当对核销后的呆账以及应当核销而未核销的呆账进行检查，发现问题及时纠正，并按照有关规定进行处理和处罚；通过检查，审查规章制度执行情况，从中汲取经验和教训，提出改进措施，提高呆账核销工作质量，并有效保全资产，切实提高资产质量。

呆账核销后进行的检查，应将重点放在检查呆账申请材料是否真实。一旦发现弄虚作假现象，应立即采取补救措施，并且对直接责任人和负有领导责任的人进行处理和制裁。触犯法律的，应移交司法机关追究法律责任。

四、呆账核销制度的发展方向

我国现行的呆账核销制度存在以下不足：呆账贷款标准过于严格；呆账核销程序过于严格。银行业正在逐步推行以贷款风险分类法为基础的呆账核销制度，这一制度有以下两大特点。

(1) 分类提取呆账准备金。在实行贷款风险分类法的国家，银行一般计提以下三种呆账准备金：一是普通呆账准备金，按照各类贷款余额的一定比例提取；二是专项呆账准备金，根据资产分类的结果，对各类别的贷款按照一定的风险权重分别计提；三是特别呆账准备金，针对风险较大的某个地区、行业或某一类贷款专门计提。

(2) 商业银行自主决定呆账核销，但是呆账核销的政策、程序和结果要接受来自金融监管当局和税务部门两方面的监督。

📖 知识拓展

贷款损失准备金计提比例

我国商业银行提取的贷款损失准备金一般有三种：一般准备金、专项准备金和特别准备金。一般准备金是商业银行按照贷款余额的一定比例提取的贷款损失准备金。根据我国《银行贷款损失准备计提指引》规定，银行应按季计提一般准备金，一般准备金年末余额不得低于年末贷款余额的1%。银行可以参照以下比例按季计提专项准备金：对于关注类贷款，计提比例为2%；对于次级类贷款，计提比例为25%；对于可疑类贷款，计提比例为50%；对于损失类贷款，计提比例为100%。其中，次级类和可疑类贷款的损失准备金，计提比例可以上下浮动20%。特别准备金由银行根据不同类别(如行业)贷款的特种风险情况、风险报失概率及历史经验，自行确定按季计提比例。

本章小结

不良贷款管理的主要内容

框架			主要内容
不良贷款管理	第一节 不良贷款概述	不良贷款分类	正常类、关注类、次级类、可疑类、损失类
		不良贷款成因	内部原因、外部原因
		不良贷款处置	清收、重组、以资抵债、核销
	第二节 不良贷款的清收	清收原则	权责利结合、责任明确、先难后易、分类施策、能收必收
		清收准备	债权维护、财产清查
		常规清收	直接追偿、协商处置抵押物、委托第三方清收
		依法清收	途径：申请支付令、提起诉讼
			注意：申请财产保全、申请强制执行、申请债务人破产
	第三节 不良贷款的重组	原因	无力偿还、保全资产、政府保护行为、部分监管要求
		条件	有还款意愿、经营基本正常、重组可还款、未发生诉讼
		方案	重组条件和效果评价、降低风险的措施、贷款结构的调整
		方法	展期、借新还旧、追加或增担保、转让、资产证券化
		流程	成本收益分析、准备重组方案、与债务人磋商谈判
	第四节 以资抵债	条件	债务人破产依法裁定、故意悬空债务、展期后仍未能归还
		范围	动产、不动产、无形资产、有价证券、其他
		定价原则	协议定价、权威部门评估价、法院裁定价
		管理原则	严格控制、妥善保管、合理定价、及时处理
		保管方式	上收资产、就地保管、委托保管
	第五节 呆账贷款的核销	呆账认定	认定条件、不得作为呆账核销的情况
		申报审批	呆账核销申报、审批
		核销管理	建立认定和追究、保密、保全和追收、检查制度
		发展方向	银行正逐步推行以贷款风险分类法为基础的呆账核销制度

思考练习

一、名词解释

1. 不良贷款　　2. 以资抵债　　3. 贷款重组　　4. 呆账核销

二、单项选择题

1. 不良贷款形成的外部原因不包括(　　)。
   A. 借款企业经营机制不健全,经营管理不善
   B. 不法企业会编造一些假资料故意骗贷
   C. 信贷人员缺乏专业知识,素质低
   D. 中介机构提供的虚假资料

2. 向人民法院申请保护债权的诉讼时效期间通常为(　　)。
   A. 6 个月　　　　　　　　　　B. 9 个月
   C. 12 个月　　　　　　　　　D. 24 个月

3. 银行在依法收贷的纠纷中应(　　)。
   A. 控制不良贷款人　　　　　B. 密切关注不良贷款人
   C. 申请财产保全　　　　　　D. 控制财产

4. 如果债务双发或一方当事人是公民,则申请强制执行的法定期限是(　　)。
   A. 3 个月　　　　　　　　　　B. 6 个月
   C. 9 个月　　　　　　　　　　D. 12 个月

5. 贷款重组的主要情形不包括(　　)。
   A. 由于企业项目执行情况发生变化,借款人原定生产经营计划发生变化,导致暂时还款困难
   B. 由于国家政策调整使借款人出现财务困难,不能按期还款
   C. 国际市场或项目实施环境突变,项目执行受阻,使借款人不能按期还款
   D. 企业由于高层管理经营不善

三、多项选择题

1. 按贷款风险分类,将(　　)合称不良贷款。
   A. 关注类贷款　　　　　　　B. 次级类贷款
   C. 可疑类贷款　　　　　　　D. 损失类贷款

2. 从银行自身来看，不良贷款形成的原因包括(　　)。
   A. 对新的、资本不充足的，而且尚未开发的业务进行融资
   B. 借款企业经营机制不健全，经营管理不善
   C. 贷款过分集中于某一借款人、某一行业或某一种类
   D. 各种自然灾害的出现

3. 不良贷款的处置方式包括(　　)。
   A. 清收　　　　　　　　　　B. 重组
   C. 以资抵债　　　　　　　　D. 核销

4. 贷款重组的原因可能有(　　)。
   A. 无力偿还　　　　　　　　B. 保全资产
   C. 政府保护行为　　　　　　D. 部分监管要求

5. 不得作为呆账核销的情况有(　　)。
   A. 借款人或者担保人有经济偿还能力，未按期偿还的金融企业债权
   B. 违反法律、法规的规定，以各种形式逃废或者悬空的金融企业债权
   C. 行政干预逃废或者悬空的金融企业债权
   D. 借款人触犯刑律，依法受到制裁，其财产不足归还所借债务，又无其他债务承担者，金融企业经追偿后确实无法收回的债权

四、判断题

1. 不良贷款就是有问题贷款或受批评贷款。　　　　　　　　　　　　　　(　　)
2. 商业银行不良贷款形成原因基本归咎于外部客观原因。　　　　　　　　(　　)
3. 保证人和债权人应当在合同中约定保证责任期间，双方没有约定的，从借款企业偿还借款的期限届满之日起的 6 个月内，债权银行应当要求保证人履行债务，否则保证人可以拒绝承担保证责任。　　　　　　　　　　　　　　　　　　　　　　　　　　　　　(　　)
4. 协商处置抵(质)押物是信贷营销人员通过正常的行政手段清收贷款。　　(　　)
5. 余额在 2 万元(含)以下，经追索 2 年以上，仍无法收回的透支款项可认定为呆账。
   　　　　　　　　　　　　　　　　　　　　　　　　　　　　　　　(　　)

五、简答题

1. 不良贷款清收的原则有哪些？
2. 不良贷款重组的方法有哪些？
3. 什么是以资抵债？
4. 什么是资产证券化？
5. 什么是呆账核销？

参考文献

[1] 陈庭国. 信贷决策论[M]. 北京：经济日报出版社，1989.

[2] 王宗元. 银行管理概论[M]. 昆明：云南科学技术出版社，1990.

[3] 李润清. 银行管理信息系统[M]. 成都：西南财经大学出版社，1998.

[4] 娄祖勤. 商业银行信贷管理[M]. 广州：广东经济出版社，1999.

[5] 陶田. 商业银行管理实验教程[M]. 太原：山西经济出版社，2003.

[6] 江其务，周好文. 银行信贷管理[M]. 北京：高等教育出版社，2004.

[7] 岳忠宪，胡礼文. 商业银行经营管理[M]. 北京：中国财政经济出版社，2005.

[8] 冯禄成. 商业银行信贷实务[M]. 北京：中国金融出版社，2006.

[9] 王淑敏，符宏飞. 商业银行经营管理[M]. 北京：清华大学出版社，2007.

[10] 陈嘉霖. 授信与风险[M]. 上海：立信会计出版社，2008.

[11] 闫红玉. 商业银行信贷与营销[M]. 北京：清华大学出版社，2009.

[12] 李国全. 零售银行消费信贷管理[M]. 北京：企业管理出版社，2010.

[13] 宾爱琪. 商业银行信贷法律风险精析[M]. 北京：中国金融出版社，2011.

[14] 蔡鸣龙. 商业银行信贷管理[M]. 厦门：厦门大学出版社，2014.

[15] 阎敏. 银行信贷风险管理案例分析[M]. 北京：清华大学出版社，2015.

[16] 孙志娟. 金融危机下我国商业银行信贷风险测度与控制研究[M]. 北京：人民出版社，2015.

[17] 唐友清，黄敏，成康康. 商业银行信贷管理与实务[M]. 北京：清华大学出版社，2016.

[18] 朱静. 商业银行信贷业务实训[M]. 北京：清华大学出版社，2016.

[19] 缪苗. 商业银行会计核算与操作[M]. 上海：立信会计出版社，2016.

[20] 何华平. 一本书看透信贷[M]. 北京：机械工业出版社，2017.